世界経済 危機と発展の構図

新しい政治秩序とシステム構築への視点

WORLD ECONOMY
IN CONSECUTIVE CRISES
AND BEYOND
Seeking for New Political Order
and Systemic Change

唐沢 敬

関西学院大学出版会

はじめに

　サブプライム問題に端を発した金融危機は、その後、政府債務危機という形でユーロ圏と欧州経済を襲い、貧困・格差拡大に抗議する大衆運動を世界規模で燃え上がらせた。また、中東・北アフリカでは長年の独裁と貧困に対する抗議行動がかつてない高まりを見せ、金融危機後の変動が政治危機に発展していく様子を垣間見せた。

　バブル崩壊後の政治と経済が辿る道は一様だが、近年、急速に危うさを増しているのが気にかかる。規制やガバナンスの緩み、金融機関の奢り、制度や政策の破綻が原因で発生しているにも拘わらず、危機への対応は画一的で、制度や仕組みの改革までには至っていない。一般に、巨大銀行等の債務不履行が危険水準に達すると、政府は財政を動員して債務を肩代わりする。だが、税金を使っての支援には制度的にも可能性の面からも限りがあり、最終的には国民に負担を皺寄せする形で"処理"される。

　この銀行支援のための巨額財政支出が新しい危機を呼び、ユーロ圏とEU経済を苦しめているのが今日の欧州政府債務危機である。米ユーラシア・グループのデービッド・ゴードンによれば、政府債務危機が克服されることはないが、ユーロ圏と欧州主要国が新たな信用危機に陥ることはなく、米欧日が大きなリスクに直面することもないという。だが、本当にそうだろうか？グローバル化や金融資本主義の過程が大規模に進展した結果、債権債務関係が国境を超えて複雑化し、実体経済との乖離も激しく、これが新たな経済危機と政治不安を呼び起こしている現実を直視しなければならない。金融救済が国家財政を圧迫し、失業や増税で国民負担が増え、いずれの国も政治や経済社会が不安定化している。

　今日の事態は戦後の資本主義体制と世界経済にとって極めて深遠な問題を提起しているように筆者には感じられる。IT・住宅バブルの破綻と金融危機の発生でドル体制とアメリカの金融覇権に亀裂が生じただけでなく、BRICS等新興経済による世界経済運営や国際問題への関与の増大が世界規模の構造変動を呼び起こしているからである。先進・新興主要20カ国・地

域による「G20」の成立がその証しであるが、「新ブレトンウッズ体制」樹立への期待が膨らんだのもそのためであった。

　しかも、ここへきて情勢はさらに変わった。貿易、投資、資源、領土等をめぐる先進国・新興国・後発途上国間の紛争や対立が規模と速度を増し、政治的抑圧、雇用、所得、貧困等をめぐる争いも地球規模で拡大している。不平等や格差をめぐる対立も深まっているが、これもグローバル化やバブル経済化で利益を得たのは富裕層で、負担を強いられるのはいつも貧困層といった不公正・不平等だけが問題なのではない。所得・社会格差が傾向的な拡大をみせる中、中産階級や中間層と呼ばれる人たちが激減ないし激減に近い状態に追い込まれているところに問題がある。

　中産階級や中間所得層の存在とその拡大は国の近代化や豊かさ、さらに、民主主義の成熟度を推し量る重要な尺度である。米欧日等先進工業諸国でこれが激減の方向にあるとすれば、これら諸国と国民の将来に赤信号が灯る。貧富の差が拡大し、中間層や中産階級が没落すれば、社会は分裂し、弱者は行き場を失う。国家も限りなく不安定化する。金融危機後の世界が直面する最も鋭い問題がここにある。

　ダボス会議を主宰する世界経済フォーラムは先に発表した『グローバルリスク報告書2012』の中で、今日の財政不均衡やシステミックな金融破綻、極端な所得格差、持続不可能な人口増加等がグローバル・ガバナンスの破綻と結びついてグローバルな危機を形成していると指摘した。グローバルな繋がりをもつ危機やリスクを鳥瞰し、いわゆる「ディストピア（逆理想郷）の種」を提起することで世界に警告を発したものと思われる。

　繰り返される金融危機、パワーシフト、テロや紛争、核拡散、米欧諸国に広がる格差反対のデモ、「アラブの春」にみる反独裁・民主主義擁護の運動の高まり等、未曾有の出来事の組み合わせから、世界はいま、大きな歴史的転換期にあるように思われる。これを戦後史の視点から分析すると、金融危機後、国家間・民族間の利害対立に加え、所得や格差、貧困をめぐる階層・階級間の対立とその複合的組み合わせが国際紛争にまで発展している現実が浮かび上がってくる。昨今の領土や主権、資源をめぐる紛争の激化にもこの構図が投影されている。

新興経済の発展で激しさを増した資源の乱獲や地球環境汚染・温暖化の進行についても、これがグローバル・ガバナンスの破綻や前例のない地球物理的破壊と重なり、経済社会の発展と人類の進歩を阻む危険な要因に転化しつつある現実が重くのしかかる。リーマン・ショック後の最も恐れていた事態の到来である。

　冷戦直後の1992年、アメリカの政治思想家F. フクヤマは、共産主義の終焉を告げる『歴史の終わり』という書物を書いて注目を集めた。かれの言う歴史の終わりとは、国際社会においては民主主義と自由経済が最終的な勝利を収め、それを超える社会制度の発展がなく、平和・自由・安定が無期限に維持されるというものであった。だが、20年後の今日、フクヤマが無限と信じた民主主義と自由経済は満身創痍、世界は「ディストピア化」の道に沿って進んでいるかに見える。

　戦後資本主義世界の繁栄と豊かさを支えてきた米巨大銀行・証券大手が経営破綻し、ドル体制とアメリカの金融支配を根底から揺るがした金融危機からすでに5年の歳月が流れた。この間、世界経済の再生に確たる兆しが見えないまま、米欧日先進国経済は往年の輝きを失い、先進7カ国首脳会議（G7）も影が薄くなった。その間隙を埋めるかのごとく登場した新興大国BRICSであったが、これもこのところ成長の鈍化が目立ち、「中所得国の罠」に陥る危険性が増えている。

　米外交問題評議会のリチャード・ハースはこうした状況を『無極の時代』と呼び、ジョージタウン大学教授のチャールズ・カプチャンは『漂流する先進民主国家』の問題を論じている。BRICSの名付けの親、ジム・オニールの指摘を待つまでもなく、新興大国BRICS、とくに、中国、ブラジル、インドの力の伸長には目を見張るものがある。しかし、これら諸国の経済発展とて先進諸国の資金と技術を導入して初めて可能になったもので、グローバル化と相互依存経済の賜である。そのためか、これら諸国の実際の力と外部の評価との間には大きな乖離があり、今もそれは埋められていない。世界が歴史的転換期にあるいま、先進国の"衰退"と新興経済の台頭を画一的に論じるのは正確さを欠く。

　金融危機後、枠組みと構造が大きく変化した世界経済と国際関係の下にあっ

ては、先進国・新興国の枠組みも変化し、経済的一体化と相互依存関係の深化が進む傍ら、国益、階層益、企業益等をめぐる紛争は逆に激化、多様化する場面も増えている。われわれはこうした関係を正確に把握し、対応を考えなくてはいけない。新段階を迎えた世界経済金融危機・政府債務危機も、こうした先進国・新興国関係の変容、その対抗・矛盾の関係の中で構造的一体化が進んだ結果と理解し、戦後世界経済と国際関係の歴史的過程、その枠組みの変化等を考察し、対策を急がねばならない。

今日の危機やリスクの多くは戦後資本主義と世界経済発展、新興経済の工業化（資本・技術・市場の整備、産業構造の転換等）・近代化（人権、民主主義、社会制度改革等）の過程における対立や摩擦が原因で引き起こされている側面が強い。経済社会のグローバルな拡大に対する制度やシステムの不備が危機を増幅させてもいる。冷戦後20余年の統合と依存の過程を経て新たな対立や確執の目立つ今日の状況を前に、危機やリスクを有効に制御し、新たな発展への道筋を提示できる力と機能を備えたグローバルな統治システムを早期に構築することが何にも増して重要である。

本書は、こうした問題関心の下、金融危機後世界の構造的な変化を実態に即して検証し、アメリカ・先進国経済と社会を覆う不安とリスク、また、新興経済が抱える構造的な問題を明らかにし、世界経済と国際社会が直面する課題の達成に資することを意図したものである。その際、金融危機後最大の紛争点と目される世界規模の不均衡と格差の拡大、資源・エネルギー争奪と環境破壊、南北問題の変容と南々対立、さらに、東日本大震災等"ディストピア化"しつつある現実等に目を向け、正確な情報・資料・データを基に実証的な研究と検討を心がけた。

本書刊行に当たっては、関西学院大学出版会および統括マネージャー田中直哉氏と編集担当松下道子氏から特段のご配慮とご協力をいただいた。記して感謝の気持ちを申し述べたい。

2013年4月　東京・武蔵野の自宅にて

唐沢　敬

目　次

I　世界規模の地殻変動と秩序の流動化　　1

1　新段階に入った世界経済金融危機　1

(1) アメリカ経済と社会を覆う不安とリスク　1
(2) ギリシャ危機が打ち砕く欧州統合の夢　7
(3) 震災と原発事故が映し出す「縮みゆく日本」の課題　10
(4) 新興経済発展の陰に潜む「中所得国の罠」　15
(5) 中国・ロシア「国家資本主義」のどこが問題か　19
(6) 「アラブの春」が塗り変える中東の政治地図　24

2　ブレトンウッズ後40年、世界経済は今！　28

(1) 繰り返される金融危機、拡大する格差と紛争　28
(2) "哀れなブレトンウッズへの鎮魂曲"　31
(3) ドルの偽装と「リスクの民営化」　33
(4) 巨額オイルマネーの蓄積・取り込みと過剰流動性　36
(5) サッチャー・レーガン超保守革命の功罪　39
(6) 冷戦後世界経済の再編とグローバリゼーション　42

II　変容する世界経済の構造と市場の枠組み　　47

1　南北関係の変容が招く米欧日経済の"衰退"　47

(1) 世界経済の構造変化とパワーシフトの真実　47
(2) IT・住宅バブルと金融危機が奪ったアメリカの活力　52
(3) 米欧日先進国経済の"衰退"をどう考える？　55
(4) 中国の市場経済化を見誤ったアメリカ　59

2 「南北問題」の変容にみる「南々対立」激化の構図　63

(1) 「南々対立」を「南北問題」にすり替えてはならぬ　63
(2) 中国のアフリカ進出：高まる批判と反発　66
(3) 新興経済発展の下で進む後発途上国の"貧困化"　70
(4) "南が南を収奪する"「南々協力」の危険な構図　73

III 国際紛争の火種と化す世界規模の不均衡・格差問題　77

1 世界規模の不均衡と格差が生み出す危機と繁栄　77

(1) なぜ「不均衡に好循環が重なる成長」なのか？　77
(2) 世界規模の不均衡とはどういう問題か？　81
(3) ブッシュ政権が無視した欧州の警告　85
(4) 「アジア過剰貯蓄」批判と論理の矛盾　87
(5) 不均衡と格差が支える「世界同時好況」　91

2 不均衡な世界に広がる格差と貧困　94

(1) "ウォール街を占拠せよ！"　94
(2) 不均衡世界に広がる格差問題の本質　97
(3) グローバル化時代：何が格差を広げるのか？　101
(4) 格差と貧困を活力に変えるアメリカ　105
(5) 新興経済大国BRICSにみる格差拡大の現実　108

IV 地球規模で先鋭化する資源争奪と環境破壊　113

1 金融危機でも止まらない資源の乱開発と浪費　113

(1) 資源・エネルギーの乱開発はなぜ続く？　113
(2) 希少金属・鉱物資源の需要増と多様化が招く価格の急騰　116
(3) 資源・エネルギーの争奪と取得をめぐる紛争　119

（4）ロシアの資源囲い込みと国家管理の強化　122
　　（5）金融投機と資源争奪が招く世界の食糧危機　126

　2　規模を広げる地球環境破壊と汚染の現実　130

　　（1）地球温暖化：「京都後」をめぐるダーバンの攻防　130
　　（2）排出大国の横暴で身勝手な論理　133
　　（3）極限にきた大気汚染、廃棄物、海洋・河川の汚濁　137
　　（4）資源浪費・環境汚染型開発政策を転換せよ！　141
　　（5）「京都後」の枠組み作りから逃げてはならない　144

V　ディストピア化する金融危機後の世界　149

　1　グローバル・ガバナンスへの挑戦　149

　　（1）ディストピア化する世界　149
　　（2）システミックな金融破綻と財政不均衡　151
　　（3）少子高齢化と人口爆発のパラドックス　154
　　（4）新興経済の落ち込みとハードランディングへの恐怖　158
　　（5）金融経済危機が生み出すグローバルリスク　162

　2　ディストピア化する世界とグローバル・ガバナンス　164

　　（1）ディストピア化が促すガバナンスの破綻　164
　　（2）パンデミック危機と地球物理的破壊の進行　167
　　（3）東日本大震災と福島原発事故が問う超国家的な課題　170
　　（4）脆弱化する重要国家と外交による紛争解決の失敗　173
　　（5）グローバル・ガバナンスの破綻が意味するもの　175

vii

VI　新しい世界経済と政治秩序のあり方　179

1　世界経済と政治秩序をめぐる環境の変化　179

（1）新興国の台頭が生むパワーシフトの真実　179
（2）「G20」：問われる力量とその限界　182
（3）「新ブレトンウッズ体制」への期待と現実　186
（4）「構造主義」の呪縛から離脱できない新興大国　189
（5）「漂流する先進民主国家」をめぐる諸問題　192
（6）アメリカ（先進国）"衰退"の真因はどこにあるのか？　195

2　21世紀型世界統治システムの構築　197

（1）「新ブレトンウッズ体制」論の考え方　197
（2）世界銀行・IMF改革と新興経済大国の役割　200
（3）国際金融・通貨システムの改革がめざす制度と枠組み　204
（4）国際金融規制の制度化とその担い手　207
（5）ディストピア化する世界と国連の役割　210
（6）21世紀型世界統治システムの確立　213

終章　世界経済の整合性ある発展と新しい世界統治システムの構築をめざして　217

（1）グローバルな連鎖的複合危機の進行　217
（2）「ブレトンウッズ」を超えて　218
（3）グローバリゼーションと金融資本主義　220
（4）今日の危機やリスクの本質をどこに見るか　221
（5）新しい理念・政策・統治システムの構築　223

参考文献　225

I

世界規模の地殻変動と秩序の流動化

1 新段階に入った世界経済金融危機

(1) アメリカ経済と社会を覆う不安とリスク

　サブプライム・ビジネスの破綻が世界規模の金融危機を引き起こし、世界経済と国際社会を未曾有の混乱に陥れたのは2008年9月から10月のことであった。いわゆる、リーマン・ショックであるが、これを機に戦後資本主義と世界経済の発展を支えてきた米欧の巨大銀行・証券企業が軒並み経営危機に陥り、ドル体制とアメリカの金融支配を揺るがす重大な事態となった。同年10月24日、米下院監視・政府改革委員会の証言台に立ったグリーンスパン前米連邦準備制度理事会議長はこれを「百年に一度の津波」と呼んでその深刻さを訴えた。ITバブル後の景気の回復とアメリカ経済の起死回生を狙って打ち出されたサブプライム証券化ビジネスと住宅バブルの崩壊が生み出した危機という意味で、それはまさに「百年に一度の津波」と呼ぶにふさわしい衝撃的な事件であった。

　幸い、関係各国政府・金融当局が打ち出した公的資金の投入、銀行救済、経済刺激策等迅速な行動とIMF・新興大国による金融支援のお陰で世界経済恐慌といった最悪の事態は免れたが、国際金融システムは麻痺し、貿易投資等実体経済も大きな損傷を受けた。最も悲劇だったのは金融機関救済のために実施した巨額公的資金の投入が新たな政府債務危機を引き起こし、金融

経済危機をさらに新しい段階に押し上げたことである。景気の減速、雇用喪失、高失業、資源価格の高騰、さらに、格差拡大といった事態が絡む本格的な世界経済危機に発展する兆しさえ見せ始めていた。

金融危機は米欧経済にとくに大きなダメージを与えたが、これら諸国は金融機関とシステムの崩壊に加え、実体経済の損傷と激しい落ち込みで体力を消耗し、5年経った今も以前の活力を取り戻せずにいる。とくに厳しい状況に追い込まれたのが欧州経済で、ギリシャ危機に象徴される財政危機がユーロ圏を直撃し、EU統合の将来まで危うくなる深刻な事態となっている。2013年3月以降のキプロスの事態はとくに深刻である。

NY証券取引所界隈近影　（著者撮影）

アメリカ経済の状況については、オバマ政権も累積する政府債務や景気の減速、財政・失業・格差問題等をめぐる議会・共和党との確執で長いこと大胆な政策が打ち出せずにきた。何よりも、金融危機後の世界規模の地殻変動と地政学的変化の衝撃が大きく、政府も国民も戸惑いを隠しきれずにいる。

しかし、今日、アメリカの政財界、また、国民が抱いている不安や戸惑いの背後には自国経済やドル体制の動揺、景気の落ち込み、失業の高どまり等に加え、世界経済とグローバル化の流れが金融危機発生を機に大きく変容し、アメリカも以前のようには世界経済を牽引できず、豊かさも享受できなくなったとする不安や苛立ちがある。住宅と金融の二大市場が機能を失い、経済と市民生活に甚大な被害が出たことへの衝撃も大きかった。90年代半ば、R.ルービン財務長官の下で「強いドル」政策と金融自由化の旗を振ったR.アルトマン元財務副長官も次のように述べ、金融危機がアメリカ経済と社会に与えた影響の大きさを伝えた。

「今日の経済危機は世界秩序を揺るがすグローバルな出来事である。30年間にわたって地球を席巻した市場経済資本主義、グローバル化、規制緩和等

I 世界規模の地殻変動と秩序の流動化

図1 金融危機と実体経済の相関図

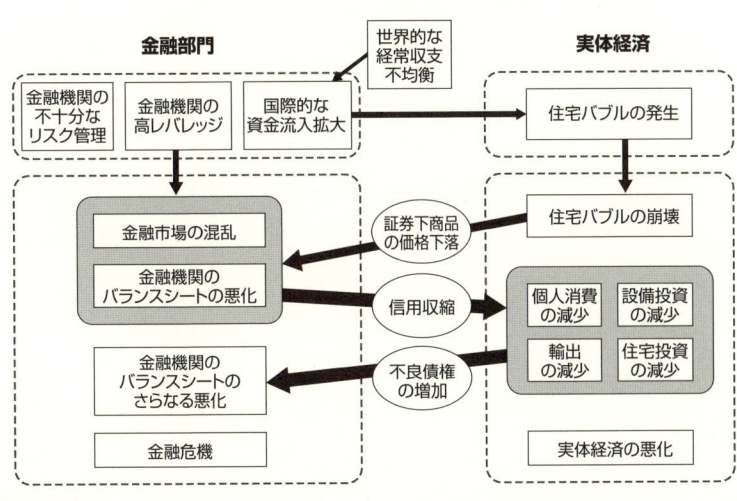

出所：内閣府

アングロ・サクソン・モデルの時代は終わりつつある。」「金融危機によるダメージが大きく、世界の三大経済であるアメリカ、EU、日本等先進国経済が循環的な回復をなし遂げることは最早あり得ず、中国や新興経済が確かな勝者として登場しつつある。」

　エクセントリックで悲観的に過ぎるこうした発言も今日のアメリカでは特別珍しいことではない。しかし、経済財政通で知られるアルトマンが最も懸念していたのはそのことではなく、"沈みゆくアメリカ"と"市場経済の終焉"が引き起こす不安とリスクにあったはずだ。カーター政権で財務次官補を務めたF.バーグステン米国際経済研究所長も有力誌『フォリン・アフェアズ』2009年12月号で次のように語っていた。

　「大規模な資金流入が低金利政策、過剰流動性、金融緩和策へとつながり、これが穴の多い金融監督体制と重なり合うことでオーバー・レバレッジ、リスクの過小評価という風潮が蔓延し、結局は金融メルトダウンを引き起こしてしまった。すでにアメリカの運命は、中国だけでなく、日本、ロシ

3

ア、そして数多くの産油国など、債権国の手に握られている。」

　いささかオーバーな表現ではあるが、異常な事態に対する危機感は十分伝わってくる。
　他方、地政学の専門家、ユーラシアン・グループのI.ブレマー会長は別の視点から問題を提起する。同氏は、「いまや市場経済の勢いは弱まり、国と政府が主要な経済アクターとして政治的利益のために市場を利用しようとする国家資本主義が台頭し始めている」と言い、グローバリゼーションと市場経済化の自由な流れはすでに終わり、市場経済と「国家資本主義」の２つの成長モデルによるグローバルな抗争が始まったと見る。体系だった問題提起ではないが、アメリカ社会に広がる今日の不安を象徴する興味深い発言である。
　もちろん、金融危機で揺らいだアメリカの威信やドルの凋落、新興諸国における「国家資本主義」の台頭をことさらに強調するこの種の発言を額面通りに受け取ることはできない。冷戦時、ソ連のミサイル開発をめぐって発生した米政財界・軍部によるミサイル・ギャップ論争や80年代の日米貿易経済摩擦の時のことが想起されるからである。
　しかし、金融危機がアメリカ経済と社会に与えた影響は予想以上に大きかった。住宅バブル崩壊でアメリカの家計はわずか18カ月間で20％の資産を喪失したといわれたが、その３分の２は金融資産で、残り３分の１は住宅価値の下落によるものであった。当時のアメリカ家計の平均所得は約５万ドル、年々減り続ける実質所得のお陰で、気がついたら、2008年には年平均130％（対所得比）の債務を抱え込んでいたというわけである。住宅や株式・証券など資産価値の上昇によって豊かになったと錯覚し、借金と支出を膨らませた結果であった。
　アメリカの住宅産業は同国の基幹産業の一つ、それを基盤にした住宅市場の規模は恐ろしく巨大で、日本の比ではない。そのため、金融諸機関は米欧に跨る超巨大住宅市場を舞台にアメリカで組成された住宅関連金融商品を大規模に受け入れ、その結果、サブプライム危機以降１兆ドルもの損失を抱え込んでしまった。しかも、IMFがその後発表したデータによれば、損失額

> **BOX1　アメリカ経済の課題はなにか？**
>
> 1）景気回復と経済再生への取り組み
>   ①欧州債務危機　②雇用・失業問題　③新興経済鈍化
> 2）アメリカ経済：成長の鈍化と構造改革
>   ①潜在成長率低下（3%→1%、労働・資本寄与率低下）
>   ②労働市場（需給ミスマッチ、国際的高度人材流入）
>   ③資本ストックの引き続く低下
> 3）財政危機（11年、14・8兆ドル、GDP比98・7%）
> 4）ITバブル崩壊や金融危機による資本ストック鈍化
> 5）経済社会構造の変化
>   ①資本海外移転　②産業構造転換　③高齢化　④労働人口減
> 6）所得格差（高所得層が消費牽引、家計債務改善）

はさらに膨らみ、2.7兆〜2.8兆ドルに達したとも言われる。そうだとすれば、これが米欧銀行の機能と融資能力を奪ったわけで、経済の循環的回復を支える融資レベルを大規模に引き下げたと思われる。だが、アメリカ人の多くは今なお金融危機の後遺症やリセッションは間もなく終わり、アメリカ経済は力強く再生すると信じている。その通りにいけばハッピーだが、それを幻想と決めつける意見や報道も少なくない。

ピューリサーチ社の調査によれば、2007年以降、アメリカでは1,050万人が職を失い、労働人口の55％が失業、賃下げ、操短、時間労働への移動を余儀なくされた。失業保険の給付を受けられない人も920万人に上っている。過去1年間で、中国の貿易黒字は140％も増大したが、大半は対米貿易が生み出した黒字であった。人民元が政策的に低く抑えられていることにもよるが、中国人衣料労働者が1時間当たり86セント、カンボジア人労働者が22セントの労賃で働くといった状況にアメリカ人労働者が耐えられなくなっている現実がそこにある。

また、レアルティ・トラック社の調査では、アメリカ世帯のトップ5％が上昇する住宅費に対応できる収入増を得ている半面、141万人もの人々が個人破産を申請せざるを得ないという歪んだ状況も生まれている（2008年比2009年32％増）。

さらに、ブルームバーグの調査によれば、71％の人々がアメリカ経済は今

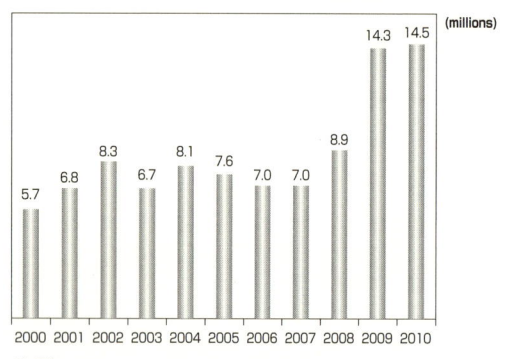

図2 急増するアメリカの失業者

出所：Bureau of Labor Statistics

なおリセッション下にあると感じているという。2010年第2四半期、アメリカの銀行は269,962件の住宅を回収したが、これは不良債権がそれだけ積み増されたということである。また、ある世論調査によると、現役就労者10人中6人は自分たちが退職した時には社会保障給付金は支払われないだろうと考え、43％のアメリカ人は1万ドル以下の貯金しか持っていなかったという。その日暮らしをしているアメリカ人が増えているわけで、その増加率も2007年に43％だったのが、2009年には61％に跳ね上がった。

　こうした経済実態にプラスして不幸を倍加させているのが、連邦政府、地方自治体、企業、消費者が一様に借金（負債）を積み上げていることである。米財務省が議会に提出した報告書によると、2011年の米国の負債推定額は13.6兆ドル、2015年にはこれが19.6兆ドルに達するという。2011年8月、スタンダード・アンド・プアーズは米国債の格下げを発表したが、これを機に世界中で株価が暴落した。明らかな実体経済の反映だが、金融危機に続く政府債務危機は経済のグローバル化、市場化、金融資本主義による成長の限界を示唆して余りある。

　ブレトンウッズ体制の崩壊から数えて40年、アメリカは基軸通貨国の特権にあぐらをかき、金融・財政政策の規律を緩め、海外からの借り入れで自国の債務をファイナンスする「世界同時好況」を演出してバブルにまみれた。今日の危機や不安の根源もここにある。

(2) ギリシャ危機が打ち砕く欧州統合の夢

　しかしながら、金融危機が経済と国民生活に与えたダメージはアメリカよりも欧州諸国の方が大きかったかもしれない。域内金融機関の多くがサブプライム証券化ビジネスに手を染めていたため、自国銀行の救済を目的に実施した巨額公的資金の投入が政府債務を肥大化させ、ギリシャなど一連の国々の財政を破綻させたからである。

　ことの起こりはグローバル化の恩恵を全身に受けて急成長した域内中小諸国経済の行き詰まりと金融機関の倒産劇で、アイスランドはその典型であった。漁業と観光に頼って生計を立ててきた人口30万のこの国は80年代から政府主導の金融自由化と高金利政策を推し進め、世界中から投資マネーを引き寄せることに成功、2006年には1人当たりGDPで世界第3位にまで上りつめた。ところが、2007年8月にサブプライム問題が顕在化すると海外投資マネーの引き揚げが始まり、外国資金が一斉に国外に逃れた。

　資産バブルにまみれた小国の末路は哀れである。一時、資産を9倍近くまで膨れ上がらせた同国の主要銀行もことごとく経営危機に陥り、政府による金融支援と行政管理なしには危機を乗り切ることができなかった。人口わずか30万人の極北の小国が世界有数の高所得国となり、わずか数年で債務国に転落したのもグローバル化のなせる業で、野放図な自由化と金融立国政策がもたらした結果であった。

　しかし、今日、欧州諸国やユーロ圏諸国の政府、国民が底知れない不安とリスクに苛まれているのは、人口30万人の小国アイスランドのこうした状況ではない。金融危機への対応をめぐって域内諸国政府が的確な行動をとれず、とくに、ギリシャで杜撰な財政・金融実態が暴露され、スペイン、ポルトガル、イタリア等でも同様の財政悪化が露呈、これがユーロ経済とEU統合の夢を打ち砕き、英国のEU離脱まで囁かれる事態となったからである。一般に、欧州の銀行は歴史が長く、取引規模も大きく、アメリカの住宅市場や金融市場、また、中南米や東欧市場にも大規模な融資を行ってきたことで知られている。しかし、金融危機への対策ではアメリカに比べ欧州諸国の動きが鈍く、経済回復の速度も遅かった。社会保障制度も整い、保護やサービスを提供する必要もなく、インフレを極度に嫌うという風土が災いし、合意

をとるのが困難という状況もあった。だが、最大の問題はグローバル化と通貨統合の進行による"棚ボタ的"富の取得に慣れきった政府と国民の油断にあったことは間違いない。

　金融危機の後遺症として生まれたギリシャ危機は同国の累積債務がGDPの110％を超えたことから国債の格付けが急落し、大規模な政府債務危機として顕在化したものである。通貨ユーロとEU統合の構造問題が背景にあり、リーマン・ショック後に現われた新しい財政金融危機と理解される。金融危機による実体経済への波及とダメージを最小限に食い止めるために実施した大規模な財政投入と景気刺激策が逆に財政状態を悪化させ、ユーロ経済と欧州金融市場を揺るがす政府債務危機に発展してしまった。

　国内総生産（GDP）でみた場合、ギリシャの経済規模は日本円で約31兆円、日本のGDPの7％程度、ユーロ圏のそれの2.6％（2009年）を占めるに過ぎない。それほど小規模経済のギリシャの財政危機が世界の金融市場を揺るがす不安定要因になったのはなぜか？　第1に、2011年9月現在のギリシャ国債の利回りは10年物で22％、同じユーロ建てドイツ国債を20％も上回っていた。ギリシャがこの金利で借り入れをすると、利払いによる負担だけでもGDPの30％を超えてしまい、デフォルト（債務不履行）の危険性が一気に高まる。

BOX2　欧州政府債務危機とは？

1) 銀行等の救済で大規模な政府債務・財政危機が発生
   ① ギリシャ財政危機→欧州統合とEU崩壊のリスク
   ② ユーロ圏マイナス成長と需要減が実体経済を破壊
2) 世界経済への影響
   ① ユーロ圏銀行の中東欧・アジア・南米向け与信減
   ② 過度な財政引締め→景気鈍化・失業・社会的混乱
   ③ 中国等への輸出減少→輸出依存の成長を下押し
   ④ 欧州経済危機の増大と金融システム不安の再拡大
3) ユーロとEU統合への影響
   ① ギリシャのユーロ離脱は避けられない？
   ② 域内南北問題の調整と欧州統合の将来に課題提起
4) 財政危機は市場統合に伴う構造危機か？
   ① EU安定成長協定、財政安定条約→監視強化・
      財政均衡ルールの国内法制化

第2に、IMFや欧州金融安定基金から低利の貸し出しが実現し、ギリシャ自身による増税と歳出削減が実施できたとしても、同国の財政赤字が減少する可能性は少なく、問題が早期に解決する見通しは小さかった。通貨統合でユーロを導入した結果、ギリシャ独自の通貨と中央銀行は無くなっており、通貨切り下げによる景気刺激策も使えず、赤字削減目標が達成できない状況となっていたからである。ギリシャ危機の背景には、通貨ユーロに対する信認の低下と単一通貨圏でありながら財政政策については権限を付与されず、加盟各国の分権になっているという制度的矛盾がある。

さらに悪いことに、ギリシャ危機は財政赤字を累積したスペイン、イタリア、ポルトガル等ユーロ加盟赤字国の財政危機に対する懸念と重なってユーロ経済と通貨ユーロに対する不信を助長、これがEU統合と世界経済の先行きに深刻な影を落とした。さらに、EU統合のあり方やユーロ加盟国内部の財政規律、それを含めたヨーロッパ財政における中央集権体制をどうするかといった問題とも関連し、統合の将来を不確実にしてしまった。

その背景には、イタリア、スペイン、ポルトガル等に共通する財政危機と欧州連合（EU）が本質的に抱える構造問題がある。周知のように、これら諸国は経済規模も大きく、ユーロ圏の中で占めるポジションも異なるが、共通して深刻な財政問題を抱える国家群である。なかでも、イタリアとスペインはユーロ圏全体に占めるGDPの割合が16.9％、11.7％と特段に大きく、

ロンドン金融街近影　（著者撮影）

仮に、これらの国の財政が破綻した場合、国際協調による解決は難しく、通貨ユーロの消滅も避けられない状況にあった。

　金融危機後の欧州に広がった政府債務危機は金融機関救済のために投入された巨額公的資金が生み出した新たな財政金融危機（ソブリン危機）だが、これにはブレトンウッズ体制崩壊後の国際金融システムや金融危機が生み出した世界経済の構造変化が深刻に絡んでいる。同時に、欧州諸国とそこに住む人々にとっては、戦後68年間にわたって進めてきた経済と市場の統合、それによる平和と繁栄の構築をどうするかという問題もある。

　欧州連合（EU）や共通通貨ユーロは欧州諸国が幾度となく危機を乗り越え実現させてきた統合の成果であると同時に、戦後世界資本主義発展の1つの象徴でもある。その果実をどこまで護りきれるか、ギリシャの財政危機が提起した課題は重い。

(3) 震災と原発事故が映し出す「縮みゆく日本」の課題

　金融危機は米欧諸国とは異なった試練を日本に与えた。被害が金融関連から実体経済に及んだだけでなく、東日本大震災・大津波・福島原発事故の発生がこれに重なり、「失われた20年」後の経済を追撃したからである。とくに、マグニチュード9.0の大地震、波高11.6m（宮古市姉吉地区では38.9m）の大津波の襲来と福島原発事故は予想外の惨禍を日本にもたらした。死者・行方不明者2万7,639人、全国有数の漁業基地や企業拠点の壊滅、道路・鉄道・通信等インフラ網も随所で寸断された。さらに、学校、図書館等公共施設と夥しい数の一般住宅が損壊・流失、地域経済は壊滅的打撃を受けた。同年3月23日、内閣府が発表した報告によると、直接的被害だけで16兆〜25兆円を数え、福島原発事故による被害等を加えると被害額はその2〜3倍に達すると予測された。

　周知のように、東北地方には三陸沖を中心とする豊かな漁場と全国有数の米作地帯があり、全国の消費地に特産の農水産物を多彩に送り届けてきた。また、同地域には精密工業やハイテク技術を中心とする大企業の製造拠点があり、今回、その多くが被災し、機能不全に陥った。グローバル生産構造の下で、2011年3月現在、LCD用保護偏光フィルムの100％、電子部品用ア

ルミ蓄電器の89%、ゲームソフトの87%、シリコンウェハの72%、携帯電話用リチューム・イオン電池の46%、電子部品の43%は日本で生産されていたが、それらの製造拠点の多くが甚大な被害を受けた。

　バブル崩壊後、長期にわたる停滞と景気の鈍化、政治的混迷など暗い話が続く中、精密工業用部品の最大の供給基地が日本にあり（世界シェア11.5%）、2位以下（台湾8.2%、中国7.6%、米国4.1%）を大きく引き離し、自動車、建機等の製造業でも技術と質の高さで競争力が維持できたことは日本経済にとっては何よりの財産であった。しかし、こうした製造拠点の多くが被災し、日本と世界をつなぐサプライ・チェーンに深刻な影響が出たことで日本経済と産業・技術力に改めて関心が集まっている。

　震災と原発事故は「失われた20年」後の改革に悩む日本に痛打を浴びせ、回復しかけた経済と産業企業の活力を奪い、国民生活を新しい危機と困難に陥れた。とくに、福島原発事故が引き起こした事態は重大で、政府・国会・

表1　世界の精密機械産業のサプライ・チェーン

世界の精密機械生産における日本のシェア	（2011.3）
LCD用保護偏光フィルム	100%
電子部品用アルミ蓄電器	89%
ゲームソフト	87%
シリコンウェハ	72%
携帯電話用リチューム・イオン電池	46%
電子部品	43%
携帯電話用モジュール	36%

世界の精密機械用部品輸出のシェア	（2009, 10億ドル）
日本	11.5
台湾	8.2
中国	7.6
米国	4.1
ドイツ	3.6
韓国	3.6
タイ	1.5
イタリア	1.5

出所：経済産業省、クレディ・スイス銀行等資料より作成

民間の各事故調査委員会報告書が福島原発事故のもつ人災的側面を重視し、安全対策に努力を怠った原子力保安院と東京電力を厳しく批判したことに注目が集まった。

　国際原子力委員会（IAEA）事務局長の諮問機関である国際原子力安全諮問委員会につながる原子力関連の専門家16名が事故発生直後に発表した声明についてはあまり知られていない。これらの科学者たちは声明の中で、東京電力福島原子力発電所は設計段階から確立の低い事象があり得ない形で同時発生することへの考慮が不十分で、比較的低コストの改善を実施していれば、事故は回避できたかもしれないと述べていた。これは極めて重要な指摘であった。原子力の平和利用と原発に関して日本には長い議論の歴史があり、安全性確保の面でも"比類なき努力"を重ねてきたはずである。それがどうしてこのような事故を引き起こしてしまったのか、電力会社や監督官庁の責任は免れないし、政府や関係業界に油断のあったことも否定し難い。

　震災や津波は自然災害で予測し難い側面をもっている。しかし、原子力政策やインフラ対策等では対応の遅れや杜撰な管理、関係者の自覚のなさが指摘され、福島原発事故に至っては、原子力保安院と東京電力の粗雑な原発運営に批判が集中した。

　冷戦後、劇的に変化する世界経済と国際関係の下で、政策当局や企業・銀行が制度や仕組みの改革を怠り、無責任さと傲慢さをさらけ出した結果、日本は「失われた20年」に泣いたが、また、同じ理由でさらに酷い苦しみを味わうこととなった。「失われた20年」とは、バブル景気が絶頂期を迎えた1989年以降、日本政府による金融引き締め策への転換と「総量規制」をきっかけに資産価格や株価が一斉に下落し、これに政治の混乱が重なって生まれた日本経済の長期停滞をいう。

　日本経済は信用収縮と在庫調整が重なったバブル崩壊後の景気後退期に世界的な景気の落ち込みと円高、財務の失敗などが重なって貴重な10年を失ったが、バブル崩壊後も不良債権やバランスシートの棄損その他で不況と停滞を克服することができず、結局、「失われた20年」となった。慢性的な経済の停滞と需要不足の背景に少子高齢化による労働人口の減少や生産性の低下、企業のTFP上昇の経年的減速といった状況があったことも否定し難

I 世界規模の地殻変動と秩序の流動化

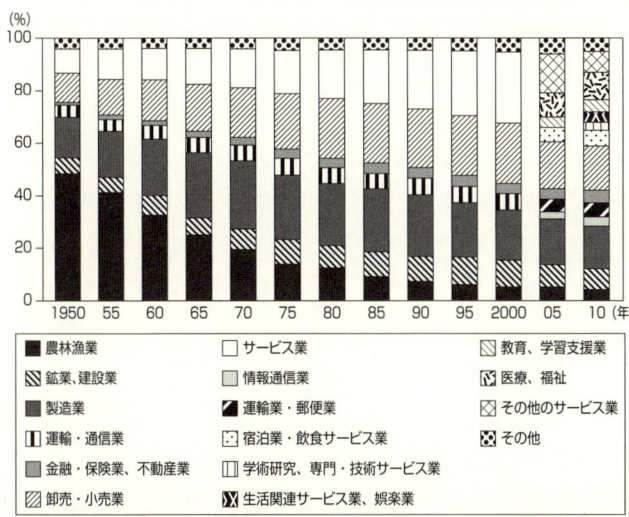

図3 戦後日本の産業構造の転換と就労構造の推移

出所：総務省統計局「国勢調査（1950-2005年）」「労働力調査（2010年）」

く、70年代以来の過剰貯蓄問題がこれに重なっていた。

　資産価格の下落は銀行の不良債権を増大させ、政府による公的資金の注入や不良債権の買い取り、銀行の国有化、中小企業への特別信用保証の実施等につながったが、物価が持続的に低下するデフレ現象が加わったことも痛かった。その後、日本経済は、小泉改革（財政構造改革、三位一体改革、郵政民営化）の下、輸出と設備投資に支えられた景気拡大局面に入り、「いざなぎ景気」を超える長期の好況を経験することになるが、これも賃金と消費支出の低迷で豊かさを実感できないまま幕を閉じた。

　さらに、サブプライム問題が顕在化した2007年秋以降、日本経済の状況は大きく変わり、翌08年9月の金融危機発生を機に景気後退が一気に進んだ。金融危機は金融と貿易の二方向から日本経済を襲ったが、まず、金融関連で株価が急落し、社債・CP市場も変化して投資家を慌てさせた。銀行間市場にも重大な変化があり、外国銀行の資金調達が減少する一方、銀行間市場の規模そのものが大きく縮小する事態となった。

　貿易の面では、世界規模の金融収縮と需要減退による貿易の世界的縮小を

13

背景に、2008年9月以降、輸出がマイナスに転じ、全地域（ドル・ベース）にまたがり著しい減少を見せた。輸出減少の規模とテンポが他の主要先進国のそれを大きく上回っていたうえ、折からの円高の進行で円ベース・数量ベース共に減少幅が拡大した。

このように、金融危機は金融と貿易の双方から日本経済を直撃したが、政策当局はこれが歴史的経緯を踏まえた世界経済危機の進行であると認識してこなかった。ギリシャその他の財政危機についても、"二番底の危機"程度の認識しか持っていなかったと思われる。しかし、先進国経済の"衰退"との関連におけるグローバルな構造変化を背景にもつ金融危機が引き起こした事態は予想以上に深刻であった。

わが国はかつて500兆円の規模の国内総生産（GDP）を誇っていたが、2005年の515兆円をピークに、2008年にはこれが494兆円となり、2009年には473兆円まで縮小した。しかも、"高齢化の進行で投資比率が引き下がったため"とかで、総投資額は2013年に2000年の水準を下回り、2030年には約20％縮小（2000年比）するとまで予測されるようになった。この縮みゆく事態を阻止し、日本経済の活力を取り戻そうと政府も国民も必至であった。

しかし、GDPの経年的減少や競争力の喪失等日本の経済的停滞もそれを引き起こしている要因やメカニズムを探っていくと、グローバル化時代への正確な認識と対応不足が政治的不作為に関連して存在している実態が浮かび上がる。グローバル化時代には政治経済的枠組みや構造の変化があり、これ

BOX3　東日本大震災と日本の課題

1) 日本が向き合うトリレンマの世界
   ①縮みゆく経済　　　　②近隣諸国との紛争
   ③社会経済の変化　　　④少子高齢化
   ⑤東日本大震災・大津波・福島原発事故
2) 課題は何か？
   ①歴史的変化への対応　②社会制度改革
   ③国民的目標・理念・政策の構築
   ④「柔軟で、活力あふれる日本」の建設
3) 経済再生・競争力強化・エネルギー政策の重点をどこにおくか？

が人々の認識や制度を陳腐化させ、改革への取り組みを鈍らせてきたと思われる。金融経済危機はアメリカ主導の「世界同時好況」と金融資本主義に終止符を打ち、世界規模の不均衡是正を軸とする世界経済とシステムの改革が避けられないことを明らかにした。日本も改革を急がねばならない。

(4) 新興経済発展の陰に潜む「中所得国の罠」

　米欧日先進国が遭遇した困難とは対照的に、金融危機の被害を最小限に食い止め、逆にこれを新たな発展につなげたのが新興諸国で、とくに、BRICSの名で知られる中国、インド、ブラジル、ロシア、南アの動きが顕著であった。巨額貿易黒字による潤沢な外貨準備にも助けられ、これら諸国は金融危機が生み出した世界規模の地殻変動を巧みに利用し、先進諸国に大幅な譲歩を迫るポジションの強化に成功したのである。

　ゴールドマン・サックス・アセットマネージメントの前会長ジム・オニールがこれら諸国を BRICs と命名した 2001 年当時、対象はまだ中国、インド、ロシア、ブラジルの 4 カ国に限られていた。しかし、2010 年、中国・海南島のボアオで開かれた首脳会議を機に南アフリカが新たに仲間入りし、構成国も 5 カ国となり、表記も BRICS に改められた。

　しかし、実態的には、これら諸国が世界経済に関わる分野は限定的で、サブプライム・ビジネスにも関与してこなかった。金融危機の影響が小さいと思われたのはそのためで、5 カ国もそれを幸いと受け止めていた。だが、現実の状況はかれらの期待とは異なり、最大の輸出先である米欧経済が危機に陥ったことから輸出が伸びず、外資も相次いで国外に逃避するという予想外の展開となった。

　米欧銀行・証券大手倒産の煽りを受けて、新興諸国の株価が軒並み下落し、貿易も大幅に落ち込んだ。サブプライム・ビジネスに関与しなかったとはいえ、グローバル化の加速の下で先進国経済と依存関係を深めることで成長を遂げてきた新興経済であってみれば、これは当然の成り行きといえた。成長の主力を担う中国経済も金融危機発生と同時に成長率の低下傾向が現われ、牽引役の不動産開発が市況の悪化で先送りとなった。自動車・化学産業等の生産も低下、電力の使用量も減った。インドも 7 〜 8％の成長が危ぶま

れる状態となった。

　ただ、アジア諸国全体について言えば、アジア開発銀行（ADB）が2008〜09年のアジア諸国の実質国内総生産（GDP）を7％台と発表していたように、金融危機の影響は限定的であった。影響があるといっても、金融経済危機の傷痕は浅く、国によっては投資を呼び込み、新たな発展を模索する動きも見られたからである。

　とりわけ、1997年通貨金融危機で顕著な打撃を受けた韓国やタイ、インドネシアが今回は国内総生産（GDP）を逆に増大させ、鉱工業生産や農業生産を伸ばしたのが印象的であった。日本等からの金融支援や公共事業等による景気対策、通貨安をテコにした輸出主導の政策が効果を生んだと思われる。電子・電気製品を中心とした輸出の伸びや在庫調整の終了、個人消費の伸びなどが一体となって金融危機の影響を削ぎ落した。

　国別・地域別・産業分野別に凹凸はあったものの、金融経済危機の影響を最小化させ、新たな発展に結びつける動きもアジアの新興諸国で目立った。とくに、中国等は米国主導の「世界同時好況」の下で蓄積した巨額の貿易黒字や外貨準備を米欧銀行や金融諸機関の救済に充て、その後の発展に役立てた。これもかれらの自信につながったとみられる。

　金融危機後のこうした状況の変化の下で米欧経済の地盤沈下が進み、他方、新興経済やBRICSの力が伸長したが、その後の事態を考えると、これは極めて重要な出来事であった。これが戦後資本主義と政治秩序の大転換に

表2　BRICSの力の伸長（J. オニール予測）

世界のGDP成長率			（％、購買力平価、ドル）
	1990〜2000	2000〜2008	2008〜2014（予測値）
BRICs	32.2%	46.3%	61.3%
G7s	41.1%	19.8%	12.8%

国民1人当たりGDP成長率		（購買力平価、ドル）
	2000	2014（予測値）
BRICs	2,618ドル	8,654ドル
G7s	29,651ドル	45,780ドル

I 世界規模の地殻変動と秩序の流動化

まで発展するのかどうかまだわからないが、金融危機が引き起こした世界的規模の地殻変動がさらに新しい変化を呼び起こす可能性はある。中国、インド、ブラジル、ロシア、南ア等 BRICS 諸国が今後どのような発展過程を辿るのか不確かな部分も多いが、国際的な利害対立や紛争が規模と速度を増すことだけは確かといえる。巨大な人口と豊富な資源、急速な経済成長等 BRICS 諸国の持つ潜在力については、すでに多くの言及があり、専門家の関心も高い。しかし、BRICS に関する情報や解説には情緒的な表現が多く、妥当性に欠けるものも少なくない。IMF のデータでも、1990～2000 年の世界 GDP 成長率に占める G7 諸国（米・英・日・独・仏・伊・加）のシェアは 41.1％で、当時の BRICs4 カ国のそれは 32.3％であったが、2000～08 年には、これが 19.8％、46.3％と逆転し（ドル表示の購買力平価）、2008～14 年には 12.8％、61.3％とその差がさらに拡大するとされていた。

また、BRICS の名付けの親であるジム・オニールは、BRICS は 2025 年までに先進 6 カ国（G6）の GDP の半分余りを生産、また、2050 年には経済規模で G7 諸国を大きく凌駕すると主張してきた。しかも、この時点でベスト 6 に残る国は現在の G7 の中ではアメリカと日本だけというから驚く。

しかし、これまでの経済実績や統計数字の組み合わせだけで、果たして 20～30 年後のこれら諸国の力量を正確に予測できるものなのかどうか……。国内総生産（GDP）は、当該諸国のその時の経済実態や国際環境、企業業績など様々な要因の複雑な結び合わせの上に実現されるものだし、その時々の状況の変化がこれに微妙な影響を与えるはずだからである。また、この種の報告や指摘については、必ず提起する側の意思や思惑が働いており、そのまま受け取ることができないのが実情である。これらの点については別項に譲ることとして、ここでは本質に関わる部分についてだけ言及しておきたい。

まず、第 1 に、これまで世界経済と国際関係の中心にいなかった新興経済（巨大な人口と豊富な資源を持ち、経済成長の目覚ましい途上国、巨大産油国、新工業国等）が金融危機を契機に世界の政治経済活動の中枢に関与する度合を強め、力と影響力を増大させてきていることは間違いなく、この点は正確に認識しておかなくてはならない。主要先進・新興 20 カ国による首脳会議、いわゆる、「G20 体制」が確立したのもそうした状況の反映であった

17

し、これが世界的な流れとなっていることも間違いない。世界銀行やIMF等既存国際機関や経済主体のさらなる改革を求める声が高まるのも避けられそうにない。

　第2に、BRICS等新興経済（大国）は世界のGDPに占める割合を増やしているだけでなく、通貨・金融問題を含む経済の各分野における発展とその高度化等でも確実に役割を高めている。中国や中東産油国に即して言えば、経常黒字の積み上げによる「世界の工場」から「資金の出し手（貸手）」への役割の変化が始まっている。

　第3に、これらの現象は一時的なものでなく、政治経済構造の変化が引き起こす地政学的変化の意味を含め、世界秩序のさらなる変革を引き起こすことになると思われる。とくに、従来の生産・貿易の分野に加えて、金融・通貨・投資におけるポジションの強化により、新興黒字国は世界経済と国際関係における役割を高めつつ、政治・外交上の主張をさらに強めようとするだろう。

　しかし、第4に、歴史的経緯やこれまでの政策的動きから判断して、これら新興経済（大国）が一方で発展途上国を自認しつつ、先進諸国に譲歩を迫り、他方で貧しい後発途上国への収奪や利害対立を激化させ、格差の拡大を放置する危険性も強まると思われる。冷戦後のグローバル化や新興経済発展の加速中で進行した後発途上国との貿易・投資・金融における格差や資源・領土・エネルギー等をめぐる利害の調整に必要な努力がなされなくてはならない。「南々対立」が「南北問題」にすり替えられるケースも増えている。

　BRICS等新興経済大国の今後の動きについて、人口・国土・天然資源の巨大さやこれまでの経済実績は動かないにしても、不確定要因があまりにも多く、事態がその通りに動くかどうかはわからない。まず、BRICS等新興経済（大国）の急速な経済拡大は低廉な労働力と豊富な資源、海外からの巨額資金と技術の導入による「対外貿易・資源依存型成長」によるもので、これを自前のものにするには全要素生産性の向上を含め、いくつものハードルを越えなくてはならない。

　世界銀行は2007年に出した「東アジア経済発展報告」の中で「中所得国の罠」（Middle Income Trap）という概念を提示した。BRICS等新興経済大国

> **BOX4　「中所得国の罠」とは？**
>
> 世界銀行が明らかにした考え方
> １人当たりのGDPが世界の中所得水準に到達した後、人口や格差問題、産業構造改革、都市化の進行等、それぞれの社会に内在する各種矛盾等のため経済が長期の停滞期を余儀なくされるというもの。

がこれに陥る確率は小さいとは言えないし、すでにいくつかの国ではそうした兆候も現れている。

　もちろん、新興諸国が必ずこうした状況に陥るというものではないが、外需と貿易に最大の重点を置く現在の発展戦略の下では、資本の蓄積や技術革新、教育・人材育成、産業構造の転換、さらに、社会経済改革まで包含した整合性に富んだ発展を遂げるのは至難の業であろう。しかし、それができなければこれら諸国は豊かさを手に入れる前に、経済成長に息切れをきたし、その時点で「中所得国の罠」に陥ることになる。

　次に、中国等新興経済大国が国際社会から十分な評価と信頼を勝ち得ていないのは、対外依存・成長重視の開発戦略や独特の政治システム、社会経済的仕組み、国有企業優先の経済活動等で国際的な摩擦や確執を助長、責任ある行動が確認できずにいるからである。世界経済の運営や国際金融、また、世界の平和と安全の確保等でこれら諸国はまだ責任を共有しておらず、十分な情報開示もしていないと判断されている。とりわけ、重視されるのは、ユーラシア・グループのイアン・ブレマーらが主張する"国と政府が主要な経済アクターとして政治的利益のために市場を利用しようとする国家資本主義"の問題である。

(5) 中国・ロシア「国家資本主義」のどこが問題か

　新興経済発展もその潜在力や躍進だけを語ったのでは問題の半分しか言及したことにならない。他に多くの懸念すべき問題を抱えているためで、自由資本主義の価値観と相いれない「国家資本主義」の問題もその１つである。金融危機後、新興大国の動きが活発になり、国家間の摩擦や確執が激化しているのは周知の通りだが、資源の国家管理や囲い込み、市場経済化の遅延と

いった事態も顕著になってきている。こうした動きの背景には新興大国の国家資本主義的な戦略があり、これが市場経済化の進行を抑える重要な要素になっている。

　しかし、国家資本主義とは何かとなると、これがまた曖昧で、言葉の定義すら与えられないまま、懸念だけが先行する状況が続いている。仮に、国家資本主義を「国家が主導する資本主義」「国が管理・運営する資本主義」等と定義するなら、それは決して新しいものではなく、東インド会社の時代にその源流を見ることができるし、1870年代のドイツ、また、1950年代の日本にもその経験があると、英誌『エコノミスト』はいう。しかし、今日、問題になっているのは、そんな古い時代の話ではなく、冷戦後の新興諸国で顕著となっている「国と政府が主要な経済アクターとして、主に政治的利益のために市場を利用しようとする国家資本主義」（アルトマン）のことである。それは、国家による経済への介入と資産・資源の管理・運営を柱に、国有企業、国の支援を受けた民間優遇企業、政府系ファンド等を主な担い手として育成されてきた新興経済特有の資本主義で、市場経済資本主義に対置される言葉と理解される。

　新興諸国の国営企業の成長とその活動については、すでに多くの研究があり、産油国石油企業による国際石油産業への支配の強化がしばしば懸念や批判の対象にされてきた。最近も、これら産油国石油企業は世界の一次エネルギー埋蔵量の4分の3を支配し、世界の最大石油企業のトップ13社は全てこうした国営・国有の石油企業で占められていると指摘されたばかりである。

　しかし、今日、世界的な関心を呼んでいる「国家資本主義」はそれではない。金融危機を前後して米欧の有力企業や銀行が活力を喪失する中、新興諸

BOX5　新興大国の国家資本主義

　国家資本主義とは、国家（政府）による経済の管理・運営（修正資本主義）や推進（開発独裁）を言い、すでに長い歴史があるが、現在問題になっているのは中国やロシアで典型的とされる国営企業や政府系ファンドを通じて国家が企業や経済を動かす新興経済特有の国家資本主義（state capitalism）とその仕組みを指す。

国の企業が急速に力をつけ、政府や政権党の政策との一体化を通じて世界の金融・産業・市場に大規模に進出、グローバル化や自由資本主義の発展に弊害をもたらしていると見られている「国家資本主義」のことである。状況は新興経済発展が初期の段階にあった10年、20年前と大きく異なる。

　統計によれば、今日、中国の株式市場価値の80％、ロシア市場価値の62％、ブラジルのそれの38％はこうした政府管理の国営企業によって生み出されているといわれる。ロシアでは、兵器輸出産業と固定電話産業は完全な独占下にあり、中国でもアルミニウム産業が独占下に、電力産業は寡占下に、また、航空産業と通信産業は政府と特別な関係にある企業が覇権的位置を占めているとされる。また、政府と特別な関係にある有力企業として、中国には中国航空工業集団公司（航空機）、レノボ（コンピュータ）、華為（電気通信）等があり、ロシアでも、ノボリペック（製鉄）、ノリリスク・ニッケル（鉱業）、セベルスターリ（鉄鋼）、メタロインベスト（鉄鋼）、NMKホールディング（金属）等政府と特別な関係にある覇権企業が急速に力をつけている。

　同様の動きは他の新興市場諸国でも傾向的に広がっており、石油化学、発電、鉄鋼、港湾管理、鉱業、海運、兵器生産、自動車、航空、通信等広範な産業分野で国有化の動きが活発化している。代表的な国営企業を挙げれば、アンゴラのエンディアマ（ダイアモンド）、カザフスタンのカザトムプロム（ウラニウム）、アゼルバイジャンのアゼルエナジー（発電）等であるが、覇権的民間企業としては、インドのタタ（自動車、鉄鋼、化学）、ブラジルのバーレ（鉱業）、イスラエルのツヌバ（食品、乳製品）、フィリピンのサン・ミゲル（食品・飲料）、レバノンのソリデール（建設）等がある。

　国家資本主義的な性格や特徴を持った企業は冷戦の時期にも活発に活動していたので、そのこと自体は別に目新しいものではない。では、こうした企業の何が問題なのか？　資本や市場の占拠率が大き過ぎるのか、それとも、企業目的や方向性、戦略等に問題があるのか？　この点に関連して、ユーラシア・グループのイアン・ブレマーは次のように言う。

　「いまや市場経済を志向する潮流は弱まり、国が主要な経済アクターとし

て機能し始めている。（経済目的だけでなく）政治的思惑からも市場を利用しようとする国家資本主義が台頭し始めたことで、（冷戦期のような）政治的イデオロギーではなく、経済モデルをめぐるグローバルな抗争という構図が生じている。」

　つまり、企業活動が国家戦略と一体化し、不公正な競争を生み出しているというのである。しかし、筆者が分析したところでは、状況はさらに複雑である。今日、BRICS諸国の巨大企業は世界の石油・天然ガス産業で強力な支配権を確立しているが、その態様は、日々、劇的に変化している。サウジアラビアのアラムコ、イラン国営石油会社等アラブ諸国の国営石油会社を中心に、ロシアのガスプロム（天然ガス、石油）、ロスネフチ（石油）、中国石油天然気集団公司（CNPC）、ブラジルのペトロブラス（石油）等の活動にそれはよく表われている。

　各種の統計・データから、今日、世界の石油埋蔵量の80％、生産の75％を占めているのは産油国の国営石油企業で、米欧系多国籍石油企業は生産量の10％のシェアしか保持していない。こうした現象は他のエネルギー・鉱物資源分野でも進んでいる。所有構造の明らかな転換だが、こうした力関係の変化はすでに世界的な流れとなっている。

　問題はそれが資源やエネルギーの独占・寡占に止まらず、過去10年間、産油・資源国政府による経済活動への関与が著しく強化され、資源・エネルギーの国家管理や囲い込みが進んでいることにある。民間企業に対する政府補助金や有利な条件での融資の提供も規模を拡大し、国有企業の数も増え、新興国企業の"国際化"も進んでいる。これまでと大きく違う点は、第1に、新興国国営企業の運営・管理の方法が高度に洗練されてきていること、第2に、企業の資産が国家目的に活用されていること、そして、第3に、これら企業のグローバル化が急速に進んでいることである。

　世界最大の天然ガス企業であるロシアのガスプロムは東欧やアジアのエネルギー企業を数多く傘下に収めているし、中国企業はアンゴラやナイジェリア等アフリカへの投資を急増させている。同様の動きは、ブラジル、マレーシア、ベネズエラ等多くの新興経済諸国で目撃されている。そして、こうし

た国営企業や戦略企業への資金調達の役割を担っているのが政府系ファンド（SWF）で、今日、主要新興国のほとんど全ての国がこうした政府系ファンドを立ち上げている。

アブダビ投資庁（運用資産約1兆ドル）、中国投資有限責任公司（同4396億ドル）、サウジアラビア通貨庁（同5,328億ドル）、ロシア国民福祉基金（同1497億ドル）等が代表的な新興国の政府系ファンドである。アメリカ議会の調査によれば、2007年末の時点で資産残高10億ドル以上のSWFは39ファンドあり、その資産残高は総額3兆2,390億ドル、資産残高1,000億ドルを超えるSWFが10ファンドということであった。

他方、同年5月、モーガン・スタンレーが推計したところでは、世界のSWF資産総額は2.5兆ドルであったが、同じ頃、IMFは世界のSWFは5年以内に6兆～10兆ドルに達するという予測を出した。では、現在はどうか？　英『エコノミスト』の調査では、世界で運用されている現在のSWF資産総額は約4兆8000億ドルだが、2020年までには10兆ドルに達するという。

結論として、今日、新興経済大国が拠り所としている国家資本主義は、国・政権党と産業・企業、時には、軍も関与して、政策・資金・人脈関係における一体的結合を実現させており、政治家や官僚が経済活動やその意思決

表3　新興国政府系ファンド運用資産ランキング（2011.12）

順位	ファンド名（略称）	開始年	推定運用資金
1	アブダビ投資庁（ADIA）	1976年	1兆ドル
2	サウジ通貨庁（SAMA）	1952年	5,328億ドル
3	中国投資有限責任公司（CIC）	2007年	4,396億ドル
4	中国国家外為管理局（SAFE）	1997年	3,471億ドル
5	シンガポール政府投資公社	1981年	2,475億ドル
6	香港通貨庁投資ポートフォーリオ	1993年	2,276億ドル
7	クウェート投資庁（KIA）	1953年	2,130億ドル
8	中国社会保障基金（NSSF）	2000年	1,465億ドル
9	ロシア国民福祉基金（NWF）	2008年	1,497億ドル
10	テマセク	1974年	1,330億ドル

出所：Morgan Stanley、その他資料より作成

定過程に深く関わり、経済活動を国策的に推進している点に最大の特徴がある。しかし、こうした政・官と企業の結合関係は、意思決定は早くとも、投資先の選択を含め、経済活動が政治的思惑から進められるという点でリスクを抱えており、これがかれら自身の進路を狭めている。企業経営における政治の関与は企業としての経営戦略や投資先等の選択に自由度がなく、腐敗や汚職の温床になり易い。

(6)「アラブの春」が塗り変える中東の政治地図

では、中東・北アフリカの動きはどうか？　これら地域にも新興経済発展の力強い動きがあり、大きな変化も目撃されている。しかし、中東・北アフリカでは経済支配の対象とされがちな低所得国・貧困層、グローバル化の流れに乗れなかった後発発展途上国・貧困国家群が多く、困難も増している。金融危機との関係では、受けた被害は小さいといわれながら、湾岸協力会議（GCC）加盟の産油国は別で、経済活動に甚大な被害が出た。石油供給と石油黒字積上げによる金融大国化を通じてグローバル経済に深く組み込まれていたからである。

周知のように、サウジアラビアなどの湾岸産油国は70年代に2度の石油危機を通じて膨大な石油黒字（オイルマネー）を積み上げ、これをユーロ市場と国際金融システムに"還流"させ、世界経済の発展に大きく寄与してきた。「石油と金融の結合」体制が取り沙汰されるようになったのもこの時以来で、巨額石油黒字と国際流動性（過剰マネー）の創出はいまや世界経済発展とグローバル化にとって不可欠の要因となっている。

あらためて指摘するまでもなく、石油は貴重なエネルギー源として今も重要性を増しているが、その価格形成においては金融市場の動向に左右されることが多く、金融商品的な動きからサブプライムローン・ビジネスや住宅バブルの形成にも深く関わってきた。したがって、その分、湾岸産油国にとって金融危機によるダメージも大きかったわけである。

しかし、注目されるのは金融危機後の変化で、これら諸国では金融危機発生とともに信用収縮による大規模な資金回収や貸し渋りが起こり、株式相場の大幅な下落（サウジアラビア主要株価指数約50％、ドバイ・アブダビ20

I　世界規模の地殻変動と秩序の流動化

〜50％下落）による市場の混乱が企業活動や国民生活に大きな影響を与えた。

　こうした状況を前に、域内諸国政府は金融市場への大規模な資金注入や国内銀行向け緊急融資枠の設定といった緊急対策を相次いで打ち出したが、危機の進行を押し止めることはできなかった。そのため、クウェートその他では株価が大幅に下落、これに抗議する投資家やトレーダーの動きが活発化し、失業や格差拡大に苦しむ国民の不満も高まった。

　サウジアラビアやUAE（ドバイ）等湾岸産油国では金融収縮や石油収入の減退から国家経済計画の修正や開発プロジェクトの中止や延期が相次いだ。サウジアラビアではダンマン油田開発やヤンブー・ジュベイル輸出製油所建設の入札が中止となり、ドバイでは不動産部門の落ち込みが激しく、1000メートル・ビルや人工島建設で世界的に有名になった「ドバイ・ワールド」のナキール社までもが経営危機に陥った。

　社会経済的影響も大きく、インフレによる物価や家賃の高騰が続き、これが国民生活を圧迫し、とりわけ、基盤の弱い低所得層や外国人労働者の生活を直撃、社会不安を高めた。

　しかし、金融危機が湾岸産油国に与えた最大の衝撃は、何といっても、原油価格急落による歳入の減少と外資の流出、金融引き締め等にあり、これらにより国家計画の長期的見通しが立ち難くなった。サウジアラビアやドバイにおける各種プロジェクトの中止ないし延期はそうした事態の深刻さを物語っていたし、域内諸国政府が以前から進めてきた経済・金融にまたがるシステム改革や銀行・企業改革等も継続が難くなった。

　第2に、海外資金・投資の引き揚げで銀行準備金等が減少し、負債総額に占める銀行の対外債務の割合が高くなった。さらに、エネルギー消費産業や建築資材に対する需要も急減した。もちろん、金融危機はこうしたマイナス面ばかりでなく、大規模な信用収縮を通してそれまで2桁台で上昇していた物価の上昇やインフレを次第に鎮静化させた。不動産相場の下落や物価の安定、開発事業コストの下落という好ましい状況も作り出され、経済の安定につながる可能性も生まれた。このことは長期的視点でこれら諸国の経済発展に有効に作用する意味をもっていたと思われる。しかし、それ以上に、金融危機は中東・北アフリカ諸国の経済社会の深層に衝撃を与え、域内の独裁政

治に風穴を開けた意味が大きい。

　中東・北アフリカ諸国は過去30余年間の間に人口が3倍に増え、しかも国民の半数以上が30歳未満という、活力はあるが歪で不安定な人口構成に悩まされてきた。とりわけ、頭痛の種だったのが失業問題で、若者の失業問題がとくに深刻であった。金融危機とそれに引き続く世界不況の波は、石油輸出と貿易収入の減少、信用収縮による銀行・企業の業績悪化、雇用機会の激減という形を通して中東・北アフリカ諸国の経済を直撃し、失業問題を新たな段階に押し上げた。

　こうした状況の下で発生したのが、2011年4月以降、北アフリカのチュニジアに始まり、その後、エジプト、シリア、バーレーンへとアラビア半島を縦断してイエメンに達した反独裁・民主主義擁護の民衆運動で、同年10月にはリビアの独裁者・カダフィ大佐を死に追いやった。東欧革命の先駆けとなった1986年のチェコスロバキアの政変、いわゆる、"プラハの春"に因んで"アラブの春"と呼ばれたこの変革の動きは、独裁と権威主義的政治に反対し、民主主義の擁護と解放、貧困・格差・経済的差別の解消を求めたという点で東欧革命に似ている。しかし、長期の独裁体制が崩壊する時、影響は思わぬところにまで及ぶことがある。政変の起きた中東・北アフリカ諸国

表4　アラブ諸国の若年人口・失業者・1人当たり GDP

国　名	30歳以下の人口 (%: 対総人口, 2010)	若年性失業者 (%: 対青年人口, 2008)	1人当たり GDP (PPP $, $=1000)
アルジェリア	56%	31%	7.100
バーレーン	48%	30%	26.800
エジプト	61%	23%	6.400
ヨルダン	65%	20%	5.700
リビア	61%	27%	14.900
モロッコ	56%	35%	4.800
オマーン	64%	29%	26.200
サウジ	61%	25%	23.700
シリア	67%	32%	5.100
チュニジア	51%	22%	9.500
イエメン	73%	22%	2.600

出所：アメリカ国勢調査局、世界銀行、IMF 等の資料より作成

は独裁国家といってもそれぞれに条件が異なり、国民の要求も様々であった。チュニジアから始まった反独裁・民主主義擁護の民衆運動がまたたく間に北アフリカから中東全域に広がった背景には、30〜40年という呆れるほど長期の独裁政治の継続、政治的抑圧と強権政治、冨の偏在、格差の拡大、貧困の蔓延といった過酷な状況に対する広範な民衆の憤りがあったことは間違いない。

　とりわけ、失業と政治的閉塞感に苛まれた若者たちの怒りが大きく、統治のあり方を問い直そうとする動きになったし、これに広範な市民が共感し、思いを共有し合ったことが運動に弾みをつけたと思われる。しかし、その結果、民主化の動きが健全な民主主義国家建設につながればよいが、そうならない場合もあり得る。民主化の間隙を縫ってイスラム過激派によるテロ活動が活発化する可能性も否定できない。シリアではアサド政権による武力弾圧で死傷者が続出、アラブ連盟やEU諸国が反政府勢力への支持を強める中、流血の惨事は今も続いている。チュニジアのベンアリ大統領、エジプトのムバラク大統領が政権を追われ、リビアのカダフィ大佐もすでに死亡、紛争のあった一連の国で政治的安定と経済立て直しの作業が始まっているが、イスラム過激派の動きも活発化している。

　独裁政権の崩壊によって生まれた体制や政権が今後どのような方向を選択し、いかなる内容の政治・経済・社会改革を行おうとしているのか、現段階では正確な評価は難しい。

　「アラブの春」で独裁政権が倒れても、また新しい独裁政権が生まれる可能性も否定できず、急進的イスラム勢力が台頭するのではといった懸念の声もあり、域内諸国政府と国民の苦悩は絶えない。さらに、イランの核開発が中東の安定を脅かし、核拡散への脅威が強まる中、パレスチナ・イスラエル紛争解決への話合いも、ガザ・西岸地区入植地からのイスラエル人の撤退が進まず、暗礁に乗り上げたままである。

　しかし、今回、中東・北アフリカ諸国で発生した大規模な反政府行動と独裁政権の崩壊は金融危機を契機とする世界的な政治経済構造の変化──地殻変動の一環とも理解され、そこから生まれた変化を含め、長期的視点で中東の対立と紛争の構図を変える役割を担っている。イランの核、パレスチ

ナ・イスラエル紛争、シリア問題の帰趨、米欧・ロシアの動きを含め、中東の政治地図が塗り替わる可能性はさらに高まると予想しなくてはならない。

2　ブレトンウッズ後40年、世界経済は今！

(1) 繰り返される金融危機、拡大する格差と紛争

　以上、金融危機とそれを契機に動き出した世界規模の政治経済変動について、米欧、日本、新興経済、中東・アフリカの動きを中心に検証してみた。今回の金融危機とその後の事態については多くの議論があり、専門家による優れた研究もあるが、多くは個別の議論に終始し、総合的な分析と政策提示に欠けているように感じられる。とりわけ、金融危機後世界のダイナミックな変化を正確に捉えている研究報告等は非常に少ない。

　IMFで金融政策を担当した経験をもつK.ロゴス・ハーバード大学教授がC.ラインハート・メリーランド大学教授と共同で行った研究でも、「今回の危機は資産価格の上昇、債務の累積、成長パターン、経常収支赤字の点では従来の危機と変わらず、1兆ドルもの巨額新興国資金が信用力の低いサブプライム市場に流入、最終請求者は異なるが、メカニズムは同じ」といった結論で終っている。入力データの間違いから結論に誤りのあったことも明かされた。

　しかし、今回の金融経済危機とその後の事態を歴史的視点やグローバルな動きから分析すると、金融問題とは異なる諸要因が複雑に絡み合う、重層的な危機の姿が浮かび上がってくる。したがって、問題を金融危機の側面からのみ捉えるのは十分でなく、貿易・投資、通貨・金融、資源・エネルギー・環境問題まで包含した現代資本主義と世界経済の危機、グローバルリスクとして把握するのが妥当と思われる。とくに、ギリシャ危機とそこから派生したキプロス問題に象徴される新しい政府債務危機が欧州連合（EU）とユーロ圏経済を直撃しており、世界経済にとっても事態はかなり深刻である。

　ギリシャの危機は同国の歴代政権が重ねてきた巨額対外借入れと杜撰な財政政策、金融危機対策として実施した巨額公的資金の投入が引き起こした財

I　世界規模の地殻変動と秩序の流動化

政危機で、アイルランド、スペイン、イタリア等に共通する問題であることはすでに指摘した。さらに、世界経済問題では金融・経済危機後に顕著となった保護主義の高まりと"通貨安戦争"の激化があり、世界経済運営の現場から協調の動きが影を潜めつつあることに深い懸念が寄せられる。なぜ、このような事態になったのか、必要な答えはまだどこからも与えられていない。

　第1に、信用および金融問題に関連して、サブプライム以降の過程が深く分析される必要がある。とくに、住宅ローンの証券化に代表される金融と商品の結合および証券化ビジネスのグローバルな展開に焦点が当てられねばならない。今回の危機が80年代以来の金融自由化と冷戦後のグローバル経済化の加速の下で生まれた新しい危機とみられるのもそのためで、米欧経済が新興国マネーを住宅産業や市場に大規模に取り入れることによって景気を回復、好況を持続させようとして失敗したことに問題があった。

　第2は、アメリカにおける住宅バブルの崩壊がサブプライム問題を顕在化させ、これが大規模な金融危機に発展、マクロ経済に絶大な影響をおよぼす世界経済金融危機となった側面である。実体経済へのダメージとともに、世界規模の景気後退と不況の進行に深く関わっており、大規模な金融収縮と不況が同時に進行したことに問題の核心がある。

　第3は、金融・経済危機を醸成・誘導してきた過剰流動性（オイルマネー）の創造とドルの下落、これが引起す国際金融・金融システム上の問題に関する側面である。金融危機の再発やアメリカの金融覇権、「ドル本位制」の行方とも関連し、関心が持たれる。

　第4は、アメリカ・日本・EU経済とBRICS等新興経済の将来とその力関係に関わる側面で、世界経済が今後どうなっていくかという問題に関連する。今回の金融・経済危機で世界経済と国際関係が激変したこととも関連し、深い政策的検討が求められる。

　世界経済・金融危機に関連して、サブプライム問題の持つ今日的意味は、これが"信用力の低い低所得者に有利な住宅ローン"と喧伝され、様々な金融商品を組み込んだ証券化投資として組織されながら、破綻していった点にある。複雑な仕組み、審査の甘さ、利率の低さを餌にした詐欺まがいの商法

29

等に非難が集中したが、グローバル化と金融資本主義化の流れの中で、これが新しいビジネス・モデルとして開発され、破綻していった点は詳しく分析されねばならない。

　英『フィナンシャル・タイムズ』のコラムニスト、M.ウォルフは、米住宅市場に投入された新興国資金の主な振り向け先は低所得層であって、アメリカ国内の「南北問題」解決という全く新しい課題を担っていたと分析する。米連邦準備制度理事会（FRB）が2001年に発表した文書によると、サブプライムローンは長期間の税滞納者、抵当物件の差し押え・不良債権償却経験者、直近5年間の破産者、比較的高い貸し倒れ確率のあるもの等をひとつの目安として、貸し手の裁量的判断で決められていたといわれる。

　本来は融資対象者にならない長期間税滞納者や低所得者層を詐欺まがいの商法までして、なぜ新しい顧客に仕立てる必要があったのか？　おそらく、そうすることによって新たな顧客層と市場を組織し、ブームを生み出し、過剰消費による景気浮揚と「世界同時好況」につなげようとする政策的意図が働いていたものと思われる。住宅ローンの証券化が、消費者、とりわけ、主な顧客である低所得債務者の利益を無視し、無規律な方法で実施された事態の背後に政府・金融当局の政策的意図があったとしても不思議ではなかったからである。

　金融危機とその後の事態はサブプライム問題やグローバル証券化ビジネスの展開を含む冷戦後の世界経済発展、また、80年代以降急速に進んだ金融自由化と金融資本主義発展の帰結として生まれてきたものである。それはまた、昨今の原油・食糧価格の乱高下にみる如く、商品・株式・証券市場の動きとも連動し、相互に絡み合い、一体化することで複合的連鎖危機の特徴を備え、長期にわたり世界経済を蝕み続けるものと思われる。

　リーマン等米証券大手3社の消滅はウォール街とアメリカの繁栄を支えた証券モデルの消滅であると同時に、冷戦後の「世界同時好況」を演出したIT・住宅バブルと証券化ビジネスの破綻を物語っていた。それに代わる新しいグローバル・ビジネス・モデルを開発することができるかどうかアメリカ経済とウォール街にとって最大の課題である。

(2)"哀れなブレトンウッズへの鎮魂曲"

　サブプライム問題の顕在化で始まった世界規模の金融経済危機は世界経済と各国の国民生活をかつてない危機と混乱に陥れたが、今日、われわれが遭遇している事態の本質を理解するためには、少なくとも、戦後世界経済発展の歴史を70年代初頭に起きた国際通貨危機（ニクソン・ショック）と石油危機当時にまで遡って問題を検討する必要がある。ブレトンウッズ体制の崩壊とそれに伴う規制緩和（金融自由化）の実施で危機やリスクまで"民営化"され、これがその後の金融自由化と金融資本主義の展開に道を開け、未曾有の世界経済金融危機の発生につながったと認識されるからである。

　基軸通貨国の債務累積による信用の膨張とその破綻が生産・消費構造のグローバルな移し替えと世界規模の金融自由化を前提にしたものであるとするなら、今日の危機は戦後資本主義と世界経済の発展にその根源がある。戦後世界経済がアメリカの圧倒的な軍事力と経済力（ドル）を背景にIMF（国際通貨基金）・GATT（関税と貿易に関する一般協定）を2本の柱とする国際経済体制の下で成立し、繁栄を謳歌してきたことは改めて指摘するまでもない。このブレトンウッズ体制の下で「主要通貨間の為替レートはドルに固定され、ドルの価値は1オンス＝35ドルの価格で保障される金と結びつけられる」と約束されることで戦後資本主義と世界経済の発展が可能となった。

　周知のごとく、アメリカは莫大な資金・技術援助の提供を通じて西欧諸国と日本の戦後復興を助け、世界経済を未曾有の発展と繁栄に導いた。この流れに転機を与えたのが70年代初頭に発生した国際通貨危機と石油危機で、これを境に世界経済はそれまでの「高度成長の時代」から不均衡・格差拡大の際立つ「低成長の時代」へと流れを変えた。

　国際通貨危機は60年代以来のドル信認の低下とアメリカ経済の地盤沈下が原因で発生したものであったが、これを機に主要先進諸国が軒並み変動相場制に移行、為替相場を実勢に委ねることにしたためブレトンウッズ体制は崩壊した。その結果、為替相場や資本の国際的移動、貿易取引など世界経済と市場システムは不安定化し、各国経済は不況とインフレ、経常収支や雇用情勢の悪化に苦しむ長期不況（スタグフレーション）に突入した。

　ブレトンウッズ体制の崩壊で貿易・金融・資本の自由化が実現、世界経済

は新たな発展の可能性を掴んだが、他方、危機やリスクも"民営化"され、これが石油危機の発生と重なって世界経済を構造的に不安定な状態に追い込んだ点については深く認識されてこなかった。

今回の金融危機発生に関連して、2008年9月16日付『フィナンシャル・タイムズ』はイラストを掲げて「ウォール街の死」を伝えたが、これは大変興味深い動きであった。同紙はニクソン米大統領（当時）が「金・ドル交換停止」を発表した1971年8月15日の直後にも"哀れなブレトンウッズへの鎮魂曲"と題する一文を掲載し、ブレトンウッズ体制の終焉を世界に告げていたからである。一度死んだはずの"ブレトン氏"（ブレトンウッズ体制）がいつ息を吹き返し、今回の"ウォール街の死"となったのか同紙はその経緯を明らかにしていない。しかし、「ブレトンウッズへの鎮魂曲」は風刺のきいた名文であった。歴史を振り返る意味で以下にその一端を紹介しておく。

＊　　＊　　＊

「死者に冥福あれ。ブレトン氏（ブレトンウッズ体制）はかねてより病気療養中のところ手当の甲斐なく、1971年8月15日午後9時、死去しました。同氏は1944年にニューハンプシャー州で生まれ、死亡した時は27歳という若さでした。幼少の頃より親子の縁に恵まれず、身体は頑強そうに見えましたが、60年代初頭に流動性欠乏症を患い、闘病生活を余儀なくされました。八方手を尽くした結果、ようやく新薬GAB（一般借り入れ取り決め＝IMFからの外貨借り入れ）を入手し、これを服用した結果、最も重要な10の器官（IMF加盟10カ国）だけには薬効が現われ、危機を脱しました。

しかし、1967年にリオデジャネイロで定期健診を受けたところ、ブレトン氏の健康回復にはSDR（特別引き出し権）という名のホルモン剤の注入が有効であることが判明、それから2回ほどこれを服用しました。しかし、残念ながら、代謝作用に改善が見られず、逆に、身体のあちこちにスタグフレーションという名の新しい病気が広がり、それから3年間、定期的な思惑熱に侵され、各器官の間の正常な交換機能を維持することも困難な状態となりました。

1971年5月には、最も重要な手足の部分と胴体を結び付ける平価という名の靭帯が切れ（変動相場制への移行）、ブレトン氏の容態は急速に悪化し、眩暈とふらつきを覚えるようになりました。さらに、1971年8月に入り、投機家という名の寄生虫がブレトン氏の中枢器官を膨張させ、最も重要な機能であるドルと金との交換性を断ち切ることになり、これが命とりとなりました。
　告別式は、9月27日、ワシントン市のシャレトン・パーク・ホテルで開催の予定。」

　国際通貨基金（IMF）の中の誰かが書いたとされるこの一文は"ざれ文"の形をとってはいたが、あまりにもよく書けていたので関係者の間で回し読みされたほどであったという。しかし、この告別式が実際に行われたかどうかか、また、どんな人々が参列したか、筆者は事実を確認していない。だが、鎮魂曲を捧げられ、告別式まで営んでもらったはずのブレトン氏（ブレトンウッズ体制）も実際には生きていた。それは（金との）腐れ縁を断ち切り、"死を偽装する"ことで新しい体制（ドル本位制）に変身し、80年代の保守革命に助けられ、冷戦後の経済と市場の再編でグローバル化を達成、命脈を保ち続けたと思われる。

(3) ドルの偽装と「リスクの民営化」

　ブレトンウッズ体制が誕生したのは第2次世界大戦終結1年前の1944年7月、その後27年間、同体制は固定相場制による為替の安定維持と世界経済の発展に大きく貢献してきた。当時、固定相場制は資本の国際的移動を規制すると同時に、国内の金融市場も厳格に管理していたが、この固定相場制の下で政府による為替管理が徹底されたため、民間部門も為替変動とそのリスクから完全に護られていた。しかし、このことについての一般の認識は驚くほど低い。
　ブレトンウッズ体制が崩壊し、変動相場制への移行が戦後の国際通貨体制を変容させ、世界経済の流れを大きく転換させて初めて気がついた人もいたが、実際、これがその後における金融危機の多発に物理的基礎を与えたこと

夕暮れのブレトンウッズ城　（著者撮影）

を強く指摘しておきたい。

　第1に、変動相場制への移行と金融自由化に伴って生まれた「リスクの民営化」の問題がある。変動相場制への移行は、固定相場制の下で禁止されていた各種規制の撤廃を可能にしたが、それに伴って為替変動による利潤取得の機会も増大し、各種の投機メカニズムが生み出された。とくに、民間部門は為替レートの変動によって生じるコストをヘッジする必要に迫られ、各国でリスク分散の手段を多面化させる動きが強まった。為替リスクに対する認識や対応が変われば、当然、通貨や金融に対する考え方も変わるわけで、ポートフォーリオを自在に分散させる動きが強まったのもそのためであった。

　「リスクの民営化」はまた利潤獲得の機会を増やし、多様化させ、投資や投機を生みだすメカニズムを醸成させた。これが1つの起点となって金融危機の多発につながったわけだが、こうしたメカニズムの実態を認識していないと今日の危機は理解できない。

　第2に、ブレトンウッズ体制の崩壊と「リスクの民営化」は、国内市場と国際金融システムの動揺からリスクに強い金融商品の開発を促すため、金融機関の大胆な再編を求めるようになり、これが世界的規模の金融自由化と金融システムの規制緩和を生み出す背景となった。為替管理は廃止され、対外融資に関する数量制限もなくなり、金融機関が海外市場にアクセスする条件も整った。金融商品と取引のグローバル市場が成立したのもこうしたことが

背景となっていた。

　ブレトンウッズ体制の崩壊に伴って国際通貨金融面に現われたこうした変化は、1973年10月に発生した第4次中東戦争とアラブ産油国の「石油戦略」（対米石油禁輸、原油価格の大幅引き上げ）発動による石油危機と重なり、不況とインフレが同時に進行するスタグフレーションの拡大を助け、金融不安や金融危機を多発させる条件や環境を醸成させた。

　アラブ産油国による「石油戦略」の発動に対して、ニクソン米政権（当時）は、サウジアラビアとの協力を内容とする"特別な関係"の構築に動き、石油供給の確保と巨額オイルマネーの還流に向け戦略を大きく転換させた。「米・サウジ秘密協定」（石油と兵器のバーター）の締結が取り沙汰され、石油取引の「ドル建て・ドル払い」方式が導入されたのもこうした状況においてであった。膨大な石油黒字（オイルマネー）積み上げによる過剰流動性の創出とアメリカの国益優先の政策展開に日本や欧州諸国も大いに戸惑ったが、これによりドルは円やマルク等他通貨に対し確実に立場を強めた。

　変動相場制への移行による「リスクの民営化」と産油国による石油黒字（オイルマネー）の積み上げおよび膨大な国際流動性（過剰マネー）の創出は、その後、金融自由化に促される形で国際資本移動の規模と速度を急速に拡大した。変動相場制への移行と価格高騰による石油黒字の積み上げ、国際流動性の創出等にはそれぞれ理由があったが、こうした事態が大規模な国際資本移動につながったのも偶然ではなかった。固定相場制と流動性不足という状況下では限られた裁定利益しか生まれず、変動相場制移行による資本移動の加速と投機的利益の取得が強く求められたと思われる。

> **BOX6　ブレトンウッズ体制とその崩壊**
>
> 　1944年、米国ブレトンウッズで開催された連合国通貨金融会議で合意された国際通貨基金（IMF）・国際復興開発銀行（IBRD）の設立と固定相場制を柱とする国際通貨金融体制のこと。IMF協定の下、世界の為替相場は金1オンス＝35ドル、平価変動幅上下1％以内で固定され、戦後世界経済の発展を期すことになった。しかし、アメリカはベトナム戦争やドルの大量流出に悩んだ挙句、1971年8月、「金・ドル交換停止」を宣言、ブレトンウッズ体制は崩壊した。

このことを実証するかの如く、国際決済銀行の発表では、外国為替取引額は 1980 年に 800 億ドル（貿易取引額の約 10 倍）、1992 年 8,800 億ドル（同 50 倍）、1995 年 1 兆 2,600 億ドル（同 70 倍）へと急増し、当時の世界の公的金・外貨準備額と肩を並べるまでになった。問題は通貨取引の内容で、取引の大半は財・サービスの貿易取引や長期の投資とは異なる、金融資産の価値の変化から生じる利益、いわゆる、利ざや稼ぎや損失ヘッジが目的の長短期取引であった。投機が目的の取引と言って差し支えないものであった。
　国際債権市場に変化が現われたのも 80 年代で、米財務省証券のクロス・ボーダー取引は 1983～93 年の間に 300 億ドルから 5,000 億ドルに拡大、アメリカの居住者と非居住者間の債権と株式の売買は 1970 年には GNP 比 3% だったが、1980 年にはこれが 9%、1993 年には 135% に急拡大した。こうした傾向は欧州諸国でも進展し、イギリスでは同じ期間にクロスボーダーの証券取引で 4 ケタを超える拡大があった。
　クロスボーダーによる世界の証券保有は 90 年代半ばまでに総額 2 兆 5,000 億ドルに達したが、その 40% はアメリカの居住者が発行したものだったという。とくに、財務省証券市場拡大のもつ意味が大きく、80 年代に拡大した米貿易赤字はこれによってファイナンスされた。
　金融自由化と資本のグローバル化によって新しく開発された国際金融システムの特徴は、いわゆる、金融工学とポートフォーリオの進化に基づき拡大を続ける市場で流動性の高い、大規模な資本取引が行われる点にあった。ブレトンウッズ体制の崩壊による「リスクの民営化」がオイルマネーの累積その他国際流動性（過剰マネー）の蓄積と相俟って、資本の国際的移動に規模と速度を与えた。ここに金融危機が繰り返される最大の原因がある。

(4) 巨額オイルマネーの蓄積・取り込みと過剰流動性

　石油危機を契機とする原油価格の高騰はアラブ産油国による膨大な石油黒字（オイルマネー）の蓄積と国際流動性の前例のない膨張を生み出し、ブレトンウッズ体制崩壊後の国際的なドルの値下がりとも絡んで世界経済をさらに新しい異常な状態に導いた。この膨大な石油黒字と国際流動性の創出が 80 年代以降の金融自由化と資本の国際的移動を促し、その後における金融

I　世界規模の地殻変動と秩序の流動化

資本主義の発達と金融危機の多発に大きく道を開けたからである。

　国際通貨基金（IMF）のデータによると、1952〜62年、世界の国際準備は総額493億1,100万ドルから626億1,800万ドルに増大（27％増）したが、その後の10年間にこれは1593億5,300万ドル（154％増）となり、さらに、1976までのわずか4年間に986億3,000万ドル（62％増）もの増大をみた。

　この巨額の国際準備、前例のない国際流動性の創出は1973年の石油危機を契機とする世界的な石油値上げによるもので、石油価格の大幅引き上げと国際流動性の創出との間にある特別な関係を示すものであった。石油価格の大幅引き上げに伴い、世界の多くの国は自国準備を補填するか、増やすために外国から借り入れをしなくてはならなくなった。このことはその後の事態が明確に示している。国際収支の改善や対外利払い、生活水準の維持その他を目的とする赤字国による借り入れが大規模に実施されるようになり、他方、産油国による石油黒字の運用とユーロ市場によるその取り入れも活発化した。

　一般に、オイルマネーは石油の販売代金、利権料、所得税の総和として算出され、各国の経常収支（フロー）や経常取引の累積額（ストック）、つまり、対外純資産の面からも捕捉可能とされてきた。しかし、実際には、米欧銀行への預金、株式、債券、直接投資等の形ですでに運用されている部分もあり、これがどれほどの額に達し、世界経済や国際金融システムの中でいかなる役割を果たしているのか、当時、確かなことは全くわからなかった。筆者も膨大な資料や統計、また、現地調査や国際金融機関等からの情報を基に実態の洗い出しを試みたが、正確なことはわからず仕舞いだった。産油国によるこの種の所得についての十分な情報開示がなく、イングランド銀行や国際決済銀行（BIS）の統計等に見る数字は膨大であっても、そうした所得の一部に過ぎなかったからである。

　筆者が原油価格の異常な高騰に刺激され、それが生み出す巨額オイルマネーの動きや機能、その役割に関する調査でウォール街やシティ（ロンドン金融街）に足を運ぶようになったのは70年代初頭に発生した第1次石油危機がきっかけであった。国際通貨危機に次ぐ石油危機の発生で原油価格が高騰、アラブ産油国が手にした膨大な石油黒字がユーロ市場に集められ、米銀

37

表5　国際準備の推移（1952～77, $ mil.）

年	世　界	工業諸国	産油国	サウジ
1973	183,663	115,508	14,526	3,877
1974	220,595	119,907	47,024	14,284
1975	227,480	121,880	59,118	23,320
1976	258,083	132,849	65,205	27,231
1977.8	295,357	135,309	66,424	27,784

出所：IMF

　を通じこれが非産油途上国に大量に貸し付けられ、焦げつき、世界規模の債務危機を引き起こしていたからである。

　当時はまだ東西冷戦下、ニクソン米政権がイスラエルとパーレビィ政権下のイランに軸足を置きつつ、対ソ戦略を意識した中東戦略を動かしていた頃である。ところが、1973年10月に第4次中東戦争が発生し、アラブ産油国による、いわゆる、「石油戦略」が発動されると、アメリカはサウジアラビアとの"特別な関係"構築に動き、石油供給の確保と巨額オイルマネーの自国および西側世界への"還流"をめざして戦略を大規模に転換させた。アラブ「石油戦略」とは、イスラエル支持のアメリカやオランダに石油禁輸の圧力をかけ、英国や日本等にはイスラエル寄りの政策を変えさせるため供給制限を行うというものであった。

　「米・サウジ秘密協定」（石油と兵器のバーター）の締結が取り沙汰され、石油取引の「ドル建て・ドル払い」方式が決定されたのもこの時で、膨大な国際流動性の創出とアメリカの国益優先の政策展開に日本や欧州諸国も大いに困惑させられた。表5は第1次石油危機発生による原油価格高騰がもたらした国際準備の急増ぶりを示したものである。

　最大の問題は石油値上げを通じて作りだされた膨大な石油黒字（オイルマネー）と国際流動性の果たす役割にあり、サウジアラビア等産油国にとっては、①国際石油産業への進出の手段、②株式・債券の購入、銀行預金を通じての収益拡大、③世界経済に対する影響力の拡大という意味があったと思われる。しかし、筆者にとって最も重視されたのは、世界経済や国際金融に与えるオイルマネーと国際流動性創出の衝撃的影響であった。

まず、産油国に蓄積された膨大な石油黒字は、一部は政府や公的レベルの協定等を通じて米財務省証券等の購入や兵器とのバーターに充てられ、他は米銀の手によって"還流"の名でユーロ市場に集められ、非産油途上国等に貸し付けられた。しかし、これが焦げ付いた結果生じたのが途上国の累積債務危機で、膨大が石油黒字（オイルマネー）の積み上げによる国際流動性の肥大化とユーロ市場の拡大は、海外におけるドルの膨張とそれに基礎を置く国際金融の緊張を伴いつつ、世界的なドル不安を作り出した。

　当時、ドルはアメリカ国内のインフレ率を超えて他の「強い通貨」（マルク、スイス・フラン等）に対して値下がりしていたが、国際流動性とユーロ市場の肥大化に伴い、海外でのドルの膨張が続いた。最も恐れられていたのは、このドルの膨張がこのまま続いた場合、ドルの破綻が現実化し、それが預金者の資金引き揚げと国際金融の機能不全を引き起こすことであった。かといって、その過度の収縮には借り入れ国の経済運営と返済能力を奪い、金融危機発生への導火線ともなりかねない危険性も隠されていた。昨今の金融危機でもオイルマネーと国際流動性の果たす役割に変化はなく、当時と似た状況が続いている。

　今日、原油価格はそれが実際に取引される現物市場というよりは、金融（株式・債券・為替）市場の強い規制の下で景気の動向や企業の思惑、投機、自然災害といった要素が複雑に絡んで決定されている。なぜ、金融市場の規制を受けるのか？　それは、70年代の石油危機以降、世界経済における石油の役割が金融との関係を強めてきたからである。グローバル化の進行で金融市場の支配力が強まり、投機性も強まった。ニューヨーク・マーカンタイル取引所（NYMEX）原油先物市場のWTI（ウエスト・テキサス・インターメディエート）先物取引等への非商業的トレーダー（ファンド、金融業者、個人投資家等）の参入が増え、投資／投機が規模と頻度を増したことがこうした傾向を強めたと思われる。

(5) サッチャー・レーガン超保守革命の功罪

　世界経済がニクソン・ショック（国際通貨危機）と石油危機およびその後遺症（長期不況とインフレが相乗するスタグフレーション）を克服し、かつ

ての活力を取り戻すようになったのは80年代に入ってからのことである。まず、アメリカ経済が1983年中頃から景気を上向かせ、ヨーロッパ経済が1985年前半に、そして、日本経済が同年後半から翌86年にかけて本格的な回復過程に入った。いずれの国も危機の克服に10年余りの歳月を要したが、これを境に世界経済は長期の成長軌道を走ることになった。日本経済も戦後最長と言われた"いざなぎ景気"を凌ぐ長期の繁栄を享受したのである。

　契機となったのは、言うまでもなく、80年代初頭、サッチャー英首相やレーガン米大統領によって展開された新保守革命、つまり、新自由主義に基づく社会経済改革である。当時、アメリカやイギリスでは、M.フリードマン教授の貨幣数量説やマネタリズムに基礎を置く景気循環論が説かれ、規制緩和や金融自由化に向けた政策努力がなされ、税制、社会制度、賃金・雇用等広範な分野で大規模な制度改革が試みられていた。

　サッチャー首相のイギリスでは、①市場の競争機能の回復、②政府の役割縮小、③企業の生産性増大を軸に、インフレ抑制のための金融引き締めや公共支出の大幅削減、為替管理の全廃、国有企業の政府持ち株の売却等の施策が試みられた。しかし、インフレは簡単には収まらず、失業も容易に解決しなかった。労働者の賃金もそれを上回る速度で上昇し、それが企業と経済をさらに衰退させ、"英国病"はなかなか治癒しなかった。他方、レーガン米大統領の経済政策（レーガノミックス）も大胆な規制緩和、金融自由化、「小さな政府」という点でサッチャー夫人の政策と共通していた。

　しかし、その後にみる世界経済の長足の発展や金融危機との関係でみると、こうした改革策とともに、当時、急テンポで進められた金融自由化への動きこそ重要であったと思われる。アメリカでは預金金利に関する業務の自由化や銀行・証券業の融合等が急速に進み、イギリスでは"ビッグバン"（証

BOX7　レーガノミックスとは？

　1981年に合衆国第40代大統領となったR.レーガンの経済政策：①財政支出の大幅抑制、②連邦税率の大幅削減、③連邦政府規制の見直し、④連邦準備制度による金融政策の4点を柱に、「小さな政府」で強いアメリカを作ると謳った。しかし、減税と軍事費増大による財政赤字と高金利・ドル高が生んだ貿易赤字という「双子の赤字」挟撃され、挫折した。

I　世界規模の地殻変動と秩序の流動化

券市場改革）による証券自由化・手数料自由化等の自由化策が相次いで打ち出された。アメリカやイギリスほどではなかったが、日本や他の欧州諸国でも銀行・証券・保険への規制の緩和と自由化が進み、資本主義世界あげての金融自由化と金融インフラの整備が続いた。

　また、こうした動きと共に進行したのが資本主義経済の規模拡大と市場の再編を目的とする構造調整と再活性化の動きで、そうした課題を背負って実現をみたのが先進5カ国蔵相・経済相・国立銀行総裁による「プラザ合意」(1985年)であった。「プラザ合意」は高すぎるドルのソフトランディング（軟着陸）と主要国間の通貨の調整を目的に実現したものであったが、内容的には、米ドルに対する各国通貨の10～12％の切り上げ、不均衡調整、緊密な国際協力等にみられる如く、主要国による対米協力の性格が強かった。

　したがって、これを機会に、アメリカでは金融自由化とグローバル化に向けてのインフラ整備が規模と速度を増し、これが世界的流れを牽引した。他方、アメリカが債権国から債務国に転じたのを境に日米貿易摩擦が火を噴き、日本は構造摩擦の解消と内需経済への転換のための「前川レポート」を発表した。「プラザ合意」の発表を受け、ドイツはマルク高を受け入れたが、日本では円高不況を恐れる産業界への配慮もあり、過剰流動性の供給が続き、これが資産バブルを発生させ、「失われた10年」の開始となった。

　また、これを機会にアジア新興経済や発展途上の資源大国も為替レートの切り上げや金融・資本の自由化、市場開放等を強く求められ、世界経済の再編と調整の過程に引き込まれて行った。これもブレトンウッズ体制崩壊による変動相場制への移行と貿易・資本・金融自由化を歴史的前提とした動きで、冷戦終焉後のグローバリゼーションの下で本格化する新興経済発展の基礎をなすものであった。国際債権市場も80年代に活発化したが、外国人による株式保有も重要な取引対象となり、新興市場諸国の株式市場の資本化も急テンポで進んだ。

　さらに、サッチャー英首相とレーガン米大統領が主導した新保守革命や「プラザ合意」に代表される世界資本主義の再編と調整の作業は、当時のソ連と社会主義体制が危機と衰退を深めていたのとは対照的に、時にはそれに手を貸し、没落を速めさせる形で発展への足掛かりを得ていた点を強調して

41

おきたい。この作業の過程では、有力途上国の包摂を含んだ"資本主義の蘇生"と"社会主義の凋落"が同時に進行しており、それだけに、"プラハの春"に象徴されるソ連・東欧社会主義体制の動揺と民主化の動きは資本主義諸国にとって特別な意味を持ち、新しいフロンティア市場出現への期待を大きくさせるものであった。

　80年代は世界資本主義にとって新たな発展と繁栄をめざす「調整の時期」と理解されるが、金融自由化や「プラザ合意」はそのための重要な布石であった。ソ連・東欧社会主義体制崩壊による「東西冷戦」の終焉も、それによる「南北問題」の変質も、世界資本主義の"蘇生"と世界経済の再編に合わせる形で、80年代に前奏曲が奏でられていたことを重視したい。80年代は、そうした意味で歴史に残る10年間であった。

(6) 冷戦後世界経済の再編とグローバリゼーション

　サッチャー英首相とレーガン米大統領の新保守革命による世界資本主義再生の試みは各種の障害のため、期待通りの成果を収めることはできなかったが、1990年の冷戦終焉による世界経済の統合とグローバル化の開始はこれに千載一隅のチャンスを与えた。最大のライバルであったソ連と社会主義世界体制が崩壊し、20億近い人口の巨大な旧社会主義経済と市場が世界資本主義のフロンティアとして登場したからである。

　実際、東西冷戦は、チャーチル英首相による「鉄のカーテン」演説（1946年3月）以来半世紀の間、米ソ間の厳しい軍事対決で世界を何度か核戦争の危機に陥れ、国際社会と市民生活に大きなダメージを与え続けてきた。しかし、この冷戦も1989年12月にマルタ島で開かれた米ソ首脳会談で「冷戦終結宣言」が発表されたのを最後に終焉の時を迎えた。これを機会に世界経済と国際関係は劇的な変化を遂げることになり、先進工業諸国も市場と経済の拡大で新たな繁栄と豊かさを手に入れたが、他方、今日みるような新興経済の台頭による大規模なパワーシフトが発生することを予測していなかったと思う。

　冷戦終焉後、グローバリゼーション、市場経済化、情報化の過程が世界的規模で進行し、その結果、国民国家（経済）の枠組みが崩れ、国家、社会、企

Ⅰ　世界規模の地殻変動と秩序の流動化

業、国民生活のあり方が劇的に変化した時のことを想起してみたい。まず、中国やベトナムの市場経済への移行と合わせ、総人口20億の巨大市場と広大な領土が資本主義世界経済に統合され、地球規模の世界経済と単一市場が出現した。そして、この地球規模の市場と経済の出現は、競争、効率化、規制緩和・自由化等を柱とする市場経済改革や情報通信技術の革命的発達とともに、世界経済と政治的諸関係を新たな段階に押し上げる物理的諸基礎を作り出した。文字通り、歴史的な「変化と再編の過程」の始まりであった。

　この「変化と再編の過程」について、第1に指摘できることは、世界経済と金融システムの大規模な変容が貿易・投資の自由化とそのグローバルな拡大・多様化を主要な課題として掲げていたことである。ここにいう貿易・投資の自由化とは、既存の制度や規制の緩和と撤廃、市場の対外開放のことを指す。

　貿易の面では、戦後のGATT（関税と貿易に関する一般協定）体制の下で財やサービスの自由な交流を阻んできた各種の規制が廃止され、その結果、従来の枠を超える大規模な取引もできるようになった。市場と経済の拡大、多国籍企業の改革とビジネスの多様化、IT革命の進行等がこれに大きく貢献したことは言うまでもない。同時に、これまで先進国間で行われてきた取引に比較し、新興国との取引が増大し、商品やサービスの流れも、先進国から途上国への流れから、途上国（新興経済）から先進国への流れへと、構造が変化した。取引全体に占める製品取引やサービス取引の比重が高まり、取引の形態も国家間取引から産業内・企業内取引へと重点が移動した。

　投資では、証券投資等の間接投資に比較し、対外直接投資（FDI）の割合が増えた。とりわけ、新興経済諸国に対する直接投資が増え、経営ノウハウや技術の国際的移転も進んだ。アジア域内では、韓国、台湾、香港、シンガポールなど新工業（NIEs）諸国からの投資も増え、アジア経済の急激な拡大と成長を支えた。また、直接投資の増大に伴って国際分業体制にも変化が現れた。それは、産業構造や輸出構造、直接投資構造などをめぐる変化で、日本とアジア新興諸国との経済関係に現れた重要な変化であった。

　第2の変化は通貨・金融面に現われた変化である。従来、金融は主としてモノの交換に伴って実施されると理解されてきたが、グローバル化の進行に

伴い、経常収支の不均衡を是正するための資金移動中心の金融に重点が移動した。具体的には、①金融・資本市場の整備とその地球的拡大、②各国金融機関による国際的事業展開と海外拠点の拡充、③国際金融市場とセンターの発達などである。これにより企業や個人が国際活動で便益を得る機会が飛躍的に増大した。反面、取引自体がますます不安定化するというジレンマに遭遇したのも事実であった。

　この通貨・金融面での変化に関連して、アメリカでは恒常的な対外資本・債務受入国となった 90 年代に金融資本主義と"金融帝国化"の動きが顕著となった。アメリカで GDP に占める金融資産のシェアが拡大したのは金融自由化が大規模に進んだ 80 年代であったが、1995 年に R. ルービン氏が財務長官に就任、その下で「強いドル」政策が展開されたのを契機に、金融は急速に取引志向を強め、銀行システムが果たしていた金融仲介業務を資本市場が引き受けるようになった。「強いドル」政策展開の背景には、当時、アメリカ経済は表向き活況を呈していたものの、財政赤字や累積債務、伸び悩む労働生産性、国際競争力の低下といった状況に悩まされていたことが背景にあった。

　債券、株式、商品、為替取引に加え、デリバティブ（金融派生商品）の開発も大規模に進められ、これに伴ってリスク管理の仕方も変わった。家計部門の借入れや市場による企業管理、株主の力の増大等も進み、資産取引における投資銀行の支配力が増大したことで金融市場のグローバル化が急速に進んだ。90 年代にアメリカ経済が活況を見せたのは、①資本・労働比率が製造業では上昇し、サービス業では低下、②成長が民間設備投資と消費支出の増加に主導され、③株式ブームが消費需要を押し上げ、株価上昇による個人金融資産の増加が寄与率を高めた結果と云われている。

> **BOX8**　「強いドル」とは？
>
> 為替取引におけるドル高（政策）と同じ意味で使われることが多いが、1995 年のルービン財務長官就任以来、アメリカが米国債の購入など海外からの対米投資を刺激するため、"強いドルは国益" という政策を動かしてきた。

一般に、「強いドル」政策は、ドルの下落が投資対象としての米国資産の魅力を喪失させるためこれを避け、高金利で資金流入とドル高を促すと理解されているが、当時、「強いドル」が声高に叫ばれることで株高や債券高が誘導されるという状況があった。証券市場からの資金調達、産業への外資導入や投資拡大があったのもこうした状況に促されてのことであった。しかし、アメリカにおけるこの"金融帝国化"と金融資本主義の動きは、生産・流通・消費にまたがる実物経済のグローバルな展開を対極においてはじめて可能になったわけで、その意味で、中国等新興経済地域を含む金融・投資・生産・消費システムのグローバルな移し替えにも特別な努力が払われた。1997年のアジア通貨金融危機は行き過ぎた自由化と無責任な金融政策の結果と云われたが、バブル崩壊後の日本経済が危機に陥ったアジア経済に市場が提供できず、「失われた10年」に沈んだ歴史を含め、グローバル金融資本主義化の進行がその根底にあったと理解される。

最後に、この金融資本主義は情報通信技術の革命的発達にも助けられた点を指摘しておきたい。情報通信技術（IT）の発達は、新製品の開発、労働生産性の向上、新しい産業の創出、エレクトロニクス産業と市場の拡大等を通して世界経済と各国の社会経済に影響を与えたが、金融技術や金融工学の開発・発展を通じて金融資本主義の発展にも貢献した。その結果を受けて、国民の意識や文化までもが大きく変化した。

II

変容する世界経済の構造と市場の枠組み

1 南北関係の変容が招く米欧日経済の"衰退"

(1) 世界経済の構造変化とパワーシフトの真実

　以上、金融危機が引き起こした危機の実態と構造的変動について、70年代初頭に発生した国際通貨危機（ニクソン・ショック）と石油危機の時点に立ち返って検討した。冷戦後世界経済（市場）の統合とグローバル化の進行の下で新たな発展と繁栄を実現させたアメリカ経済と先進国体制が金融経済危機の発生で体力を削がれ、代わってBRICS等新興経済が顕著な台頭を見せたことで世界の政治経済の枠組みが構造的に変化したことは、今や誰の目にも明らかである。「G20体制」も成立し、この流れは時代の趨勢として今後も続くであろうし、さらに大規模な変化も予想される。

　しかし、今日、われわれが直面している世界規模の変化や危機は予想以上に複雑かつ深刻である。不均衡・格差をめぐる対立、相対的貧困化の進行、テロ・戦争・核拡散問題、地球的規模での資源の乱獲や温暖化に象徴される地球環境汚染の進行、さらに、大規模な自然災害やパンデミック危機等が相互に絡み合って連鎖的な複合危機の相称を呈している。金融経済危機後の地殻変動で世界経済と国際関係の枠組みが崩れ、経済社会の不安定化が進み、これが自然との関係における物質循環過程の危機と重なってグローバルで重層的な危機となった。

経済産業省は、2009年版『通商白書』の中で、金融危機が引き起こした構造的変化の経済的特徴について次の3点を指摘した。①新興国経済の拡大とその多様な魅力、潤沢な資金、②アジア経済の内需主導型への転換と生産・貿易構造の変化、③中間層人口の急増等がそれである。各国政府や国際機関もそれぞれ報告書や政策文書という形で同じ問題を取り上げたが、『通商白書』同様、いずれも深い分析に欠け、部分的な言及や解釈に終わっていたように思う。
　しかし、今回の金融危機とその後に続く欧州政府債務危機や新興諸国の活発な動きや拡大路線、不均衡・格差の世界的拡大、中東・北アフリカにおける反独裁の民衆運動の高まりといった状況を見ていると、戦後世界経済と政治秩序の転換が基調となっており、冷戦後20年のグローバル化の過程を経て新たな確執と紛争の時代が始まったように感じられる。
　現在起こっている事態の分析を中心に、世界経済の構造的変化の特徴点を挙げれば、第1に、世界の生産構造における主たる担い手が先進工業諸国ないしG7諸国から新興経済諸国に移りつつある事実が指摘される。すでに確認したように、2003年を起点とする景気回復局面で世界経済を牽引していたのは住宅ブームに沸くアメリカ経済であった。当時、世界の名目GDPに占めるシェアを見ると、アメリカのそれは30％で、中国は4.4％、インドは1.5％に過ぎなかった。しかし、その後、2007年までの4年間、アメリカ経済の成長率は年平均3.1％で推移したのに対し、中国経済は10.7％、インド経済は9.0％という高い成長率を示した。
　しかも、こうした状況は金融危機を契機にさらに進展し、世界経済に占めるシェアでは、アメリカ経済が25％に低下、代わって中国経済が8.3％、インド経済が2.2％に上昇、新興経済が世界生産を牽引する構図がより鮮明になった。しかし、こうした世界の生産構造における（先進国から中国等新興国への）"主役の移動"は先進国からの資本や技術の（新興国への）移転を前提にして初めて可能となったもので、自由化された資本の世界的移動と国際金融システムがこれを構造的に支えていた。アジア経済に即して言えば、米欧日と中国をつなぐ投資・貿易・金融関係に韓国、台湾、シンガポール等新工業諸国・地域が入った構図である。

アジアの新興諸国はこうした状況を最大限に利用し、中国やASEAN（東南アジア諸国連合）諸国を中心に域内で工程間分業を進めて生産ネットワークを拡大、これを基礎に相互の中間財取引を積極化させ、完成財を米欧諸国、また、世界各国に輸出する循環的な域内経済構造を作り上げた。この枠組みの強化は輸出主導型経済から内需主導型経済構造への転換を窺わせるもので、自立循環的地域経済の構築に役立つ動きとなっている。これが第2の構造変化だが、アジアだけでなく、各地の地域協力を促進させる意味がある。
　こうした状況の変化を基礎に、アジアでは消費財貿易が域内・域外ともに拡大し、とくに、アメリカと欧州向け輸出が伸びた。このことはアジア新興諸国の経済構造が生産・貿易構造において対外依存を著しく高めたことを意味していた。これは中国についても同じで、同国経済の対外依存は貿易、金融、技術、人材のほとんど全てにわたって深化した。しかし、不幸にも、これが政府債務危機による欧州経済危機でマイナスの役割に転化してしまったわけである。輸出が伸びず、景気が落ち込んだからである。
　構造変化の第3は「資金の貸手」としての新興国の役割の増大で、国際金融体制と資金フローの構造変化が指摘される。危機に陥った米欧の銀行と金融システムの救済に新興諸国の資金が動員され、これに大きく貢献したことはすでに広く知られている。この面でとくに役割を果たしたのはロシア、中国、メキシコ、アラブ首長国連邦（UAE）とその金融当局で、石油・天然ガス価格の上昇と対外貿易の伸びで巨額の外貨準備を蓄積し、その一部を国内投資にまわしながら、巨額の資金を国際金融システムに流し込んだ。
　こうした石油・資源・工業品輸出の急増による貿易収入の運用や次世代のための資金準備を目的に設立されたのが、いわゆる、ソブリン・ウエルス・ファンド（SWF）である。その規模の推移をみると、シェアは年ごとに更新され、2008年には中東諸国45％、アジア諸国33％、欧州諸国16％となった。因みに、同年における南北アメリカのシェアは僅かに3％、オーストラリアのそれも2％に止まった。こうした産油国やアジアの貿易黒字国の潤沢な資金は、その後、国際金融や海外直接投資の面でさらに積極的な動きを見せるようになる。新興経済が「世界の工場」としてだけではなく、「資金の貸し手」としての役割を急速に果たしつつある現実を垣間見せる場面であった。

以上の諸点から、世界経済の構造変化を「新興国の台頭、先進国の衰退」という短絡的な解釈に止めることは正しくなく、妥当性にも欠ける。世界経済や政治構造の変化は先進国・新興国経済の相互依存と一体的深化であり、同時に、繁栄と危機・リスクの共有化の過程でもあることをもっと重視する必要がある。相互依存が深まれば、対立や紛争もまた激化する。その場合、対立や紛争は「南北・南々関係」、各国の社会経済、また、資源や環境等の分野にまたがって拡大されることになる。

　したがって、先進国も新興国も、また、後発途上国も金融危機が生み出した新しい変化や危機から逃れられず、長期にわたりそれとの闘いを余儀なくされるはずである。新興経済諸国、とくに、中国、インド、ロシア、ブラジルのような新興大国は、経済成長を持続させ、近代的国家を建設したいという強い願望を持ってはいるが、同時に、多くの困難や弱点、構造的問題を抱えており、その基盤は決して強くない。後発の貧困途上国に至っては、グローバル化の波に翻弄されて状況はさらに深刻で、たとえようのないほど悲惨である。

　先進工業諸国との比較における政治・社会・経済にまたがる基盤整備と改革の遅れは如何ともし難く、加えて、社会資本・金融システムの整備、社会保障・年金制度の確立等における圧倒的な立ち遅れがある。何よりも懸念が寄せられるのは、これら諸国がこうした状況を抱えながら、今後に予想される国際競争と対立にどう立ち向かおうとしているかということである。BRICS等新興経済諸国にとって「中所得国の罠」(middle income trap)問題も小さくない。

　「中所得国の罠」についてはすでに触れたが、新興国がこれに陥る要因は人口オーナスの終焉に伴う労働力不足、労働コストの上昇、産業高度化の移行過程にあって競争力を喪失する経済的リスク、成長に伴う環境の悪化や所得格差にみる社会的リスク等である。

　一般に、新興経済の台頭は、一次、二次、三次製品およびサービスの供給と需要の双方を増大させるが、これはそれぞれ異なった方向で価格に影響を与える。商品とサービスの世界的な供給増は価格を引き下げ、需要増はそれを押し上げる。しかし、全体としてみると、世界市場における先進国の購買

Ⅱ　変容する世界経済の構造と市場の枠組み

図4　世界経済の一体化と長期トレンド　　　　出所：内閣府
主要各国の実質GDP成長率

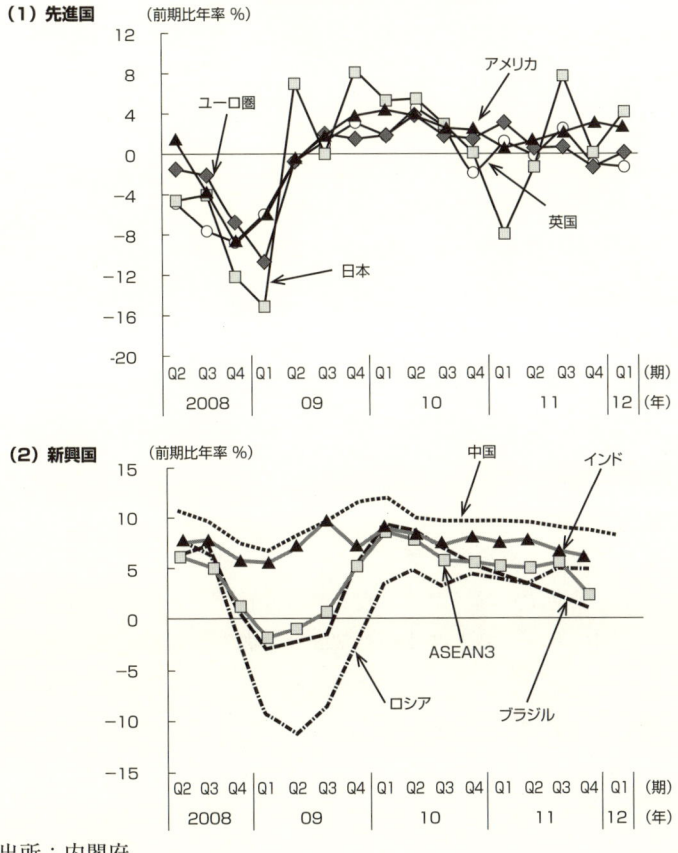

(1) 先進国

(2) 新興国

出所：内閣府

　力を奪う形でこれが実現されるところに問題があるが、新興経済もこの法則からは逃れられない。
　1990年代から2000年の中頃にかけて、世界の商品とサービスの供給は需要を上回る規模と速さで増大したため、商品価格は世界的に低下した。消費者物価の引き下げは主要先進国の生活水準を引き上げ、生産コストの引き下げはその生産性を引きさげたが、この傾向は資本・労働市場が柔軟なアメリカやイギリスで著しく、柔軟性に欠けるフランスや日本ではさほどでもな

かった。新興経済もこの時期に急速な経済成長を実現し、貿易黒字を生み出した。

　しかし、新興経済がこうした急速な成長と貿易黒字を長期にわたって維持できるかどうか全く不確実である。中国を中心とする巨大な中所得層(階級)の増大は、供給を上回るテンポでの世界的な商品・サービス需要を生み出し、資源需要と価格も急速に引き上げるからである。こうした商品とサービスの価格引き上げがこれら諸国の経済発展の速度と内容に影響するのである。

　こうしたリスクや罠に陥らず、新興経済がさらなる高所得経済をめざすには、技術革新その他による新たな価値の創造、社会的リスク回避のための教育や社会制度の改革等が求められる。これが実現できなかったため高所得経済に移行できなかった例として、戦後60年代に多くの中所得経済を実現しながら、マクロ経済の不安定、相次ぐ債務危機、格差と不平等を克服できなかった中南米諸国の経験がある。

(2) IT・住宅バブルと金融危機が奪ったアメリカの活力

　さて、アメリカ（先進国）経済の活力喪失やドル信認の低下の問題だが、これは米日欧先進国にとって最も深遠かつ喫緊の課題である。といっても、これは今に始まったことではなく、すでに歴史がある。欧州諸国や日本が戦後復興と通貨の交換性回復を成し遂げた60年代にも似たような議論があったし、ニクソン大統領（当時）の「金・ドル交換停止声明」により国際通貨危機が発生した70年代にもあった。もしかしたら、今以上にアメリカの活力喪失が語られ、ドルや資本主義の危機に関する議論が活発だったかもしれない。

　こうした歴史的経緯からすれば、今回、世界経済金融危機に関連して"米一極支配の終焉"やアメリカ経済の"衰退"が語られるのも驚くに値せず、目新しいことでもない。しかし、それでいて、今日、この問題に世界の耳目が集まるのはなぜか？　それは、これまでのアメリカ経済の衰退が日欧経済との競争や資本主義世界経済との関係における、いわば、同盟・友好国内部の問題、相対的地位の変化であったのに対し、今回は価値観や経済発展に関する考え方が違うとされる中国等新興諸国の台頭を対極においての"衰退"

Ⅱ　変容する世界経済の構造と市場の枠組み

や活力の喪失だからである。歴史的位置と意味あいが全く違う。

　冷戦終焉時の1991～2001年、日本・欧州経済がバブル崩壊後の長期不況に苦しめられ、新興経済発展もまださほどでなかった頃、アメリカ経済だけが失業率とインフレ率等の低下に恵まれ、GDP成長率を年平均3％の水準に維持したことがあった。アメリカ経済のこの好況をめぐり、情報通信技術（IT）の発達による労働生産性の上昇を内容とするニューエコノミーの貢献を声高に叫ぶ人もいた。

　しかし、実際には、耐久消費財等一部製造業を除き、当時、すでにアメリカ経済に労働生産性の上昇はなく、GDP成長率にも特別な変化はなかった。それにも拘わらず、アメリカ経済が活況を呈していたのはなぜか？　いろいろな議論があったが、政府報告書等で強調されていたのは次の3点にあったと記憶している。つまり、①資本・労働比率が製造業では上昇し、サービス業では低下、②成長が民間設備投資と消費支出の増加に主導され、③株式ブームが消費需要を押し上げ、株価上昇による個人金融資産の増加が寄与率を高めた等。

　しかし、非常に重要な要素として、この時のアメリカ経済の好況の背後にルービン財務長官（当時）らの「強いドル」政策と金融自由化への動きがあったことは間違いなく、そうした政策的展開がアメリカ経済と景気の押し上げに有効に作用したと思われる。そのうえで、指摘しておかなければならないのは、当時、アメリカ経済は表向き活況を呈していたものの、実際にはすでに財政赤字や累積債務、労働生産性の伸び悩み、国際競争力の低下等に悩まされていた事実である。アメリカが恒常的な対外資本・債務受入国に転化する傍ら、金融資本主義と"金融帝国化"の動きを強めた理由の1つもここにある。

BOX9　ニューエコノミー

ITの発達により労働生産性が高まり、景気循環が消滅し、インフレなく成長が可能になったとする考え方。90年代のアメリカ経済の好況を背景にこうした考え方が生まれたが、2000年後半から始まったアメリカ経済の減速でニューエコノミー論も消えた。

アメリカで GDP に占める金融資産のシェアが拡大したのは金融自由化が大規模に進んだ 80 年代であるが、90 年代中頃になると、金融は急速に取引志向を強め、銀行システムが果たしていた金融仲介業務を資本市場が引き受けるようになった。債券、株式、商品、為替取引に加え、デリバティブ（金融派生商品）の開発も大規模に進められ、これに伴ってリスク管理の仕方も変わった。家計部門の借入れや市場による企業管理、株主の力の増大等も進み、資産取引における投資銀行の支配力が増大したことで金融市場のグローバル化が大幅に進んだ。

　しかし、アメリカ経済におけるこうした動きも実物経済のグローバルな発展を対極においてはじめて可能になったわけで、金融資本主義化や"金融帝国化"の動きだけが一面的に強調されるのは正しくない。世界銀行の「東アジアの奇跡」報告（1994 年）に象徴される東アジアの経済発展もこうしたアメリカ主導の金融・投資・生産・消費構造のグローバルな展開を前提に実現してきたものである。その意味で、1997 年のアジア通貨金融危機は行き過ぎた自由化と無責任な金融政策の結果であり、バブル崩壊後の日本経済が危機に陥ったアジア経済に市場を提供することができず、「失われた 10 年」に沈んだのも、このようなグローバル金融資本主義の展開と無関係ではなかった。

　こうした理解に立つならば、アメリカにおける IT・住宅バブルや金融危機の位置づけも変わってこよう。アメリカの IT ブームに関連して、情報通信産業の急速な発展とそれへの過剰投資がネット関連企業の実需や株式投資を異常なまでに押し上げたのは 90 年代末であった。これが世に言う IT バブルで、IT 関連のベンチャー企業が相次いで設立され、株価が異常な水準にまでつり上がったが、この動きも長くは続かず、2000 年春には終焉してしまった。IT ブームへの過度の期待と投資家や投機筋による過剰投資が米連邦準備制度理事会（FRB）による金融緩和・自由化策に促されて株価を異常なまでに押し上げ、そして破綻していった構図である。

　その後に続いた住宅ブームとサブプライム・ビジネスも、移動式住宅に住み、定住地を持たない住宅困窮者を対象に"信用力の低い低所得者に有利な住宅ローン"と喧伝され、様々な金融商品を組み込んだ証券化投資として組

織され、破綻していった点に最大の問題があった。本来は融資対象者にならない低所得者層を新しい顧客に仕立て上げることによって過剰消費と住宅ブームを作り出し、景気浮揚と世界経済の同時好況につなげようとする政策的意図が浮き出ていた。

　サブプライム問題の顕在化で世界的規模に広がった金融・経済危機とその影響についてはすでに触れた。金融自由化とグローバル化の加速の下での金融・証券間の垣根の取り外しと投機的ビジネスのグローバルな拡大、その結果としての米欧金融機関の大規模な経営破綻と金融危機の進行により世界経済と国際金融システムが破壊され、米日欧経済が大きく傷つき、そして"衰退"していった。

　アメリカ経済についていえば、2008年の実質GDPが1.1％と2001年以来最低となり、四半期別では2009年1～3月期に3期連続のマイナス成長を記録した。住宅投資に加え、個人消費や設備投資が大幅に減少したことが響いた。株式市場もダウ平均株価が35％落ち込んだ。住宅産業に始まる各種産業・企業の業績悪化、雇用の減少、貿易不振等、アメリカ経済は全ての指標で大幅に悪化した。

　2009年7月以降、アメリカ政府と連邦準備制度理事会（FRB）は金融改革案を相次いで発表したが、これは金融危機の拡大を防止し、資本増強と金融監督の強化することに目的があった。しかし、巨額の財政動員にも拘わらず、アメリカ経済の先行き不安は解消されず、ドル信認の低下が続き、資金がドルやユーロから円、また、新興市場へと大規模に移転していった。明らかなドル離れであったが、金融市場の動揺が実体経済を傷つけ、経済指標を軒並み悪化させたことが大規模なドル売りにつながったと思われる。こうした状況はその後も続き、金融経済危機からアメリカ経済が完全に解放されるには最短でも数年はかかると専門家はみている。

(3) 米欧日先進国経済の"衰退"をどう考える？

　サブプライム問題の顕在化で始まった金融危機とその後のドル安・景気後退の流れは、アメリカ経済の先行き不安からドルを売って円を買う動きが加速し、人民元の切り上げをめぐる米中間の摩擦とも絡んで、円高・ドル安・

ユーロ安による新たな通貨紛争に発展する懸念を引き起こした。ドル安はアメリカ企業にとっては追い風のはずだが、それを上回る速さで景気の減速が進んだところに金融危機後の情勢の厳しさがある。

しかし、急激な個人消費の減退、信用収縮、住宅市場の落ち込み、原油・資源高といった状況はアメリカ経済に限らず、金融危機後のヨーロッパ経済、また、日本経済など当時の先進国経済が等しくぶつかっていた問題である。市場や経済の地球的拡大に伴う秩序・制度改革の立ち遅れ、国益優先の政策との間にある深刻な矛盾、野放図な金融自由化がもたらした数々の混乱、さらに、産油・資源国の台頭による摩擦や緊張、格差、貧困の拡大など、金融経済危機は日欧経済を予想以上に厳しい状況に追い込んだ。

2012年2月15日、欧州連合（EU）統計局「ユーロスタット」はユーロ圏17カ国の2011年第4四半期（10～12月）の経済報告を発表したが、それによると、域内諸国の実質国内総生産（GDP、速報値）は前期比0.3％の落ち込みを記録、2009年第四半期後初めてのマイナス成長となった。ユーロ圏では、ポルトガル、オランダ、イタリア、ベルギー、スペインの5カ国がすでにリセッション入りをしており、今回の失速でこれがさらに悪化、ユーロ圏経済全体のリセッション入りが確実となった。

さらに、2012年4月18日になると、今度は世界銀行がユーロ圏域内総生産（GDP）0.3％の縮小を発表した。1.8％の拡大としていた前年6月時の予想を大幅に修正した格好だが、政府債務危機の拡大に怯えるユーロ経済はこの低い数字の達成さえ難しい状況にあった。英『フィナンシャル・タイムズ』によれば、カナダのシンクタンク、キャピタル・エコノミックスのJ.マキオン氏などは、ユーロ圏のGDPは2012年には約1％縮小、2013年には2.5％のマイナス成長に陥ると見ていた。

日本経済も順調ではなかった。リーマンショックの後遺症で2009年のGDP成長率がマイナス5.5％まで落ち込み、2010年にこれが4.5％のプラスに転化したものの、翌2011年には再びマイナス0.9％に逆戻りしてしまったからである。東日本大震災・大津波・福島原発事故で生産ラインが深刻なダメージを受け、さらに、円高とタイの洪水被害が重なったことが大きく影響した。

Ⅱ　変容する世界経済の構造と市場の枠組み

　さらに重要なことに、こうした日欧経済の景気後退が一時的な景気循環の枠を超えて、趨勢的な鈍化と"衰退"に向かって突き進みつつあるかのような動きを見せた。グローバル化の加速と金融危機の発生でアメリカをはじめ先進国経済がかつての活力や輝きを失い、世界経済における役割とシェアを次第に縮小させてきていることは統計数字や実態面の双方から確認されている。生産、貿易、投資、金融等の諸分野で、先進国はその主要なプレイヤーとしてのポジションや役割の一部を新興国に譲り渡し、活動領域を縮小することは避けられないようである。
　しかし、特定の国や国家群の活性化や"衰退"を論ずる場合、その指標や評価の基準をどこに求めるかということは極めて重要な問題である。近年の"衰退"論議には共通の定義や指標の設定がないまま、単なる過去との比較とか、世界経済に占めるGDPの規模やシェアの点から常識的に論じられる場合が非常に多く、科学的でない。
　一般に、1国（国家群）の経済力を測定する場合、経済成長、資本蓄積、企業収益、労働市場、人口動態、物価、金利、為替相場等が主要な指標として指摘される。しかも、経済成長を測定するには、名目・実質GDP成長率だけでなく、生活の質という点で国民1人当たりのGDP成長率が測定されねばならず、資本貯蓄は名目GDP比設備投資と家計貯蓄率で、物価は消費者物価指数上昇率で、また、労働市場は労働率や完全失業率等で詳しく測定されねばならない。
　さらにまた、経済的活力という点では、労働力の質、労働生産性、輸出入や投資の動向、科学技術の開発力等も合わせ問われなくてはならないし、持続的な経済活動を可能にする教育、医療、社会保障、さらに、資源取得や環境保全等に関する調査も必要となってくる。
　こうした点を総合的に勘案して国力や経済活力を評価する場合、米日欧等先進国経済が現在いわれるような"衰退"の状況にあるかどうか、意見の分かれるところである。上記の指標では、先進国が今なお圧倒的な優位性を保持しているからである。とくに、金融、投資、貿易、企業経営、科学技術等で先進国への依存度を下げられない新興経済の現在の状況の下では、前者の"衰退"を過度に強調するのは誤りである。

経済協力開発機構（OECD）がこのほどまとめた長期世界経済予測（2011～60年）では、2060年までにOECD諸国は世界生産に占めるシェアを現在の65％から42％まで低下させ、中国とインドがそれを24％から46％へと増大させるものの、1人当たりGDPではなお圧倒的なポジションを維持するという。アメリカ人1人当たりGDP比で、中国人はその59％ほど、インド人は27％止まりという。因みに、日本人は80％でカナダに次いで2位をキープする。これはこれまでの予測とはかなり違う。
　とはいえ、90年代まで世界経済と国際金融システムを圧倒的に支配してきた米日欧の先進国が2000年以降明らかな成長鈍化と利潤率低下を引き起こしていることは否定し難い事実である。高度成長期以来の豊かさと高度な

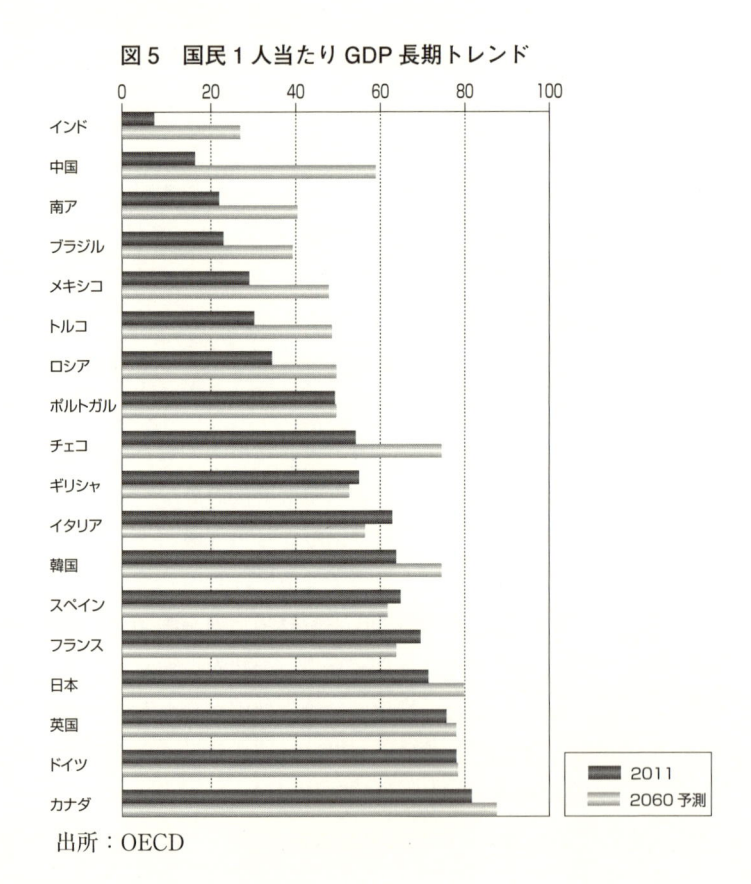

図5　国民1人当たりGDP長期トレンド

出所：OECD

58

Ⅱ　変容する世界経済の構造と市場の枠組み

生活水準を維持し続けるために国も家計も借金を重ね、その結果として直面することになったのが国家的な財政破綻と通貨の脆弱化ではなかったか？この点では、合理化とコスト削減の視点から、生産拠点や事業所を安易に海外に移転してきた企業にも問題がある。

　先進国が軒並み遭遇している雇用機会の喪失と社会構造の変化の背景には、こうした企業の大規模な海外進出、とくに、製造業の新興市場への移し替えと国内産業の空洞化問題がある。こうした先進国経済と産業企業の新興市場重視の現実は誰も否定できないし、日欧諸国の政府がこうした状況の変化に的確に対応してこなかったことに厳しい批判が集まるのも当然である。

　もちろん、各種生産システム、先端的科学技術力、貿易・投資・金融等における総合力、企業実績と経営ノウハウ、高度の教育・医療システムなどでは、米欧日等先進諸国には依然として高度の蓄積とノウハウがあり、これを日常的に改革・発展させることで"衰退"に歯止めをかけ、経済と社会を大規模に活性化させることは十分可能である。

(4) 中国の市場経済化を見誤ったアメリカ

　1990～91年に冷戦が終焉した時、世界、とくに、アメリカをはじめ西側諸国は軍拡競争停止による軍事費の大幅削減や広大な旧社会主義市場の開放、世界規模の市場と経済の再編が生み出す資本主義世界経済の発展に大きな期待をかけたと思う。ソ連・東欧社会主義諸国の体制転換や中国・ベトナムの市場経済化に巨額の資本・技術援助、また、人的支援で応えたアメリカや欧州諸国の迅速な行動にそれはよく現われていた。

　しかし、冷戦終焉が生み出した地球規模の歴史的変化にアメリカも西側諸国も必ずしも的確に対応できたとはいえず、誤算やミスを重ねてきたことも事実であった。巨大なフロンティアへの期待と意識ばかりが先走り、長期的発想と透徹した読みを政策に生かせなかったためで、とくに、アメリカの場合、ブッシュ（父親）政権による湾岸戦争の強行を含め、その政策には多くの誤算や錯誤があった。ソ連崩壊直後のロシアへの性急な市場経済化政策の適用など当時の対ロシア戦略はその典型であったといえる。

　ブッシュ共和党政権の政策的混乱の後を受け、1993年1月にアメリカの

第42代大統領に就任した民主党のビル・クリントンは「小さな政府」による財政再建を重視し、財政赤字の削減とアメリカ産業の国際競争力強化をめざし、国民に犠牲を強いる形での増税に踏み切った。そのうえで、同大統領は共和党政権の対ロ政策を急遽転換したが、これには過去の政策への反省が大きく作用していたと思われる。

　就任直後の1993年4月、クリントン大統領はエリツィン・ロシア大統領と会談して対ロシア緊急支援策を取りまとめると、翌94年1月にはモスクワを電撃訪問して「米ロ戦略パートナーシップ」を謳った「モスクワ宣言」に署名した。予想を超える速さの宥和的対ロ戦略の展開であったが、クリントン政権のこうした行動の背景には、戦略核軍縮交渉とロシアにおける社会経済改革の推進、米欧型市場経済の導入といったことへの強い思いがあったと思われる。

　しかし、冷戦後、強大な軍事力と経済力を背景に唯一の核超大国となったアメリカであったが、その対ロシア政策は様々な理由から本来の目的を達成するには至らなかった。資本主義市場の拡大に道を開ける自由化や市場経済改革があまりにも性急に追求されたため、これがロシアの実情に合わず、政治経済秩序を必要以上に混乱させ、冷戦終焉後の有利な条件を十分に生かすことができなかったからである。

　アメリカは圧倒的な軍事力、経済力、外交・政治力、科学技術力を背景に冷戦後唯一の超大国となったが、これらの力を組み合わせ、地球的規模のグローバル経済化や市場経済化を強力に推進した。世界中から資金や資源、優れた人材を集め、これを自国に集中、生産・流通・消費の資本主義メカニズムをグローバルに拡大・操作しようと大きな努力を払った。しかし、ロシアでは、その作法は必ずしも上手くいかなかった。ソ連崩壊直後のロシアは政治的混乱と性急な市場経済化とで深刻な経済危機に見舞われ、オルガルヒの名で知られる新興財閥による国家資産や資源の"略奪"がロシア国民の反発を招いたことなどが重なったためであった。

　中国の場合も、対ロシア政策同様、アメリカは「人口13億の広大な中国市場を開放し、中国経済をアジア太平洋・世界経済の枠の中に取り込み、それによって中国の国内改革を推進する」ことがアメリカと自由世界にとって

重要と認識していた。しかし、冷戦終焉当初は、当然のことながら、対ロ戦略に最大の重点が置かれていたし、したがって、中国に対しては、天安門事件（1989年）後もしばらくは人権重視の政治判断を優先させ、中国政府批判の政策を続けた。

クリントン政権がこうした政策を転換し、いわゆる「関与政策」の下、中国に対して「最恵国待遇」（後に「正常貿易関係」に名称変更）を継続供与し、WTO（世界貿易機関）への加盟を積極的に促すようになったのはその後のことである。中国経済の躍進とアメリカ経済の持続的成長が記録された1995～2000年、アメリカの対中国政策は内容的にも大きく変わった。

こうしたアメリカの対中国戦略積極化で中心的役割を担ったのは、米中ビジネス評議会、米国商工会議所、全米製造業者協会、ビジネス・ラウンド・テーブル、アメリカ貿易緊急委員会等に代表される経済界とビジネス・リーダーたちである。その背後に、米系多国籍企業・銀行の積極的な対中国投資とビジネス展開への強い意思があったことも誰もが知る事実である。翻って考えると、1972年2月のニクソン訪中以来、アメリカの対中国政策には人権派・実務派の双方が絡んでいたが、積極政策を主導したのは後者で、最恵国待遇の付与とその更新を中心とする通商問題を軸に対中国戦略を構築していった。

しかし、1989年6月に天安門事件が起こると、アメリカでは人権擁護、民主主義、環境保全等中国の内政改革を求める政治勢力が前面に躍り出てきた。議会を中心に中国への最恵国待遇更新に強い反発が出たのもそのためで、こうした動きはその後しばらく続いたが、この動きを主導したのは国際人権法グループを初めとする宗教・人権・環境保護団体、AFL・CIO（米国労働総同盟・産業別組合会議）等の労働団体、さらに、これら諸組織と結びつきの強い国会議員たちで、かれらはその目的のために積極的に行動した。

こうしたアメリカ国内の政治の流れと対中政策をめぐる対立の構図を分析すると、対中融和と経済関係の強化を求める米中ビジネス評議会や全米製造業者協会等経済界と人権・民主主義擁護、環境保全、雇用の確保等に優先順位を置く人権諸団体、労働組合、環境団体等という2つの勢力の間にある対立と確執の図式がリアルに描き出される。しかし、全体的には、アメリカは

経済的利害とメリットを優先させる企業グループや経済界の主張を受け入れる形で対中最恵国待遇の更新とWTO加盟を認め、中国を多角的経済貿易体制に取り込んでいった。その軸が中国の市場開放と市場経済化にあったことはいうまでもない。

人口14億の巨大市場を抱える中国を自由貿易体制に組み入れ、人権問題を切り離す形で最恵国待遇の更新問題を処理し、グローバル化と市場経済改革の促進を通じて資本主義世界経済の新たな発展を期すという点において、アメリカの政策選択は妥当と理解されていたし、多くの利益を同国にもたらした。当時、アメリカ経済はすでに中国およびアジア新興経済への貿易・投資依存を深めており、とくに、東アジア経済圏との生産・貿易・投資・金融にまたがる相互依存関係は不可逆的な流れとなっていた。

同時に、このことはアメリカと中国・東アジアの新興経済との貿易不均衡を拡大させ、アメリカの経常収支の悪化、したがって、財政赤字の拡大といった事態を生み、その後の金融・経済危機につながる世界規模の不均衡（グローバル・インバランス）問題を発生させる原因にもなった。それは、共産党一党支配の下での中国の多角的貿易（WTO）体制への参加と"社会主義市場経済化"の推進がアメリカ政府・議会・産業界の思惑を大きく超える形で大規模に展開され、中国経済の強化と政治的ポジションの向上を招いたことと関連している。

アメリカでは、政策当局や専門家の間で中国における市場経済化の停滞といわゆる「国家資本主義」の台頭に懸念が高まっているが、その根底には、米欧型資本主義への過信と共産党一党支配の下における中国の多角的貿易経済体制への参加およびその社会主義市場経済化推進の意図を過小評価するといった判断ミスがあったと思われる。ヘリテージ財団のデレク・シザーズ（アジア経済担当リサーチ・フェロー）によれば、「いまや、中国は改革路線から離れ、価格統制を強め、民営化路線から後退し、市場競争奨励策を放棄して投資障壁を導入するなど、経済への国家管理・介入を強めている」という。

では、なぜそうなったのか、この問いに対して、同氏は、（中国の）政治が自制心を失っているためと説明する。それによると、現指導体制の下で国有銀行による融資、地方と中央の国有企業の投資が劇的に増大、世界的にも

資金がだぶついたこともあって中国経済は大成功を収めた。その下で、「経済成長を維持することに憑かれた政治・経済グループ」が支持基盤内に形成されているとなる。

今日の中国経済が国家主導型で、その成長も国有企業の投資によって加速されているのは明らかで、中国は国による経済支配を保証するための強力な規制を導入しており、これはそれ以前の改革路線とは明らかなコントラストをなしているともいわれる。

この主張は、「国家資本主義」の台頭を説いたユーラシア・グループ、I.ブレマー会長の考え方と酷似しているが、アメリカ政府内でこうした考え方を共有している人も少なくない。これらの人々の気持ちや戸惑いは理解できるが、中国の「社会主義市場経済化」が本来的にもっている目的や性格を基本的に理解していなかったと思われる。これは明らかな誤算であった。

2　「南北問題」の変容にみる「南々対立」激化の構図

(1)「南々対立」を「南北問題」にすり替えてはならぬ

冷戦後、グローバル化の加速の下でダイナミックな発展を遂げてきた新興経済ではあるが、その発展が世界経済と国際関係に衝撃を与える一方で、「南北問題」と「南々関係」の態様を構造的に変革してきたことについてはあまり語られてこなかった。新興経済発展とは、本来、冷戦後の世界経済と市場の統合（再編）を受けて先進工業諸国の資本と技術が発展途上国の経済と市場に投入され、生産・貿易・消費の構造変革を通して当該発展途上国（産油国、富裕資源国、新工業国）の工業化・近代化を促すことを意味する。遅れた農業国家が工業生産力を備えた中進国に生まれ変わることでもあり、社会経済発展における歴史的過程と理解される。

そうした意味では、現在取り沙汰されている米日欧先進国経済の"衰退"や中国等新興経済の台頭の問題も基本的には戦後の資本主義発展、「南北問題」や南北関係の変容という枠組みの中で把握されるべき問題である。「南北問題」や「南北関係」については、冷戦終焉による東西対立解消の陰に隠

> **BOX10　後発貧困途上国とは？**
>
> 国連開発計画委員会の基準に従い、国連総会で認定する貧困途上国
> 基準① 1人当たり GNI: $999 以下
> 　　　② HAI、EVI 両指標に合致
> 該当：アフリカ 34 カ国、アジア 9 カ国、大洋州 5 カ国、中米 1 カ国

れて注目されことが少なかったが、グローバル化の進展に合わせ、これも構造的な変容を遂げてきている。

　冷戦後の世界経済・市場の統合とグローバル化の過程で先進工業諸国から途上国への資本や技術の移転があり、南北関係にも本質的な変化が生れた。多くの場合、途上国の新興経済化は遅れた農業国の工業化・近代化として現われるが、中国の場合は状況が大きく異なる。同国は自国の市場経済化を「社会主義市場経済化」と呼び、経済活動への党や政府の介入を是認するいわゆる「国家資本主義」の道を選択しているからである。

　それが一時的選択なのか、長期的なものか誰にもわからない。しかし、中国のような国の行き方を含め、先進工業国と新興国、また、後発途上国との間にはすでに新しい関係が生まれており、これが世界経済と国際諸関係を規制し出している。この協力と対抗・矛盾の関係は当分続くだろうし、米外交問題評議会のR.ハースが"無極"と呼ぶ世界の規範も作り出されている。

　同時に、このことからさらに新しい問題が派生してくる。新興経済国家に生まれ変わった国とそれができなかった、遅れた経済構造の国、競争力を持たない、より貧しい発展途上国との間で抜き難い利害の対立が発生・拡大するということである。先進工業国と新興経済国間の利害対立に加えて、新興経済国とより貧しい途上国との利害対立がこれに重なり、さらに複雑で錯綜した関係が生まれる。南北関係が新たな段階に引き上げられると同時に、協力と対立が相半ばする新しい「南々関係」が生まれ、これが世界経済と国際関係を二重に規制していく。貧困や格差拡大を内容とする今日の紛争拡大や破綻国家出現の背景にはこれがある。

　国連は、所得が低く開発の遅れた国を後発途上国（LDC）と呼んで支援の対象にしているが、現在、その数は 49 カ国（アフリカ 34 カ国、アジア 9

Ⅱ　変容する世界経済の構造と市場の枠組み

表6　対途上国直接投資（FDI）の推移（10億ドル）

地　　域	2008	2009	2010
東アジア	185	161	188
東南アジア	47	38	79
南アジア	52	42	32
西アジア	92	66	58
中央ア・CIS	121	72	68
アフリカ	73	60	55
ラ米・カリブ海	207	141	159
発展途上国	33.0	26.5	26.4
後発途上国	25.4	26.2	23.0
小島嶼国	8.0	4.3	4.2

出所：UNCTAD その他

カ国、大洋州5カ国、中南米1カ国）である。しかし、その増減は南北・南南関係における投資の減少等による格差拡大の中から再生産されてくる。

　中国等、一部の新興国は自らを発展途上国と呼び、「途上国の代表」を自認したりしているが、冷戦後のグローバル化や新興経済発展の過程、また、個々の新興国の国家政策や外交戦略を見る限り、これら諸国が「途上国の代表」を名乗るにはかなり無理がある。かれらと後発途上国との間にある利害の対立や紛争を覆い隠し、これを先進工業諸国との紛争問題にすり替えようとする意図が見え隠れするからである。

　アフリカの中国・インド系企業等で多発する労働争議、南太平洋島嶼国におけるパーム樹林・鉱山開発に関連しての土地租借や利益の配分をめぐる地域住民とのトラブル、貿易・環境問題をめぐって深刻化するインド・バングラデッシュ間、また、インド・ネパール間の紛争など、「南々対立」の実態は想像以上に深刻である。

　では、新興経済諸国と後発途上国との対立を激化させている問題とはいかなるものか？　一般に、「南々対立」の現場では新興経済諸国側の責任が問われるケースが非常に多い。グローバル化や市場経済化の進展に伴って新興経済諸国による資本蓄積や海外投資が増え、後発途上国における大規模な天

65

然資源(石油・ガス、鉱物、森林)開発、農地取得や農業経営、企業や農園における低賃金労働の強化といった実態がまず指摘される。かつて先進資本主義国が実施した植民地支配や戦後の新植民地主義的収奪とは規模も内容も異なるが、新興経済諸国(資本)による後発途上国への経済支配が進行している事実は否定し難い。

第2に、中国のケースに典型的だが、新興諸国による後発途上国への安価な商品の輸出とその下で進行する後発途上国の産業や発達の遅れがある。とりわけ、安価な労働力で作られる低価格商品の大量輸出は生まれたばかりの後発途上国の幼稚産業の芽を摘み、配慮しないと、これら諸国の産業・企業の育成と工業化への道を閉ざしてしまう。現在、多くのアフリカ諸国と中央アジア、南アジア、太平洋島嶼諸国は安価な中国商品の洪水に悩まされている。

第3に、新興経済諸国の急速な工業化や大量生産様式によって生み出される公害輸出や環境汚染・破壊の問題が指摘される。もちろん、これは先進工業諸国の方に歴史があるが、新興経済のそれは規制も緩く、年々規模が大きくなっているところに問題がある。2011年11月、南アフリカ・ダーバンで開催された会議(COP17)を含め、国連気候変動枠組条約締約国会議等における温暖化防止問題等をめぐり、島嶼途上国等が中国やインドの主張に同調しなかった点にも、新興経済諸国が後発途上国との関係で抱えている問題の深刻さが垣間見える。

中国など新興経済諸国が発展途上国を自認しながら先進工業諸国との交渉を少しでも有利にしようとする意図は理解できないでもないが、冷戦後のグローバル化の中で先進工業諸国の後追いをする形で大量生産・大量消費の経済発展を遂げてきた新興経済諸国が軽々に発展途上国や「発展途上国の代表」を口にするのは妥当でない。実状に合わないばかりか、より貧しい後発途上諸国への投資や企業進出による支配・被支配の関係を覆い隠すからである。

(2) 中国のアフリカ進出:高まる批判と反発

「南々問題」の象徴である新興経済による後発途上国への大規模投資や企業進出、貿易拡大で最も際立った動きを見せているのは中国で、アフリカが

主要舞台の1つとなっている。2012年2月1日、『人民日報』電子版が伝えたところでは、中国とアフリカ諸国との2011年の貿易総額は1600億ドル（約12兆2000億円）を超えた。その結果、中国はアフリカ諸国にとって最大の貿易パートナーになったといわれる。

中国のアフリカ貿易総額は1950年には1200万ドル（約9億1,000万円）前後に過ぎなかったが、冷戦終焉後、とくに、世界貿易機関（WTO）に加盟してから量・額ともに急増し、2010年には1296億ドル（約9兆8,900億円）となり、翌2011年には、遂に1,600億ドル（約12兆2,000億円）の大台を超えた。これに伴って、中国のアフリカ投資総額も累計で400億ドルを超え、直接投資総額も147億ドル（約1兆1200億円）に達し、アフリカに投資する中国企業も2,000社を超えた。

中国のアフリカ投資は2009年末の時点ですでに49カ国に及んでいたが、中心は急成長を続ける鉱業、製造業、交通など社会インフラの分野で、石油・天然ガス等のエネルギー資源やクロム、マンガン、コバルト、バナジウム、白金族等希少金属等の開発に重点が置かれていた。しかし、今日、投資分野はさらに広がり、採鉱、金融、製造業、建設、農林水産業から農業開発にまで及んでいる。こうした積極的な中国のアフリカ投資について、2011年2月17日付『人民日報』は次のように伝えていた。

「中国は対アフリカ投資において、"アフリカの自主発展力を高める"という方針を貫いてきた。中国や諸外国企業はスーダンと協力して石油資源を開

表7　中国のアフリカ発展ファンド

提 起	胡錦濤国家主席　2007年6月
基 金	第1期 10億ドル 第2期 30億ドル 第3期 50億ドル
特 徴	中国企業との合弁方式 （中国企業のアフリカ進出をサポート）
実 績	13億ドル投資（2011.5現在）
実行額	6億ドル（20カ国、40余件）

出所：同発展ファンドHP

発、上流・下流産業が一体化した現代石油鉱業システムの確立をサポートした。中国はザンビア、モーリシャス、ナイジェリア、エジプト、エチオピア各国と経済貿易協力区を建設、区内のインフラ整備に 25,000 ドル以上を投入した。この額はアフリカに経済貿易協力区を設立した国の投資額としては最大だ。中国がザンビアに設立した経済貿易協力区には 10 社以上の企業が入っており、投資額は実行ベースで 6 億ドルに達している。」

さらに、中国当局の発表によれば、中国のアフリカ投資は失業率の高さを考慮して労働集約型産業に集中しており、その結果、ザンビアでは、2009 年現在、32 件、5,500 以上の雇用機会が生み出され、さらに、2010 年に 15,000 人の雇用が新たに創出されたという。また、中国の一部メディアは「中国の発展途上国投資は、先進国による投資に比べ、世界金融危機によるダメージに耐える力が大きい」と主張する。

確かに、中国は貿易・投資の面でこれまでにない関係をアフリカ諸国との間に築いてきた。しかし、それでいてアフリカその他での評判はあまりよくない。"嫌われる中国人"が増えていると現地の新聞も書いている。原因はどこにあるのか？ 中国政府・僑務弁公室がこのほどまとめた『海外同胞の文明的イメージを樹立するための調査研究』によれば、「経済分野におけるルール無視と生活面での悪い習慣」が原因という。

中国当局やメディアの宣伝にも拘わらず、同国の積極的なアフリカ投資や企業進出は伝えられるような調和的な形になっていないし、被投資・進出国にとって成果が少ないという批判が後を絶たない。とくに懸念されるのは、近年、アフリカ中南部諸国で天然資源の確保を目的に経済進出を強める中国企業への反発やトラブルが増えている点である。アフリカ現地からの報道によれば、これら諸国への中国投資は、実際には、中国の企業や労働者を優遇する「ひも付き」投資が多く、現地の雇用や貧困問題の解決に必ずしもつながっていないという。

たとえば、戦後、中国が最も力を入れてきた国にザンビアがあるが、同国では、2011 年 9 月の大統領選で中国への経済・投資依存を批判するマイケル・サタ候補が大統領となったことをきっかけに、中国企業との契約が全面的に

見直されることになった。また、タンザニアでは中国人や中国企業を狙った襲撃事件が相次ぎ、アフリカ最大の中国人労働者が居住するアンゴラでは大規模な反中国デモが頻発し、政治・社会問題化している。

　ザンビアのサタ大統領が、選挙期間中に鋭い中国批判を繰り返したことは新聞等でも詳しく報じられたが、「中国人はインベスター（投資家）ではなく、インフェスター（寄生者）だ」と激しい言葉を使い、ザンビアへの中国の投資姿勢を批判したことには内外から関心が集まった。その背景には、中国の投資や企業進出が被進出国の経済の底上げや自立につながらず、とくに、労働者を本国から大量に連れてくるなど"現地に富みを落とさない搾取型"といわれる投資や進出の実態がある。したがって、サタ大統領の言動はこうした中国の手法に怒りをぶつけた形となっている。これは冷戦期以来の中国とザンビアの親密な関係を知っているものにとっては余りにも衝撃的なニュースである。

　現在、ザンビア進出中国企業は約330社。2010年の投資額は10億ドル（約770億円）で、ザンビアの国内総生産（GDP）の6％強に相当するという。周知のごとく、ザンビアは南部アフリカの富鉱地帯に位置する銅やコバルト等を豊かに産出する資源国家だが、人口の60％（農村部は76％）が1日1ドル以下で生活する貧困途上国という側面をもつ。したがって、「中国からの資金で道路や病院はできるが、現地企業や住民に恩恵が及ばない」「（中国は）本国から無数に人を呼び寄せるのを止めねばならない」（サタ大統領）という発言は、深刻な格差や失業の増大とあわせ、中国のアフリカ・海外投資の現実を鋭く突いた発言となっている。

　中国の石油輸入の16％を賄っているアンゴラも、最近はザンビアの状況に似てきている。在職32年のドスサントス政権は中国から積極的な資本・企業誘致を図ってきたが、これに反対する市民や労働者、学生の抗議デモが年々激しさを増している。その背景には、国内に抱える格差と貧困問題がある。アンゴラは、IMF予測で、国民1人当たりの国内総生産（GDP）5,061ドル（2011年）を数えるアフリカ有数の富裕国家だが、国民の半数近くは貧困層に属する歪な経済社会実態にある。

　その上、近年のグローバル化の加速と物価上昇によるインフレ高進で住民

の生活は苦しく、失業率は25％と異常に高く、2011年には物価が15％まで上昇した。他方、同国には中国企業で働く中国人労働者が一時10万人近くも滞在していたと新聞は伝えている。事実だとすれば、これは中国企業進出の驚くべき実態を描き出している。

　また、中国商品の流入に悩むナイジェリアでは、中国製繊維製品の大量流入で地元繊維工場の80％が閉鎖に追い込まれ、25万人の現地労働者が職を失っている。これは、ニジェール川河口付近での石油開発をめぐる反政府勢力による抵抗運動とも重なり、ナイジェリア政府に新しい問題を突きつける形となっている。

(3) 新興経済発展の下で進む後発途上国の"貧困化"

　経済的躍進と同時に、批判や反発も強まる新興経済ではあるが、その発展が本格化したのは冷戦終焉後先進国の資本や技術がこれら諸国に大量に流れ込んだ時以来である。だが、韓国、台湾、香港、シンガポールは日本の高度成長に学び、すでに80年代から輸出志向型工業化戦略で実績を挙げ、90年代半ば以降、中国、インド、ブラジル、ロシア等の、いわゆる、BRICS諸国が新興経済発展の主流を担うようになった。もちろん、新興経済といった場合、このほかにも、アジアではASEAN（東南アジア諸国連合）諸国があり、続いて、中南米のメキシコ、アルゼンチン、欧ア大陸にまたがるトルコがあり、さらに、アフリカでは南ア、東欧のハンガリー、ポーランドなどがこの範疇に入る。

　しかし、この新興経済発展は単なる産油・資源国や新たに工業化しつつある国による独自的な動きと見るのは一面的で、アメリカ主導によるグローバル化の副産物あるいは"申し子"として生まれ、影響力を増してきた点に基本的特徴がある。その意味では、これら諸国はグローバル化の恩恵を存分に受けた"勝ち組"である。しかし、国連や国連開発計画（UNDP）、世界銀行等による各種の報告やM.ニッサンケ・ロンドン大学教授、E.ソルベック・コーネル大学教授、N.バードサル世界開発センター所長等の専門家が強調しているように、グローバル化には膨大な数の"負け組"がおり、不均衡や格差、不平等、貧困化の進行という負の課題との苦しい闘いを強いられてい

る。後発途上国の多くはこの中に入る。

　中国資本や企業による積極的なアフリカ（後発途上国）進出もこうしたグローバル化の進行に伴う新興経済発展の主要な側面の1つであり、そこでは新興経済による後発途上国支援という肯定的側面と前者による後者への経済支配という負の側面が同居している。しかも、中国等新興経済資本による後発途上国への進出はともに"途上国である"あるいは"あった"関係を強調することで話合いが進み易く、被進出国側もあまり警戒心を抱かない有利さがある。

　新興国資本や企業も、進出相手が後発途上国の場合、資本や技術その他で相対的に優位な位置を確保できるのと、直接投資（FDI）を含め、より大きな利潤や利益の取得が期待できるため、粗放的な投資や進出が目立つ。そのため、被進出途上国の企業や国民の利益と背馳し易く、しばしば経済的な支配・被支配の関係等が生み出される。そのため、これがもとで紛争やトラブルが頻発する結果となっている。

　さらに重要なのは、グローバル化の加速の下で新興経済発展の規模と速度が増すにつれ、後発途上国の一部も新興経済化する可能性をもつ半面、豊かさに近づく機会を削がれ、逆に"貧困化"する危険性も高まる。現実の経済社会ではそうした危険性の方が大きいようにも受け取れる。国連大学（東京）付属世界開発経済研究所（ヘルシンキ）は、2007年5月17日、バングラデッシュ、ケニア、南アフリカ、ベトナムの園芸、衣料、繊維産業におけるグローバルな価値連鎖を分析し、グローバル化が貧困層にどんな影響を与えてきたかという非常に貴重な研究報告を行った。

　ここにいう価値連鎖とは、価値を生み出す業務活動のことだが、研究の結果、90年代の加工品輸出については、技術や経験を必要としない未熟練労働集約型産業の割合が相対的に高いバングラデッシュ（90％）やベトナム（60％）の方が、それが低いケニア（16％）や南アフリカ（10％）に比べ、輸出の増大が雇用に与える影響が大きいことがわかったという。グローバル化の進行の下、ベトナムはその流れに乗った国だが、ケニアはそれができなかったか、不十分にしかできなかった国と想定されていた。

　このことから引き出せる1つの結論は、中国資本や企業のアフリカ進出が

伝えられるような醜い実態を作り出しているとすれば、ザンビアやアンゴラ等被進出国が求めている"価値の連鎖——価値を生み出す業務活動の連鎖"が断ち切られているところで、いわゆる「中国式途上国協力」が行われていることを意味する。まして、膨大な数の労働者を自国から連れてゆき、開発や建設労働に従事させるというやり方は先進国さえ行わなかったことで、現地に雇用を生まないどころか、道義的問題も含め被進出国経済に打撃を与える。

2011年6月初旬、アフリカ諸国歴訪の途次、ザンビアの首都ルサカを訪れたクリントン米国務長官（当時）は、こうした中国のアフリカ投資や企業進出に関連して、「新植民地主義」という言葉を使ってこれを批判した。かつての植民地支配に関連する形での言及であったが、報道によると、同長官は概略次のように述べていた。

「アフリカに対する中国の投資や支援は透明性やグッドガバナンスの国際標準に必ずしも合致していない」

「外国人がアフリカにやってきて、自然資源を持ち去り、指導者にお金を払い、立ち去っていく。現地を離れる際、アフリカの人々にはあまり多くを残さない。アフリカで新たな植民地主義が現われることは望まない。」

(2011.6.10. ワシントン時事)

第2次大戦後、かつて資本主義大国の植民地・反植民地・従属国だったアジア・アフリカ・中南米の多くの国や地域が独立を遂げる過程で、アメリカの対途上国政策はしばしば「新植民地主義」として批判の対象とされてきた。当時、中国はその急先鋒に立ち、最も鋭く「アメリカ帝国主義」を非難した国である。それがいまは立場が逆転している。"歴史の皮肉"というには余りに酷い変わり方で、想像を超える変化に戸惑すら感じさせられる。

もちろん、こうした発言に中国政府も黙ってはいない。外交部洪籍報道官は同月14日の定例記者会見でこの点に言及し、"中国とアフリカ諸国は歴史上、植民地主義の侵略と圧政を受けてきたため、植民地主義は知り尽くしている」と述べ、クリントン発言に反論した。その通り、中国は長年にわた

り、帝国主義や植民地主義に反対し、民族や国家の独立を主張してきた。であればあるほど、アフリカその他で現在報道されているような事態をどう考え、いかなる対策をとろうとしているのか、とくに、新興経済発展の下で進む後発途上国支配と"貧困化"に対する姿勢の明確化が求められる。

(4) "南が南を収奪する"「南々協力」の危険な構図

　海外直接投資（FDI）や企業進出を通しての新興経済諸国による後発途上国への経済支配と収奪の構図は中国だけに限ったことでなく、具体的な現われ方や内容は異なるものの、ロシア、インド、ブラジル、また、マレーシアその他の新興国でも傾向的に確認されている。たとえば、ロシアであるが、この国は、世界銀行発表による投資環境ランキングで2009年末の外国投資が前年比41％減の世界120位、直接投資総額（ストック）も1年間の実質値で17％減少と発表された。

　しかし、これをフローでみると、同年におけるロシアの対外直接投資は460億5,700万ドルで、世界7位にランクされる。最大の投資先はオランダで、その後をキプロス、米国、ベラルーシ、スイス、英国、英領バージン諸島、アルメニア、ウクライナ、ウズベキスタン等が追っている。注目すべきは対外直接投資の伸び率で、アルメニア（76.9％）、ウズベキスタン（65.2％）、ウクライナ36.1％となっており、オランダ（56.9％）を除けば、旧ソ連圏への投資が断トツに多い。

　とくに、関心が持たれるのは、天然ガスの輸送問題その他でプーチン政権と激しく対立したウクライナへの投資である。2009年までに同国で設立された外資参加企業の投資家別内訳をみると、ロシアが企業数14,179件で全体（63,062件）の22.5％を占め、2位のキプロス（同3,927件、6.2％）以下を大きく引き離している。「オレンジ革命」（2005年）による反ロシア的政権の成立を許さなかったロシアのその後の動きを考えれば、ウクライナへのロシアの影響力の増大は理解できないことではないが、驚くべきはその企業支配等の実態である。

　表8はウクライナ進出のロシア企業の産業別構成を例示したものだが、こうした傾向はその後さらに強まっている。ブラジルやインドは中国やロシア

表8　ウクライナ進出ロシア企業の産業別構成と投資比率

産業別	ロシア企業	投資比率
石油精製	ルークオイル、タトネフチ、TNK-BP	90%
アルミ	ルサール	90%
製鉄	エブラズ、スマートグループ	66.77%
電信	アルファグループ、システマ	38.5%
電力	レノワ、ルジニキ、エナジースタンダード	36%
機械	スマートグループ、ルサール	33%
天然ガス	ガスプロム	20%

出所：『ロシア NIS 調査月報』2012. January

と異なり、海外直接投資や企業進出はあまり熱心でないと伝えられてきた。しかし、近年、経済力をつけるに従い、これら2カ国の企業も海外展開を活発化させている。ブラジルの場合は、航空機製造、石油・鉱業等資源開発、ビール・清涼飲料等諸産業への投資や進出が中心で、投資先もカリブ海諸国やアルゼンチン、ウルグアイ、パラグアイ等の周辺諸国、さらに、スペイン、ポルトガル、米国に集中している。

　インドが対外直接投資を活発化させたのは2003年以降だが、2003～05年の投資額は81億ドル余りだった。しかし、2006年にはこれが128.8億ドルに急増し、その後もそのテンポは衰えていない。特徴的なのは内容で、同国の対外直接投資の大半は先進国製造企業とのM&A（合併・買収）による。タタ・スチールによる英蘭系鉄鋼会社コーラスの買収（121億ドル、2007年）、ヒンダルコ・インダストリーズによる米圧延大手ノベリスの買収（60億ドル、2007年）、タタ・モーターズによる英高級自動車会社ジャガー＆ランドローバー・モーターズの買収（25億ドル、2008年）はその代表例である。

　インドの対外直接投資の中心は後発途上国ではなく、先進国の自動車産業等先進企業のブランド、市場、技術を取得し、グローバル市場でのポジションを一気に高める戦略のように見受けられる。インド経済は、過去10年間、情報通信（IT）等サービス産業の発達を軸に貯蓄率・投資率の向上が重なる形で高成長を遂げてきた。今後、こうしたサービス産業分野でインド投資が増大すると考えられるが、後発途上国企業への投資は増えそうにない。

以上の諸点に見る限り、新興経済（大国）の対外直接投資（FDI）や企業進出で最も際立った特徴をもっているのはやはり中国である。資源・エネルギーの取得から先進国の先端的科学技術・市場・ノウハウ獲得のためのM&Aに至るまで、規模が大きく、幅広い産業分野にまで及んでいる。アフリカ諸国等後発途上国向け投資や企業進出の実態については、すでに触れたが、近年目立っているのが先進国投資の増大と投資スタイルの変化である。

　2010年3月4日付米紙『ロスアンゼルス・タイムス』が伝えたところによると、中国企業によるミズーリ州の劇場買収、政府系ファンド・中国投資有限公司（CIC）によるコカコーラ社、ジョンソン・エンド・ジョンソン等有名企業の株式取得が相次いだ。その後、こうした動きはさらに規模を広げ、2009年の対米直接投資は39億～64億ドルを大きく上回ったと新聞は伝えている。数年前から見れば大きな変化である。

　さらに興味深いのは中国側の投資手法の変化で、進出先企業との合弁や一部株式といった米・先進国のパートナーとの協力を前提とした投資が増えている。2005年、中国海洋石油が米石油大手ユノカルを買収しようとしたとき、安全保障を盾にした米議会や国民の反発にあって同社は手痛い打撃を受けた。米国や先進国における投資手法に変化が出ているのはこうした失敗の教訓から学んだ結果と思われる。

　しかし、天然資源の開発や農業・食糧生産等後発途上国への経済協力や投資では、中国は、リビアやスーダン等政情不安なアフリカ諸国その他の独裁政権に近づき、現地住民の離反を招いた経験を持っている。貧困や格差、土地・資源所有等にまつわる複雑な事情を顧慮することなく当該諸国政府との協定で不用意に開発を開始したこと、労働力まで自国民で賄い、現地に富みや豊かさを根付かせない開発手法が反発を招いたと思われる。

　しかし、こうした手法が根本的に改められない限り、いくら中国が「途上国の代表」を公言しても、南が南を収奪する「新植民地主義」への批判はやまないだろう。

III

国際紛争の火種と化す世界規模の不均衡・格差問題

1 世界規模の不均衡と格差が生み出す危機と繁栄

(1) なぜ「不均衡に好循環が重なる成長」なのか？

　金融危機が引き起こした地殻変動によって世界経済と国際関係は枠組みと態様の変化を余儀なくされたが、問題はむしろその後の展開にある。政府債務危機に形を変えた金融経済危機が欧州諸国を席巻したが、今後、これがどのような経過を辿るかによって世界経済のさらなる激動も予想されるからである。その場合、導火線の役割を担うのは、すでに国際紛争の火種に発展している不均衡・格差の問題であろう。

　実際、2007年にサブプライム問題がヨーロッパで顕在化するまで、世界はアメリカのIT・住宅ブームが生み出した束の間の繁栄に酔い、その危険な側面を見抜くことができなかった。先進国・新興国ともに「世界同時好況」に沸き、とりわけ、米欧諸国では低インフレと貿易・金融の拡大が資産景気を煽り、政府、企業、銀行、家計ともに棚ボタ的利益と豊かさに浮かれ、忍び寄る危機に気づかなかった。しかし、世界経済は、当時、すでにアメリカの経常収支赤字と中国等新興経済による貿易黒字の累積による世界規模の不均衡・格差拡大の罠に陥り、不動産価格の異常な上昇と金融機関によるレバレッジの急拡大といった深刻な病に侵されていたのである。

図6 米住宅金融 急拡大から引き締めへ

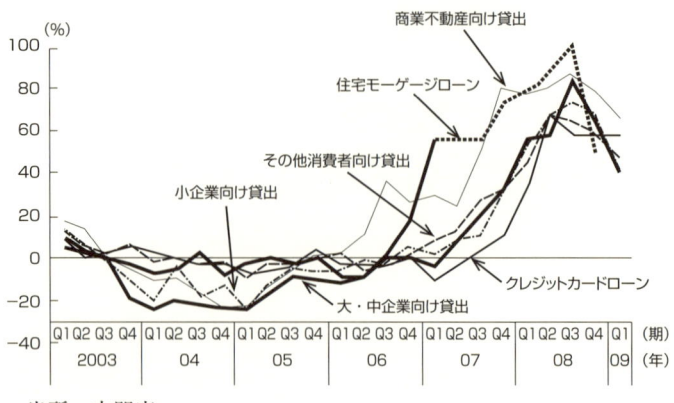

出所：内閣府

　ただ、そうした事態が爆発的な危機に至らなかったのは、アメリカ仕立のメカニズムが複雑に機能する中、中国等新興経済諸国が輸出主導の成長戦略を掲げて為替に介入し、自国通貨の対ドル相場を維持してきたからである。つまり、これら諸国が巨額米財務省証券の購入等を通じてアメリカに資金を還流させ、同国の経常収支赤字をファイナンスしてきたからで、それのもつ意味は絶大であった。同時に、そうした行動を取ることによって中国等新興国や産油国もアメリカ主導の赤字経営的な「巡航型同時好況」から十分な利益を引き出し、繁栄を享受してきたわけである。

　しかし、こうした仕組みも新興・資源諸国による投資（株式・債券等）や外為政策を前提に成立しており、それを誘引するための政策的努力が失われたとき、突如として機能を失い、ドル・債券・株価の暴落を引き起こす恐れはあった。これは大変なリスクである。今回の金融経済危機ではそうした破滅的な事態には至らなかったが、アメリカの経常収支赤字が拡大し続けた場合、ドルは急落し、1930年代の大恐慌を彷彿とさせるような世界経済危機に発展する危険性は十分にあった。いわゆる、ドルのハードランディングである。

　金融や市場システムの発達や経済高度化のお陰で、今日、この種の危機は過去のものとなったと言う人もいるが、そんなことはない。金融危機後、不

Ⅲ　国際紛争の火種と化す世界規模の不均衡・格差問題

　況による経済の落ち込みも手伝って、アメリカの経常収支赤字は多少縮少気味に推移し、貿易赤字も一部改善してきてはいる。しかし、米中経済が構造的に不均衡是正に向かっているかというと、必ずしもそうとは言い切れない。世界経済の視点からも、その発展と高度化に合わせ、危機やリスクも成熟・多様化し、グローバルなレベルでは発生の機会を増しているからである。
　なぜそうなったかというと、様々な原因が指摘されるが、まず、70年代のブレトンウッズ体制崩壊による変動相場制への移行を起点とする「制約を外れたドルの自由な行動」と「リスクの民営化」を前提にしたアメリカの政策的動きが指摘される。80年代に顕著となった金融の自由化や世界的な資本移動もアメリカの政策展開の一環としての側面を持ち、冷戦後のグローバル化の過程に引き継がれている。
　冷戦後、アメリカ政府・金融当局は、一部の例外を除き、"強いドルは国益"という発言を繰り返し、政策的にもこれを追求し、それによって得た莫大な資金を自国経済とドル体制の維持に役立ててきた。こうした傾向は、R. ルービンが財務長官に就任した1995年以降とくに顕著になったものであるが、ガイトナー前財務長官も「強いドル」をしばしば口にしていた。実際、多くの場合、アメリカにとって「強いドル」政策は巨額海外資金を自国に呼び入れ、アメリカ式豊かさを確保するうえでの極めて有効な手段であったし、軍事外交戦略を補完する側面ももっていた。
　雇用機会の増大と貿易振興の必要性からドル安をビナイン・ネグレクト（慇懃に無視）する政策が採られた時もあったが、「強いドル」という考え方はある種の固定観念としてアメリカ政財界で共有されており、ウォール街からシリコンバレーに至る財・産業界、また、一般国民の間でも幅広く支持されてきた。ドルが基軸通貨として支配的な地位を維持、膨大な海外資金を自国に呼び込み、巨額赤字をファイナンスする限りにおいて、アメリカの企業も、銀行も、家計も身の丈以上の生活を享受できたわけで、アメリカの立場からすれば、多くの場合、「強いドル」政策は合理的なものであった。
　しかし、この「強いドル」政策とアメリカの財政・経常赤字との間には強い相関関係があり、これが中国等の対米貿易・投融資依存政策とも絡んで世界経済に活況と繁栄をもたらし、また、危機やリスクも作り出してきた。

2008年の金融経済危機が証明したように、今日の世界規模の不均衡や金融メルトダウンを分析すると、アメリカの巨額赤字（対外・財政赤字）と共に、ドルの覇権を維持するための膨大な海外資金の流入に支えられたアメリカ（世界）経済のいびつで不安定な構造が浮かび上がってくる。

さらに、金融危機の震源地・アメリカへの批判を繰り返す中国など新興黒字国も、その言動とは裏腹に、アメリカ主導のグローバル化と「強いドル」政策に全面的に依存し、そこから巨額の利益を引き出してきたのが実情である。そこには、取引コストを抑え、貿易黒字と雇用創出のメリットを最大限にする政策が見え隠れする。したがって、逆説的ではあるが、これら諸国も巨額貿易黒字の積み上げと対米投資を通じて世界規模の不均衡拡大に立派に貢献しており、こうした実態を無視して対米批判を繰り返し、世界経済の発展を説いても説得力をもたない。

「不均衡に好循環が重なる成長」とか、「中国が作り、アメリカが消費し、産油国が資金を提供する成長」といわれる世界経済の同時好況の本質はそのようなものであった。しかし、こうした米（先進国）・中（新興国）共存型成長戦略にも決定的な弱点がある。「不均衡の世界的拡大」と「好循環」という基本的にはトレードオフの関係にある2つの要因を1つの枠組みの中に押し込め、それを政策として押し出すことに無理があるからである。金融危機発生の責任をめぐるアメリカの「アジア過剰貯蓄」批判、また、中国政策当局者による「アメリカ赤字責任論」はこうした矛盾の現われであって、世界規模の不均衡問題が新たな国際紛争の火種になる危険性を示唆していた。

実際、アメリカの国別・地域別経常収支表（2006～09年）を見ると、当時、すでに同国の経常収支赤字は日本や中南米・中東地域に対しては相対的に減少傾向にあった。日本や中南米諸国に対しては自動車・電機等の輸出が減少、中東諸国との関係では景気の落ち込みによる需要の減退と原油輸入の減少が影響したと思われる。他方、最大の貿易相手国・中国との関係では、貿易赤字が解消されないまま、所得収支における純支払（ドル建て負債への利払い等赤字額）が増えていた。とくに重大だったのは、あれだけ縮小が叫ばれながら、アメリカの経常収支赤字に占める対中国赤字は逆に増えていたことである。

図7 アメリカの経常収支と資金フロー（ネット）

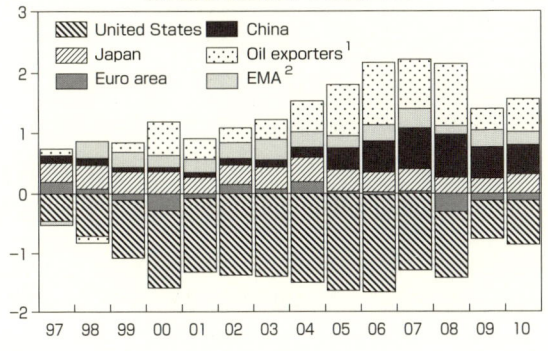

世界各国の経常収支、%対世界GDP

凡例：United States, China, Japan, Oil exporters[1], Euro area, EMA[2]

アジアの新興経済への資金フロー（ネット）

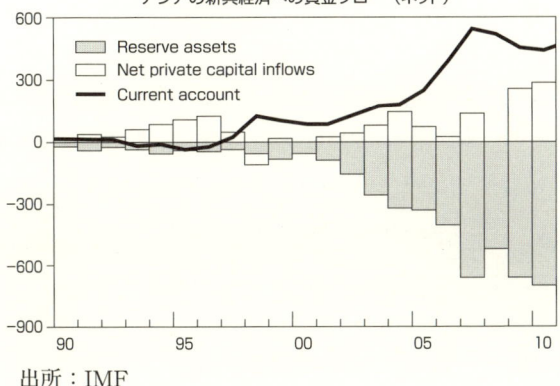

凡例：Reserve assets, Net private capital inflows, Current account

出所：IMF

　中国の貿易収支上、黒字額は多少減少しているかに見えるが黒字路線は一貫して維持されており、対外直接投資における純流入額も減っていない。貿易収支と直接投資を中心とする中国の国際収支の黒字構造には基本的な変化はなく、この構造が維持される限り、人民元への切り上げ圧力は増大し続けよう。その結果、中国金融当局も外為市場に介入し、ドル買い・人民元売り政策を維持せざるを得ない。これが、今日、米中経済と政策が抱える最大の問題点で、世界的不均衡拡大の罠と呼ばれる理由がここにある。

(2) 世界規模の不均衡とはどういう問題か？

　ところで、金融経済危機の背景をなす世界規模の不均衡とは、一体、どう

いう問題なのか、本論に立ち返って考えてみたい。まず、世界経済の不均衡とは、一般には、国際収支統計上の概念である「経常収支」（貿易収支、所得収支、所得移転収支）が世界的規模で均衡を欠き、いびつな状態にあることをいう。しかし、「世界規模（経済）の不均衡」といった場合、国際収支統計にいう経常収支の枠を超えて、貿易（財・サービス）、投資、金融、資源・エネルギー等の取引とシステムにまたがるグローバルな不均衡状態を指す場合が多く、とくに、今日の世界経済金融危機との関係ではそう理解するのが正しかろう。

まず、経常収支であるが、これは財やサービスの収支（輸出入の差）、つまり、貿易取引収支として把握されるが、この場合、経常収支赤字は貿易上の輸入超過（輸入額＞輸出額）、黒字は輸出超過（輸出額＞輸入額）となる。貿易取引の裏側には通貨による決済があるが、不均衡はまずここからスタートするとみなくてはならない。この貿易上の不均衡が拡大すると輸入制限や市場開放問題をめぐる国家間の対立や紛争を生み、時として、政治や外交まで巻き込んだ貿易戦争という事態にまで発展する。80年代における日米自動車摩擦等はその典型であり、この不均衡が通貨問題に波及し、1985年の「プラザ合意」による円高誘導→世界的資本移動につながったことはまだわれわれの記憶の中にある。

第2に、経常収支は資本流入と資本流出の差であり、赤字国にはネットでの資本の流入（資本流入額＞資本流出額）があり、黒字国には資本の流出（資本流出額＞資本流入額）がある。また、資本流入・流出は資本の輸入・輸出や対外借り入れ・貸し出しとも呼ばれ、当該国の対外投資ポジション（対外投資残高・債務残高）を変化させる。アメリカの経常収支赤字が同国の対外投資ポジションを悪化させてきたのがその好例である。

第3に、経常収支は国内の貯蓄と投資の差として現れる。この場合、赤字国では貯蓄が投資を下回る"貯蓄不足"が、黒字国では"貯蓄過剰"の現象が起こる。今回の世界経済・金融危機の原因をめぐって起こっている議論の1つもここにある。

以上は、経済学にいう経常収支に関する一般的な解釈であるが、実際の取引や経済の現場ではこれらは常に不均衡で、複雑かつ多様な形で現われる。

Ⅲ　国際紛争の火種と化す世界規模の不均衡・格差問題

表9　世界の経常収支不均衡（10億ドル、2007年）

赤字国	額	黒字国	額
米　国	739	中　国	361
スペイン	146	日　本	213
英　国	136	ドイツ	185
豪　州	56	サウジ	101
イタリア	47	ロシア	77
その他	395	スイス	73
		その他	675

出所：IMFその他資料より作成

　現実の経済活動では、これらの要因（側面）は相互に絡み合い、一体化し、時には、当該諸国の外交上の思惑や対外経済戦略等の直接的影響を強く受ける。つまり、世界経済（経常収支）の不均衡は関係各国の国益、経済政策、政治外交戦略等が複雑に絡んだ貿易・経済、通貨・金融問題として現われる場合が多いのである。

　金融経済危機に関連して世界を揺るがした不均衡問題の最大の特徴は、①アメリカの経常収支赤字が拡大し続ける一方で、②中国・新興経済、産油国、また、日本、ドイツの経常収支黒字が肥大化するという2つの要因が重なり合い、相乗し合って危険な状況を作り出していた点にあった。アメリカ商務省経済分析局（BEA）のデータによれば、同国の経常収支は80年代以降長期にわたり赤字を記録してきたが、その赤字額は2003年に3,983億ドル（対GDP比3.9％）を計上したのを境に急増し、2006年にピーク（8,036億ドル、同6％）に達した。その後、2007年72,667億ドル、2008年7,061億ドルと多少減少したが、2009年以降も高水準を維持している。しかし、債務残高だけはその後も急増し続け、2006年16兆6,124億ドル、2007年20兆4,188億ドル、2008年23兆3,574億ドルと経年的に積み上がった。

　他方、この間、最大の経常収支黒字を計上したのが中国である。中国国家統計局「中国統計摘要」（2009年）等によれば、同国の経常収支黒字額は、2006年2,533億ドル（対GDP比9.5％）、2007年3,718億ドル（同11％）、2008年4,262億ドル（同11％）と急テンポで増大した。2001年にわずか170

83

億ドル（同1.3％）の黒字幅であったことからすれば、まさに驚異的な伸びといってよい。

　さらに重要なのは、両者の相互関係である。アメリカの債務が資産を大きく上回る形で伸びていることについてはすでに指摘した。財務省証券等への証券投資や銀行融資、直接投資という形でアメリカに流入する海外資金（米対外借り入れ）が同国の経常赤字をファイナンスしてきた点についても認識は共有されている。

　しかし、アメリカの経常収支赤字が積み上がるほどにはネットの負債額は増大していない。なぜか？　これはドルの減価が資産評価額に影響しているからで、ドルの減価がネットの負債額を減額するという基軸通貨国ならではのメカニズムがアメリカに有利に作用している結果である。自国通貨が減価することでネットの負債額が減額されるなどということは、アメリカ（基軸通貨国）以外の国では考えられないことである。さらに奇妙なのは、すでに減価しつつあるか、将来減価する可能性の高い通貨（ドル）になぜ海外からの需要が集まるのかということである。

　こうした疑問に対して、多くの専門家は資産運用市場の規模や多様性、さらに、利回りの良さ等アメリカ金融市場の規模の大きさや利潤を生み出す力、資金を吸引する力の強さ等を指摘する。確かに、そうした面でアメリカ市場には抜群の許容力と強さがある。しかし、果たしてそうした経済的理由だけで膨大な資金がアメリカ市場に集まるだろうか？

　一般に、民間資本を含め、資本が海外に向かうのは経済的利益の追求が主だが、それ以外でも、自国あるいは自社に有利と思われることがあれば、資本はそのために独自の運動を展開する。中国等新興国資本が財務省証券等の購入という形で大規模にアメリカ市場に流入し、これが先にみたような状況を生み出していたわけだが、その背景にこれら諸国の戦略的動きのあることも否定できない。第1次石油危機（1971年）に際し、アメリカと「特別な関係」を結んだサウジアラビアがそうであったし、今回の金融危機に際しても、アメリカと新興黒字国（中国）との間に在米資産の取り扱いを巡り、実利を前面にすえた"暗黙の了解"が成立していたと考えるのは少しも不当ではない。

しかし、世界経済回復への手掛かりが弱く、金融市場の混乱が長引く場合、資産をドルで持つインセンティブは弱まらざるを得ないだろうし、基軸通貨としてのドルの役割が見直されることも十分あり得る。中国等新興黒字国の対米"了解"にも限度があるだろうし、かれらの"対米協力"の戦略や行動がどこまでもつのか検討が必要になってこよう。金融危機後、ドルの減価が続く場合、中国等新興黒字国が手持ちのドル資産を円等他の通貨に切り替えることは十分あり得るし、現にそうした事態の進展も確認されている。

(3) ブッシュ政権が無視した欧州の警告

世界規模の不均衡問題が金融危機発生への懸念とともに最初に提起されたのは、筆者の知る限り、2003年秋、カタールの首都ドーハで開かれた先進7カ国（G7）財務相とIMFとの合同会議が最初であった。同会議は、まず、日本や中国の為替介入による大量のドル買いが世界規模の不均衡を助長させると警告し、アメリカにも貯蓄努力を求めたという点で特別な会合となった。これを契機に金融危機発生への懸念が高まり、不均衡是正の議論が活発になったからである。

2004年2月にはG7財務相・国立銀行総裁会議が「健全な中期財政政策が不均衡是正のカギ」との声明を発表し、同年12月には、欧州中央銀行の機関誌"Financial Stability Review"が「2000年以降にみるアメリカの巨額経常収支赤字は国際金融の安定にとって重大な脅威」とする論文を掲載した。これらはこうした流れに沿った行動であった。

世界経済の不均衡をめぐる問題では、アメリカや日本に比べ欧州諸国の動きが際立って早かったが、同誌がこの段階で、アメリカ家計による高水準の不動産借り入れが金利引き上げや雇用の喪失などのリスクを孕み、銀行や債権者に深刻な損害を与えると警告していたのは極めて重要なことであった。当時、米欧間にはイラク戦争開始をめぐって増大した不信感が残存しており、こうした行動は世界の石油需給と金融市場を深刻な危機に陥れるという欧州諸国の強い危機感を反映したものであった。しかし、その後の事態との関係を考えれば、金融不安の拡大に対する警告という側面にこそ光が当てられるべきであった。

この点に関連して、筆者がとくに関心を寄せたのは欧州中銀のパドアシオッパ執行理事（当時）がアメリカの対外債務と油価高騰は相関連した2つのリスクと指摘し、ユーロ圏諸国の中には不動産価格とローン借り入れの著しい増大が見られると懸念を表明したことであった。同氏は、当時、欧州中銀に6人いる執行理事の1人で、後にイタリア経済財政相になった欧州きっての財政通であった。また、同氏は世界経済の不均衡問題を原油価格高騰との関連で把握していた数少ない専門家の1人でもあった。

　しかし、当時のブッシュ政権と米政策当局、とくに金融を規制する立場にあった人々はこうした欧州諸国や金融界の警告には耳を貸さず、これを慇懃に無視（ビナイン・ネグレクト）したのである。グリーンスパン米連邦準備制度理事会（FRB）議長（当時）でさえ、不均衡是正の発言はするものの、「アメリカの経常収支赤字は永久には拡大しない……アメリカ経済は柔軟性を増しており、経済活動を悪化させることなく、何らかの形で調整される」という楽観論を繰り返し、必要な対応を怠った。

　当時、FRB理事の職にあったバーナンキ現FRB議長も、2005年3月、バージニア経済協会で講演し、「アメリカの経常収支赤字はアメリカ人の貯蓄不足（消費過剰）によるものでなく、中国等外国の過剰貯蓄が原因」と述べていた。この時のバーナンキ理事の発言は「サンドブリッジ講演」として、その後、国際金融をめぐる議論の中でしばしば引用されることになる。重要なのは発言の根拠で、同氏は以下の諸点を挙げて自らの主張を正当化した。

①アメリカの貯蓄不足は世界の金利上昇を促すが、中国等諸外国の貯蓄過剰は金利の引き下げ要因として機能している。
②アメリカの貿易赤字は世界の金利低下とともに進行してきた。
③しかし、それに伴って生まれたアメリカへの資金流入が不動産バブルを助長した。

　詭弁と傲慢さを絵に描いたような発言だが、アメリカの経常収支赤字や不均衡問題をめぐるこうした考え方は、当時、アメリカ政府・金融当局者だけでなく、研究者や専門家の間にもかなり浸透していた。

Ⅲ　国際紛争の火種と化す世界規模の不均衡・格差問題

　つまり、不均衡の拡大は経済活動に伴う"自然な現象""新興市場等に不可欠な現象"だというのである。とくに、世界規模の不均衡問題を新興経済諸国の責任に転嫁し、これを強く非難していた点でバーナンキ氏の立場は際立っていたし、ポールソン財務長官（当時）も同じ意見だったと思う。
　ブッシュ米政権が国連安保理の合意も得ず、有志連合でイラクに軍事攻撃を開始したこの年、亀裂の入った米欧関係は容易に修復されず、鉄鋼セーフガード撤廃など通商分野で新たに生まれた確執も手伝って、バーナンキ氏らの発言になったと思われる。さらに、アメリカではブッシュ減税による効果で個人消費が拡大し、企業の生産活動もハイテク産業を中心に回復、他方、欧州経済は回復の遅れに高失業など構造問題が絡んでマイナス成長を繰り返していたこと等がブッシュ政権による傲慢なまでの政策展開を許した。
　同年7～9月、アメリカ国内総生産(GDP)の70％を占める個人消費は6.6％も伸びたが、それを促した要因は3つあった。1つは大統領選を控えブッシュ政権が打ち出した大型減税で、2つ目は住宅ローンの借り換え、そして、3つ目は株高であった。注目すべきは住宅ローンの借り換えで、より金利の低いローンに借り換えようと借り入れを増やす動きがピークを迎え、家計の手元流動性が増した。住宅投資も住宅ローン金利上昇に向けた駆け込み需要から増加したもので、住宅着工は過去最高水準を記録した。
　実は、こうした動きがサブプライム・金融危機の発生につながったわけで、不均衡拡大をめぐる欧州諸国の警告をブッシュ政権が"慇懃に無視した"のも、国内経済対策を含む当時のアメリカの国家戦略を踏まえての動きだったと推測される。不均衡問題は単に米中だけでなく、欧州やアジア諸国を広範に巻き込んだ紛争の火種に転化していたのである。

(4)「アジア過剰貯蓄」批判と論理の矛盾
　世界規模の不均衡問題に関連して、当時、米欧諸国の政策当局や専門家によって提起された問題に「アジア過剰貯蓄―Saving Glut」批判があった。それはバーナンキ米連邦準備制度理事会（FRB）議長らによって提起された批判で、「90年代後半から始まった米国の経常収支赤字は主にアジアの新興経済や資源国による貯蓄とその対外流出の結果生じた」「世界的不均衡の

中国家電産業の象徴ハイアール本社　中国・青島市　（著者撮影）

原因はアジアの新興経済や資源国による過剰貯蓄にある」と主張していた。また、欧州でも『フィナンシャル・タイムズ』のM.ウォルフなどが「貯蓄過剰の背後に何があるのか？　最初に目撃されたのはアジア新興経済における巨額貯蓄へのシフトである」と述べてこの議論に参加した。

　アジアの新興諸国が1997年の通貨金融危機の教訓から投資を控え、貯蓄を積み増してきたことは事実である。その結果もあって、アジア経済はその後予想を超える速さで回復し、驚異的な経済成長を達成した。2002年に対GDP比33％の伸びであった貯蓄率も、2007年には47％という驚異的な伸び率を記録した。何がこのような早期復活を可能にしたのか？　貿易振興、制度改革、貯蓄の積み増し、日本等からの金融支援等々……さまざまな要因が重なってこうした事態につながったと思われる。しかし、米欧諸国の政策当局や専門家は、「アジア過剰貯蓄」は通商政策と双子の関係にある外為・為替政策によっても支援されており、不均衡拡大の背景をなしていると主張して譲らなかった。

　確かに、アジアの新興諸国や産油国は金融不安や金融危機への耐久力を培う意味を含め、為替政策による巨額の外貨準備を蓄積してきた。M.ウォルフが新興経済による為替政策が世界経済の不均衡拡大に貢献したと発言したのも理由のないことではなかった。また、中東産油国やロシア、中南米の資源諸国も折からの原油価格や一次産品価格の上昇で輸出収入を増やし、経常

Ⅲ　国際紛争の火種と化す世界規模の不均衡・格差問題

収支を大幅黒字に転換していた。

　問題なのは、バーナンキFRB議長、ポールソン前財務長官、ウォルフ記者らがアメリカの"貯蓄不足"と経常収支赤字による世界的な不均衡はアジア新興経済や産油資源国の「過剰貯蓄」が原因で、問題の解決にはこの「過剰貯蓄」の解消が先決と主張したことにある。果たして、この主張は合理的なものだったろうか？　事態の経過や事実関係を検証して言えることは、米国の財政赤字や世界規模の不均衡拡大の問題を新興国や産油国の過剰貯蓄の所為にして、これを非難するのはいささか妥当性に欠けるということである。アメリカで住宅・不動産投資が活発化し、不動産や株式等資産価格の高騰と所得を上回る消費が促されたのはアメリカ自身の政策の結果だからである。

　IMFも世界的な不均衡の背景には主要国の投資・貯蓄関係における著しい変化、とくに、アメリカにおける経常赤字の増大に伴う貯蓄不足が財政赤字を加速させたと言っている。仮に、中国やアジア新興経済による「過剰貯蓄」が不均衡拡大の主因の1つだったとしても、それだけでは不均衡問題は今日見るような規模にまで拡大してこない。問題は今日の世界経済やアメリカの政策にも関係しており、総合的な性質を持っている。

　この点に関連して、竹中正治竜谷大学教授は次の2点に絞って問題を検証、バーナンキ氏らの主張を批判している。つまり、①経常収支黒字国からの投資資金流入は米国の実質長期金利をどの程度引き下げる効果があったか、②実質1％弱の長期金利押し下げ効果はバブルの主因と呼べるかという2点である。

　竹中教授はこうした2つの仮説を前提に、米国研究者による研究や調査データを解析し、それを基礎に「外からの旺盛な債券投資による実質長期金利の押し下げ効果→住宅バブルの発生」という図式には論理的な飛躍があると結論づけた。問題の性格から判断し、妥当な結論と評価としたい。実際、アメリカにおける経常収支赤字の累積と中国等黒字国の貯蓄過剰→対米投資等は双方向の性質をもっており、どちらか一方を取り出して金融危機の原因とするのは妥当でなく、実態から見てもそれは正しくない。

　他方、中国等新興経済諸国にも国家発展戦略の重点の1つを為替政策によ

る輸出拡大に置き、アメリカ主導のグローバル化と世界経済運営から巨額の利益とメリットを享受、その結果、不均衡を世界規模に拡大させてきた責任の一端がある。世界規模で拡大する不均衡を是正し、世界経済の整合性ある発展を実現するためには、これら諸国も資源・エネルギーの節約や環境保全政策の強化を含む内需重視の成長戦略に転換すべきである。

　世界規模の不均衡が金融危機発生の真因であったかどうかについては、各国金融当局や専門家の間でも意見は分かれているが、これが金融危機発生の主要な背景と原因の1つを構成し、世界経済の先行きに重大な影響を与えたことは間違いない。アメリカの財政赤字と"貯蓄不足"は中国等アジア新興経済や産油国による「貯蓄過剰」の結果とバーナンキ氏らは主張する。

　しかし、1986年に「純債務国」に転落して以来、アメリカは経年的に対外債務ポジションを悪化させてきており、今回の事態もその延長線上で起ったことは間違いなく、ドル一極体制の動揺も歴史的過程に入ったと多くの人は判断している。アメリカが巨額の資金を海外から調達し、自国の財政・経常収支赤字の補てんに、また、一部を海外投資に充てるようになったのも、そうした歴史的過程の中から考え出されたもので、ブレトンウッズ体制後の戦略が基礎となっていると筆者は考えている。「強いドル」政策の採用も、「軍事・石油・金融」を軸とする「強いアメリカ」の演出のほか、そうした目的を達成する有力な手段として選択されてきたものである。

　金融危機との関連では、対外借り入れ・債務が増え続け、利払いによる負担が増大すれば、ドル急落による信認の低下は避けられず、借り入れ資金の他通貨への移転の動きから世界恐慌的な危機の発生も避けられない情勢にあったことも間違いなかった。中国などアジアの新興経済やアラブ産油国など巨額の貿易黒字や石油黒字を積み上げ、これをアメリカに投融資してきた国々も、自国の利益擁護の立場からドルを支え、対米協力路線を推進してきている。しかし、これら諸国がドル安定化政策を放棄し、ドル建て資産をユーロその他通貨に転換する動きに出た場合、かれらはドル減価による評価損は免れるが、多くの国が同一歩調をとれば、ドルは確実に暴落する。

　2009年6月に訪中したガイトナー財務長官やクリントン国務長官（いずれも当時）らアメリカ政府の要人が対米国債の維持と引き続く購入を中国側

Ⅲ　国際紛争の火種と化す世界規模の不均衡・格差問題

に働きかけ、恩家宝首相（当時）らがこれに好意的反応を示したのも、ドルの暴落が中国自身の利益をも損なう結果になると承知していたからに他ならなかった。こうした中国の対米協力が続く限り、ドルのハードランディングは起きないだろうし、ドル体制も取りあえず擁護されることになる。しかし、今日の状況がブレトンウッズ時代と基本的に異なるのは、当時は冷戦時、日米欧は同盟関係にあり、そこにはある種の了解があったが、今日の米中間、また、G20 の中にはそれがなく、体制・システムともに無整備で不安定だということである。

(5) 不均衡と格差が支える「世界同時好況」

冷戦後、グローバル化の流れを追い風に、かつて社会主義国であった国々が市場経済化の動きを本格化させたとき、世界はようやく平和の恩恵と経済発展への感触を掴んだと思われる。当該諸国の動きが活発化するとともに、経済と市場がその方向に動く気配を示したからである。それから 20 年余、世界経済は大きく発展し、年平均 3.5〜4.5％の GDP 成長率を記録した。とくに、金融危機発生直前の 2005〜07 年には 4.8〜5.4％という高水準をマーク、新興経済発展の象徴的存在である中国などは 10.4％（2005 年）から 11.5％（2007 年）という驚異的な GDP 伸び率を示した。

こうした冷戦後世界経済の発展は、グローバル化の加速、ダイナミックな新興経済発展、進展する地域統合、IT 革命、さらに、24 億人の人口と豊富な資源を抱えるブラジル、中国、インド、ロシア等新興大国の経済発展等が組み合わさった結果である。グローバリゼーションや市場経済化の進展を直視し、これに乗り遅れまいとする各国の動きがこれを支えていた。しかし、冷戦後世界経済やグローバル化の過程はさらに複雑で、IT・住宅バブルなど金融や資産景気を背景とするバーチャル経済の成長と発展が政策的に誘導された側面も否定できなかった。

金融と資本の自由化に促される形で金融（株式・債券）市場と石油（原油・製品）市場の結合が進み、世界経済の態様に質的な変化が現われたのは 90 年代後半から今世紀初頭にかけてである。先進工業国では製造業やモノ作り産業に代わって金融・サービス産業のシェア拡大が顕著となり、これが市場

と経済の動きに新たな活力を与えた。アメリカで金融・資本の自由化が顕著になったのは、R.ルービン氏が財務長官に就任した1995年以降だが、今世紀に入ると、アメリカの住宅・IT関連産業の拡大が生み出す旺盛な消費ブームと中国における投資・生産ブームが世界経済を牽引するようになった。

　金融工学の手法を通して資本と資産がアメリカに集中する、いわゆる、「グローバル生産・貿易・消費構造」が確立したのもこの頃で、金融自由化による大規模な資本移動、個人借り入れの急増、ファンド主導の企業合併や買収(M&A)の進行、投資銀行・証券会社の力の増大といった(グローバル)金融資本主義の動きが急速に勢いを増した。冷戦後世界経済のこうした成長と発展の流れは、2007年8月にサブプライム問題が顕在化するまで、「不均衡に好循環が重なる巡航型成長」ともてはやされ、各国ともこの流れに乗り遅れまいと先を争って自国経済を開放した。

　しかし、この「不均衡に好循環が重なる巡航型成長」とは、「中国が作り、アメリカが消費し、産油国が資金を提供する成長」と揶揄されるごとく、生産・消費の構造をグローバルに移し替え、米国と中国など一部諸国に資本と資産を集中、不均衡や格差、貧困も地球的規模で再生産する歪な成長で、持続性に欠けるものであった。持続性に欠ける理由は、互いに対抗・矛盾関係にある諸要因が取り払われず、そのままの形で残存し、競り合っている点にある。景気の拡大と資源の飽食・高価格化、中国の投資ブームと景気過熱、米国の住宅・消費ブームと一向に解消しない経常収支赤字・対外不均衡、中国・ロシア・中東マネーの対米集中などがそれで、こうした要因が絡み合いながら「不均衡に好循環が重なる巡航型成長」を形作っていたと思われる。そして、その行き着いた先がサブプライム・ローンの破綻と世界金融経済危機だったのである。

　冷戦後の市場と経済の統合やそのグローバル化、金融資本主義発展の過程を分析すると、「世界同時好況」と世界規模の不均衡が不可分の要素として相互に絡み合い、一体化している実態が確認される。「不均衡に好循環が重なる巡航型成長」とは、つまるところ、「世界規模の不均衡を前提にした成長のことで、「世界同時好況」はその上に咲いた"あだ花"のような存在であった。それはアメリカ経済とドルの覇権が動揺し、支配が行き届かなくなった

Ⅲ　国際紛争の火種と化す世界規模の不均衡・格差問題

時代の産物とも言え、中国等主要新興国や産油国を大規模に取り込むことで新たな発展への活路を見出そうとした努力の結果でもあった。

　こうした構造の分析を中心に、問題の理論的・実践的解明に努め、そこからの脱却を考えない限り、金融経済危機の克服も、長期にまたがる世界経済の発展もあり得ない。これは優れて現代資本主義発展の本質に関わる問題で、世界金融経済危機を単なる景気循環上の問題と捉えるのは誤りである。冷戦後世界経済が直面する問題や危機をめぐって、これまでも多くの議論があり、新たな政策の模索も続いてきた。原油高騰と超高価格化、対外不均衡・格差拡大、自由化の加速に伴う市場の荒廃等がグローバル化時代の世界経済にとって最大の脅威と指摘され、迅速な対応を求める声も多かった。しかし、「世界同時好況」を世界規模の不均衡との関係で分析した研究は決して多くない。

　今回の金融経済危機の根底には、グローバル（金融）資本主義と俗称される世界資本主義の新たな展開があったとする主張をめぐっても多くの議論があった。しかし、そうした議論の多くは、「実態経済・モノづくり経済からの離脱」ということを対極においての金融資本主義化ないしバーチャル経済化の主張となっていたように思われる。グローバル（金融）資本主義とは、産業資本あるいはモノが主体の実物経済に対し、金融資本あるいはバーチャル経済の動きが相対的に顕著になる資本主義発展の形あるいは傾向（段階）と理解されるが、統一した定義はない。金融資本の強化とグローバル化、各種ファンド・投資銀行（証券会社）等による投資／投機活動の活発化と新規市場への参入、巨大企業合併・買収（M&A）等が具体的な動きとして指摘されてきたが、これも金融（資本）の自由化とグローバル化が本格化した90年代以降顕著になったものである。

　改めて指摘するまでもなく、冷戦後世界資本主義は米国主導による旧社会主義陣営の市場と経済を大規模に取り込みながら、自由化と競争・効率化を軸に市場経済改革をグローバルに推し進めてきた。生産・流通・消費の枠組みがグローバルに拡大されたのもその結果であり、「世界規模の不均衡」と「世界同時好況」が同居する「不均衡に好循環が重なる巡航型成長」が実現されたのもその結果であった。

2 不均衡な世界に広がる格差と貧困

(1) "ウォール街を占拠せよ！"

　世界規模の不均衡同様、格差拡大も「世界同時好況」から金融危機の発生へと事態の急転を促した主要な要因の1つであった。しかし、多くの人はそのことを理解せず、したがって、欧州債務危機という新たな展開を見せている世界経済金融危機についても、その背景に格差問題の深刻な展開があることを全く理解できなかった。2011年9月17日、"ウォール街を占拠せよ！"というスローガンを掲げて実施された大規模な抗議デモはそうしたことへの警告であった。

　この日、多くの若者や市民がニューヨーク・ウォール街近くのズコッティ公園に集まり、"銀行・証券大手経営陣による収奪"と格差の拡大に抗議する集会を開いたが、これに参加したのは若者や一般市民を中心とするリベラル派や無党派の社会活動家など、ツイッターやフェイスブックを片手に米国各地からやって来た人たちであった。もともと、この抗議行動はカナダのアドバスターズ誌の創始者カレ・ラースン氏が金融危機や格差の拡大をめぐり金融機関や政府に抗議の意思を表明するために呼び掛けたもので、当初は1,000～1,500人の集まりに過ぎなかった。参加者の年齢、職業、考え方、宗教等も全て異なり、要求もばらばらであった。ただ、かれらは"税金を掠め取った富裕層"や金融機関の救済を図る政府への批判等で一致し、長引く不況や失業に不満や怒りをぶつけ合った。

　こうした格差反対の抗議行動については、"批判の対象を間違えている"という批判もあったが、欧州債務危機の進行や長引く不況の下、深刻さを増した格差や貧困問題が抗議行動の盛り上がりに勢いを与えた。とくに、一般市民の間では若者たちの要求や抗議行動への共感や支持があり、これが運動に特別な意味を持たせた。

　この抗議行動に共感を寄せたコロンビア大学のJ.スティグリッツ教授も言うように、「ウォール街が標的になったのは、米国が抱える病巣の中心」だったからで、「金融危機を招き、政府に救済された大銀行」への怒りの表

表10 米金融機関関連高額所得者一覧（2007、$mil）

氏 名	役 職	給 与	ボーナス	計
L. ブランクフェイン	G・サックス会長	0.6	27	70.3
J. ディモン	JP モルガンチェース会長	1.0	14.50	30.0
J. マック	モルガン・スタンレー会長	0.8	n.a.	16.0
V. パンディット	シティ・グループ CEO	0.25	n.a.	57.0
R. フルド	リーマン・ブラザーズ会長	0.75	4.3	40.0
J. ケイン	ベアスターンズ会長	0.25	17.1	33.9
J. タイン	メリルリンチ会長	57.69	15.0	17.3

出所：FT Research その他資料より作成

明という意味があった。若者たちは、「住宅の不法差し押さえが続き、経営陣は高額の報酬を受け取っている」ことに怒りを爆発させたわけで、世界的な運動の盛り上がりはかれらの主張に国際社会をはじめ、幅広い国民各層の支持が寄せられていたことによる。

　以上のことを前提に、いくつか重要な点を整理すると、第1に、格差拡大や失業等をめぐるこの種の抗議行動には、いわゆる、リーマン・ショックによる経済の落ち込みに欧州債務危機という新しい要素も加わっていちだんと深刻化する金融経済危機への対応と市民自身の生活防衛への強い意思が重なり合っていたと思われる。金融危機の発生で多くの銀行や企業が倒産、夥しい数の失業・半失業・非正規就労者が排出し、路上で暮らす人々の数も増えた。一般家計の所得も中以下のところで大幅に減り、若い人たちの失業問題も一段と深刻化していた。アメリカの19〜20代前半の若者（その多くは大卒者）の45％に職がなく、その日暮らしを強いられているという実態も明らかになった。

　2011年10月にアメリカ議会予算局が発表したデータによると、1979〜2007年の間、アメリカで上位1％の富裕層はその収入を平均275％も増大させたが、60％をしめる中間所得層は40％、また、下位20％の最低所得層は18％の所得の増加に止まったという。累進課税制度をとっていないアメリカの税制を考えると、問題はさらに深刻となる。ニューヨークの格差反対デモでは"われわれは99％"というスローガンが掲げられたが、アメリカ社会

の90%を占める世帯の税引き所得は過去30年間に1,000ドルも減少しているのに、上位1%の富裕層はそれを70万ドル以上増やしている。

　第2は、失業や格差問題をめぐる若者や一般市民による抗議行動の世界的な広がりについてである。ウォール街での抗議行動が伝わると、テキサス州オースチン、ヒューストン、フロリダ州タンパ、ワシントンDC、フィラデルフィア、ロスアンジェルス、ニュージャージー州ジャージーシティ等でもデモが発生、またたく間に全米に広がった。

　著名な映画監督であるM. ムーア、アカデミー賞を受賞した女優のS. サランドン、ノーベル経済学賞受賞者のP. クルーグマン、さらに、投資家のG. ソロスといった人々までもが運動への支持を表明、デモ参加者たちを激励して回った。これも新しい点であった。また、オバマ大統領も「人々は不満を持っており、デモ参加者は金融システムのあり方に対するより広範囲な不満を代弁している」と語り、さらに、ダラス地区連銀R. フィッシャー総裁が「一定の共感を覚える」と述べるなど、運動に理解を示す政治指導者や経済人が数多く出てきたのも注目すべきことであった。

　ニューヨークの抗議行動は警察の強硬な取り締まりでそれ以上大きく拡大しなかったが、これが国際世論を動かし、世界各地の抗議行動を激励することになった点はもっと注目されてよい。政府債務危機の進行に揺れるヨーロッパでは、ドイツ・ベルリンの首相府前では数千人の人々が抗議デモを繰り広げ、フランクフルトではデモ隊が欧州中銀のビルを取り囲んだ。イギリスでも市民や学生がロンドン証券取引所前でデモを行い、フランスではG20財務相・中央銀行総裁会議が行われていたパリで大規模な集会が組織された。

　さらに、イタリアのローマでも数万人によるデモ行動が組織されたが、デモ隊の一部が暴徒化し、コロッセオ周辺で車両を焼き討ちにするという行き過ぎた行動もあった。同様の抗議行動は日本や韓国でも組織され、世界的運動の一翼を担った。

　もちろん、ニューヨークから始まった格差反対の抗議デモが直ちに世界を揺るがす大規模な運動に発展するほど今日の状況は単純ではない。しかし、そこには、北アフリカや中東における反独裁・民主主義擁護の運動「アラブの春」とも共通する問題があり、とくに、失業や貧困問題の深刻化が世界経

Ⅲ　国際紛争の火種と化す世界規模の不均衡・格差問題

変わらぬエジプトの農村・ルクソール郊外　（著者撮影）

済の今後の展開に影響を与えることは十分あり得る。これが第3の問題である。

　「アラブの春」自身は反独裁・民主的制度の確立を最大の課題としており、一見、格差と貧困に反対する米欧先進国の運動とは直接的には繋がりがないように見える。しかし、エジプト・カイロのタハリール広場やバーレーンの王宮前広場を埋めた民衆が等しく抱えていたのは反独裁・民主主義擁護とともに、失業、貧困、格差の拡大に反対し、生活を護るという課題であった。とりわけ、深刻化する若ものの失業と生活苦からの脱却ではニューヨークなど米欧諸国の諸都市で繰り広げられた若者たちの抗議デモと共通していた。

(2)　不均衡世界に広がる格差問題の本質

　世界経済の発展やグローバル化の進行で社会各層、また、国家間で格差が拡大し、各種紛争の火種化してすでに久しい。金融経済危機後のグローバル経済の構造変化に伴い、世界的、また、1国的レベルでもこの問題がいちだんと深刻になり、激しい抗議行動の対象になっていることは昨今の情勢が示す通りである。だが、格差とは何か、その発生の原因や拡大のメカニズムはどうなっているのかという点になると不明な点が多く、合理的な解釈ができずにいる。不均衡拡大との関連となるとなおさらで、その相互関係は曖昧なままである。一口に格差といっても、所得格差、資産格差、地域格差、国家

間格差、技術格差等いろいろあり、現われ方も国や地域によってみんな違う。この問題を議論する場合の基準や問題が整理されてないことも事態を複雑化させている一因である。そのため、ここでは金融危機後の国内および国家間の貧富の差、いわゆる、経済格差（所得格差、資産格差、賃金格差等）の拡大に焦点を当て問題を掘り下げてみたい。

アメリカ商務省国勢調査局が 2011 年 9 月 13 日に発表した報告書によると、2010 年にアメリカの貧困者数は前年より 260 万人増えて 4,618 万人（全人口の 15.1％）となった。1959 年に統計を取り始めて以降最高の水準といわれるが、アメリカでは 2010 年の調査でも貧困人口 4,360 万人（前任比 380 万人増）、貧困化率 14.3％という数字が記録されているので、これで 4 年連続の記録更新ということになる。金融危機の後遺症と長引く不況のためとも思われるが、オバマ政権は新たな景気対策の実施に議会や国民の理解を得ようと必死に努力しているが、状況を大きく改善するまでには至っていない。増税を伴う景気対策に下院多数派の共和党に根強い反対があるからである。

アメリカ商務省が定める基準に従い「貧困層」と位置づけられた人々を中心にアメリカの貧困問題を分析すると、①貧困層の顕著な増加（4,618 万人）、②高い貧困率（国民 7 人に 1 人が貧困）、③人種的しわ寄せ（黒人 27.4％、ヒスパニック系 26.6％）、④医療保険未加盟国民の増加（16.3％）という際立った特徴が浮かび上がってくる。しかも、これをさらに詳細に分析すると、経済や景気の動きと共に、年々、貧富の差が人種間・地域間の格差と重なる形で拡大しており、グローバル経済時代の貧困化の特質を見出すことができる。貧富の差拡大に関連して、貧困層の増大については、これまでに述べた通りだが、中間層の所得が大幅に減っている点に関心がもたれる。2010 年における中間層の世帯収入は 4 万 9445 ドルで、前年の 4 万 9,777 ドルを 332 ドル下回った。因みに、アメリカの中間層の世帯年収は過去 30 年

BOX11　貧困層とは？

> 米商務省は、毎年定める貧困基準を下回る収入の世帯を「貧困層」と位置づけているが、2010 年の貧困基準は平均的な 4 人家族で年収が 2 万 2314 ドル（約 171 万円）以下であった。

表11 米家計所得の階層別取得推移（%, 1970-2010）

所得階層	1970	1980	1990	2000	2010
上位所得層	29	30	36	44	46
中位所得層	62	60	54	47	45
下位所得層	10	10	10	9	9

出所：Pew Research その他資料より作成

間殆んど変化なく、インフレ調整後の数字で比較すると、2010年のそれは対1980年比で11%増に止まっている。

これに対し、人口の5%を占める富裕層の年収は42%も増えている。アメリカでは貧困層の4割に当たる1,907万2,000人が南部に住むなど、地域的にも格差の広がりが見られる。人種別では黒人の貧困率が最も高く（27.4%）、続いてヒスパニック系（26.6%）、アジア系（12.1%）、白人（9.9%）となっている。

一般に、格差あるいは経済格差という場合、実質的には所得格差を指し、その測定にはジニ係数が使われる。ジニ係数は0から1の間の値を取り、1に近いほど格差が大きく、0に近づくにつれ格差が小さくなることを示す指標である。そのため、この指標を用いた統計が格差の実態を把握するのに最適と思われ勝ちだが、実際にどこまで正確かとなると問題は別である。

このジニ係数を用いて各国の1人当たり所得を計算したところ、冷戦後のグローバル化で競争が激化したにも拘わらず、格差はさほど拡大していないという話をしばしば耳にする。これは巨大な人口を抱える中国やインドで所得水準が上がり、総体としての貧困が減少したと判断された結果生じたもので、格差の実態を正確に反映したものではない。経済格差を測定する場合、当該諸国・地域の経済構造や発展段階、人口構成、所得・資産構成、技術・賃金水準といった幅広い要素を考慮に入れる必要がある。とりわけ、グローバル化、市場経済化、情報化の世界的進行の下では、貿易、投資、金融、情報、技術等の他、国家政策や企業戦略等も格差の拡大に大きく影響することを念頭におかなくてはならない。

冷戦後、グローバリゼーションが世界（各国）経済や産業構造を変革し、未曾有の繁栄と豊かさを実現し、それに伴って格差や貧困も拡大してきた

が、それを政策的に調整しようとする努力はいずれの国の場合も極めて弱い。確かに、国連や世界銀行等ではグローバル化や市場経済化の進行に合わせ、格差・貧困問題について熱心に議論し、「ミレニアム開発目標」(MDG) 等の設定やその達成に向けた努力もされている。しかし、各国家政策における格差・貧困問題の位置づけは悲しいほど低く、対策も貧弱だ。巨額の財政支出を伴うだけでなく、国家や企業の競争力問題とも絡んでいるからである。

しかし、金融危機後の政策対応で最も強調しなくてはならないのは、世界規模の不均衡拡大が避け難く格差の拡大を伴い、先進国と途上国、都市と農村、地域と地域の間、さらに、家計・個人所得等の分野にまで格差を拡散させ、これが世界経済危機を新しい段階に押し上げているという点である。そのため、不均衡問題を単なる経常収支問題に限定してはならず、経済社会や国民生活のレベルにまで拡大して問題を検討する必要がある。

世界(国民)経済の現場では不均衡と格差は不可分の関係で動いており、世界規模の不均衡は国内的には格差拡大となって現われる場合が多い。それは90年代半ば以降の世界経済やアメリカ経済の動きを見れば明らかである。とくに、アメリカではルービン財務長官らの主導による「強いドル」政策の下で金融自由化と短期資本の国際的移動が顕著になる中、世界経済の不均衡も拡大し、それに伴って、格差や貧困も著しくなった事実がある。

もちろん、こうした傾向はアメリカだけに限ったことではない。経済協力開発機構(OECD)が2008年に発表した調査報告書『格差は拡大しているか』によると、過去20年間、OECD加盟30カ国では所得格差が経年的に拡大してきている。所得格差が最も顕著だったのは、カナダ、ドイツ、アメリカ、イタリア等であるが、中間階級や低所得層に比べ、富裕層の所得の増大が著しく、これが世界的傾向となっている。世界の若者たちによる格差反対デモの根拠の1つもここにある。

しかも、金融危機後の格差拡大がこれまでと異なるのは、格差の規模と拡大の速度が増していることに加え、これが各国の社会基盤を崩し、社会経済不安を急速に拡散させている点にある。たとえば、アメリカ社会を経済的・道徳的に支えてきたのは「アメリカンドリーム」であるが、これまでの「努力すればだれでも巨万の富が得られる」とか、「郊外に白いペンキの家を持

つ」といったドラマに満ちた言葉は次第に影を潜めつつある。代わって登場したのが、「若い世代にとって親たちが享受したような豊かな生活を送るのは最早無理」といった言葉で、そんな絶望に似た言葉が飛び交う時代がやってきている。

　金融危機後、アメリカでも、ヨーロッパでも、そして、日本でも、社会の中核を担ってきた中産階級が減り、労働者が職を奪われ、「貧困化」が大規模に進行する悲惨な状況が常態化しつつある。なぜそうなったのか？　様々な理由が指摘されるが、グローバル化の加速の下で海外投資と製造業の新興国移転が進み、国内の雇用機会が失われたと考える人の数もこれら諸国では増えている。労働・貿易市場で新興・途上国との競争が激化し、労働者の生活と権利を守る労働組合の力が弱まり、弱者救済の各種社会的安全ネットが喪失したこともこれに関係していよう。

　しかし、放漫な経済財政政策を弄び、そうした状況に的確に対応してこなかった政府の怠慢、政策的貧困、無作為に最大の問題がある。世界規模の不均衡と格差拡大が中産階級を没落させ、社会不安を拡大し、世界経済と国際関係の正常な発展を歪めている実態を正しく見極め、適切な対応を試みることこそ肝要である。そのためには、正確なデータを基礎に、国民的な議論を積み上げ、これを政策化していく直向きな努力を強めなくてはならない。知見・知識・経験の集積と政策形成を通じて政府と社会各層・個人をつなぐ独立、非営利のシンクタンク等の設立が今ほど求められている時はない。

　金融危機に続く政府債務危機の進行で各国とも財政・金融政策が思うように立ち行かず、先進工業諸国の製造業が軒並み新興経済との価格競争に敗れ、海外に生産拠点を移し、国内雇用を著しく減らしている現実を正確に見据えなくてはならない。中産階級の崩壊と社会不安・不信の蔓延が先進諸国の"衰退"と"没落"を早めている。

(3) グローバル化時代：何が格差を広げるのか？

　ところで、グローバル化が進み、豊かさが得られ、その結果もあって不均衡が拡大すると、なぜ、貧困や格差が拡大するのか？　古くて新しい問題だが、そろそろこの問題の検討に移りたい。経済協力開発機構（OECD）は、

先に指摘した調査報告書『格差は拡大しているか』の中で、貧困や格差の拡大が所得格差に与える影響について短期・長期の要因を指摘しているが、2011年5月2日、パリで開かれた同機構主催のフォーラムでもいくつかの重要な問題が提起され、注目を集めた。
　それによると、所得の増大と格差拡大を促す主な要因は、①グローバリゼーション、技能偏重の技術革新、制度と規制改革、②家族構成と家計構造の変化、③税制及び税の効果的再配分システム等ということであった。グローバリゼーションや技術革新、制度・規制改革等が格差の拡大に影響を与えることについては、これまでも多くの人から指摘されており、これを否定する人はもちろんいない。
　しかし、OECDが人口や家族・家計構成の変化、政治的流れの変化等経済社会動向等にこれまで以上に関心を抱くようになったことは評価してよく、将来への展望を明るくしてくれる。とくに、上述の報告等はOECD加盟30カ国の80年代以降の経済・社会実態に関する研究結果を踏まえた提言的要素を含んでおり、高い評価に値する。グローバル化が貧困や格差拡大を促す点については、これまで国際・国内レベルで議論があり、それなりに理解や合意ができてきているように思う。しかし、グローバル化の何が、どのよう形で格差の発生や拡大の原因になっているかとなると不思議なほど合理的な説明がない。その点、OECD報告では、グローバリゼーションの何が賃金や資本所得に影響を与え、格差を拡大させるのかという点に検討が加えられていて注目される。
　一般に、グローバリゼーションとの関連で格差問題を議論する場合、その前提として求められるのは、グローバリゼーションがもたらす富や便益が何によって実現されるのか明確にすることである。このことに関して、これまで言われてきたことは、経済と市場の拡大、ヒト、モノ、カネの自由な交流が生産と消費の拡大を促し、資本蓄積を実現、これに制度や政策、ガバナンス等が絡み、富や便益の極大化を可能にするということ等であった。
　貧困や格差もこれと全く同じ流れや要因、環境の下で発生し、拡大してきており、これを長期的に牽引しているのが人口構成の変化、所得・賃金の動向、資本所得と自営所得の関係、就業率等である。教育や家計資産、社会的

パプアニューギニア・ラバウルの朝市　（著者撮影）

　流動性も所得格差に影響を与える重要な要素である。もちろん、富（財・サービス）や格差を生み出す最大の要因が原理的には人間の行う生産活動にあり、とくに、資本や技術を誰が持っているか、その投資選考はどうなっているか等の点にあることも付記されねばならない。

　富も所得も生産要素（生産手段）を所有し、生産活動に携わるものに帰属するのが基本で、所得の配分はその上にある。したがって、格差はこの生産要素（生産手段）の掌握と富（財・サービス）や便益の配分の仕方によって基本的に決定されると解釈されるが、グローバル化のもとでは、資本や技術、情報ネットワーク、組織を抑え、政治との距離を縮めたものほど所得を極大化できる傾向にある。

　こうした理解に立つならば、所得格差の拡大を生み出す根本的要因は、グローバリゼーション一般でもなければ、単なる技術革新でもなく、基本的な生産要素（土地、資源、労働等）を所有・管理して生産を指揮、情報や市場を支配するものと、されるものとの力関係の中にあるように思われる。しかし、現実の世界では、格差の拡大は多様で幅広い要因の複雑な組み合わせの上に成立しており、短絡的な解釈は許されない。とりわけ、金融自由化や金融（証券）資本主義により資産や株式価値の上昇が顕著な今日の状況下にあっては、情報やガバナンスといったソフトでバーチャルな要素が特別な意味を持っており、政府の政策や政治のあり方とも密接に絡んでいる。

グローバル化や格差問題について発言を続けてきたノーベル経済学者J.スティグリッツ・コロンビア大学教授は、自著『世界に格差をばら撒いたグローバリズムを正す』の中で次のように述べている。

　「格差はなぜ起きるのか。テクノロジーの急激な革新も要因のひとつには違いないが、技術革新自体はもはや止めることは不可能だ。しかし、世界のグローバル化に関しては、今これをどうにかしようと思えば、それは十分に可能なのである。」

　教授は、また、ニューヨークにおける反格差デモの発生に関しても次のように述べてグローバリズムの修正を迫っている。

　「デモの背景には不平等や格差拡大という、より広い問題がある……グローバル化で高い技能を要しない仕事は低賃金の国に流れた。企業が生産性を高め、製造業の労働需要も減った。米国固有の企業文化と労働組合の弱体化が問題に拍車をかけた。経営者は自らの報酬を増やすため従業員をリストラした。」

　J.スティグリッツ教授のこうした発言の中ではグローバリゼーションはかなり幅広く捉えられており、格差との因果関係やそれが生まれてくる背景についてもそれなりの説明がなされている。他方、同じくノーベル経済学賞受賞者のP.クルーグマン教授は、格差問題については次のような、より厳しい発言と姿勢を貫いている。

　「グローバリゼーションや技術革新といった時代の趨勢が所得配分の不平等と格差を作り出した」「技術革新によって教育レベルの高い仕事需要が増え、より教育レベルの低い労働者の需要が減少したために経済的な不平等と格差が拡大した」、しかし、「もし、グローバリゼーションや技術革新が経済の不平等や格差拡大の主原因であるならば、他の先進国でもアメリカと同様所得の不均衡が起きているはずだ。」

つまり、スティグリッツ教授も格差拡大を政治や政策との関係で捉え、とりわけ、ブッシュ Jr. 政権や米共和党のこの面での行動を非難している。しかし、格差問題に関連して最も重視されるのは、経済・所得格差は、それ自体グローバルな性格を持っており、現在の脆弱で不適当な制度、機関、協定等に象徴されるグローバル・ガバナンスの破綻の下で国際的な紛争と確執・緊張関係の原因となっていることである。マクロ経済の不均衡や為替変動、財政危機と資産価格の崩壊に象徴される世界経済危機とリスクは世界規模の不均衡に起因するが、不可分の結果として格差や貧困をグローバルに拡大する。

(4) 格差と貧困を活力に変えるアメリカ

ところで、世界経済の発展や不均衡拡大に伴う格差や貧困をめぐる対立もまた避けられない問題であるとすれば、各国はこの問題にどう対処しようとしているのであろうか？　これも古くて新しい問題だが、実態を分析し、新しい課題も設定していかなくてはならない。

これまで、貧困・格差対策としては、税制改革、補助金の交付、また、社会的安全網（セーフティ・ネット）の整備等が各国の中心的施策のとして実施されてきた。それなりに成果をあげた国もあるが、あげられなかった国の方が圧倒的に多いのではないだろうか？　グローバル化の加速の下、格差や貧困も経済の成長に伴って拡大を遂げてきたが、それへの対策は個別政策が圧倒的に多い。各国の総合政策・計画の中に正確に位置づけ、実施していくのがベストだが、そうしたケースは全く稀である。

アメリカでは格差・貧困対策は市場経済改革や社会経済施策の中に組み入れ、政策対応として実施しているとよくいわれる。この国では、格差や貧困は助成の対象としての意味は薄く、経済の成長・発展を担う主要な要因として活用するといった傾向が伝統的に強い。大規模な移民の受け入れと"きつくて辛い"仕事への活用がそれであり、これがアメリカの若返りと活力再生の源となっていることに関心が湧く。

乱暴な言い方ではあるが、貧困削減や格差縮小を謳いながら、実際には格差や貧困を温存し、それを新たな労働力の形成と市場創出につなげ、経済の

さらなる発展を期すという政策はアメリカの伝統になっているという指摘がある。冷戦後のグローバル化や新自由主義的経済政策の中で作られたものだろうが、ブッシュ Jr. 政権が推し進めた政策はその象徴といわれるものであった。

IT バブルが破綻した 2000 年、アメリカでは住宅ローン市場に巨額資金を投入して新たなビジネス・モデルを創出する動きが政策的に追及された事実を想起する必要がある。「ホームエクイティ・ローン」に続いて「サブプライム・ローン」が開発され、全国的規模で売りさばかれたのはそのためであったし、その政策が破綻し、世界的な金融危機に発展したことはその後の経過の示す通りである。

対象となった人々は住宅に困窮し、移動式住宅等で暮らす中南米諸国やアジア諸国からの移民、高齢年金生活者、クレジット・カードの履歴に問題のある人たちで、政策当局の最大の目的は住宅市場の拡大を通じて国内消費を刺激することにあった。つまり、それまで支払い能力との関係で住宅ローン供与の対象から外されていた人々を新たな顧客層として開拓し、ビジネスに招き入れ、市場を活性化させるというものであったと思われる。その結果、アメリカ経済は IT バブルの崩壊による被害を最小限に食い止め、新たな住宅市場と住宅ブームの創出に繋げることができたのである。

一般に、格差を是正し、貧困を削減するには、国家は税制や社会保障の充実、公共事業の実施等を通じ所得の再配分を試みる。アメリカでも大恐慌時の F. ルーズベルト大統領が実施したニューディール政策に端を発し、民主党政権を中心とする歴代米政権によってこうした方向が政策的に追求されてきた。「偉大な社会」構想で名高いジョンソン大統領が 1964 年に "War on Poverty" を提唱し、低所得者に対する公的扶助としてメディケア（医療費補助）、フードスタンプ（食費補助）等を制度化し、その後の貧困・格差対策にレールを敷いたのはその一例であった。

しかし、ここで指摘したいのは歴代米政権によるそうした貧困・格差対策ではない。格差と貧困問題を経済財政政策の中に組み入れ、これを新たな収益機会とビジネス・モデルの創造に結びつけようとして失敗したケースであり、未曾有の金融危機を引き起こしたサブプライム証券化ビジネスがそれで

ある。周知のように、サブプライム問題や金融危機はこれまで主に銀行システムや金融的側面から人々の関心を集めてきた。しかし、筆者はこの問題の半分は産業・社会問題に関係していると考えている。

　サブプライム貸付と証券化ビジネスがアメリカで大々的に展開されたのはブッシュ Jr. 政権の時であったが、その重点施策の第一は大規模な金融緩和を前提に巨額流動性を創造し、これを住宅市場に振り向け、新たな収益機会とビジネス・モデルを創造することにあった。この時期の米流動性資金の蓄積が産油国からの石油黒字と中国等アジア新興諸国の貿易黒字の流入によって可能となったことについてはすでに言及した。この時期、巨額オイルマネーや新興国資金がアメリカ住宅・不動産市場に流入したが、その大半は移民や年金生活者など低所得層向けのサブプライム・ローン市場であった。

　もちろん、この時期のアメリカ住宅ブームはこうした海外からの資金流入だけでなく、連邦準備制度理事会（FRB）による大規模な金融緩がその背景にあり、政権、銀行・企業、家計が揃ってそうした政策を支持した結果実現したものである。この時（2001 年）、FRB は 6.5％だった短期金利の誘導目標を 43 年ぶりに 1％まで大幅に引き下げた。この短期金利の急激な引き下げでアメリカの家計は住宅ローンを借りやすくなったわけで、移民を含む低所得層も住宅ローンに手が届くようになった。アメリカでの住宅産業は市場規模も大きいが、市民の住宅取得に対する動機は日本等とは全く違う。日本では住宅取得者は自分が使用する目的でそれを購入するが、アメリカの場合は投資目的で購入するケースが圧倒的に多い。それは住宅を購入し、何年か住んでいる間に価格が上昇すれば、それを売却し、より資産価値の高い住宅を手に入れるチャンスが得られるという感覚からである。

　第 2 の施策は、「持家社会」構想の下、住宅に困窮しその購入を切望している、いわゆる "subprime borrower"（サブプライム購入者）に関連する問題で、住宅ローン対象者を増やし、住宅市場規模を大きく拡大することに目的があった。その対象に挙がったのが黒人層やヒスパニック系住民、アジア貧困国からの移民等少数派人種、高齢退職者、年金生活者、医療保険喪失者たちである。

　こうした人々の多くは移動式住宅に住み、定住地を持たない住宅困窮者で

あるため、それまでは住宅ローンの対象者には入れてもらえなかった人々である。それが新しい市場構成者として受け入れられた背景には、そうすることによって市場の多様性を確保し、新たなビジネス・チャンスを創造、活力あるアメリカ経済を復活させようとする意思が連邦政府、銀行・企業、社会で大きく働いたことは間違いない。その場合、とくに注目されたのが膨大な数に達した移民の存在である。

周知のように、アメリカは世界最大の移民受け入れ国で、毎年、70万人の規模で海外から移民を受け入れ、現在、その数は5,000万人の大台に達している。さらに、こうした合法的な移民の他に、非合法に入国してくる移民も多く、アメリカのインフォーマル・セクターを形成する有力な要素となっている。こうした非合法移民は別として、アメリカが海外からの移民を大規模に受け入れているのは、新鮮で大量の低賃金労働力を不断に確保することによって自国経済の持続的発展と地球規模に拡大した経済権益を護り、世界経済と国際関係における支配的地位を維持し続けるためである。

移民法によって国籍と市民権（グリーンカード）を与え、住宅を持たせることで安定した低賃金労働力を国内に確保し、所得の国外流出も最小限に止める、これが貧困や格差を活力に転化するアメリカの政策であると専門家は言う。公的な住宅公社を通じ住宅ローン債権を買い取り、保証をつけて証券化するビジネスが大規模に展開されたのはそうした目的と枠組みの中においてであって、ブッシュ Jr. 政権による「持家社会」構想の提唱、連邦準備制度理事会による徹底した金融緩和、銀行・投資会社等によるサブプライム・ローン証券化ビジネスの大々的展開等がそれを可能にした。

(5) 新興経済大国 BRICS にみる格差拡大の現実

格差問題を所得格差、産業・企業格差、地域格差等で見た場合、その実態や拡大の状況は先進国よりも新興国の方が遥かに規模も大きく、内容も複雑である。とりわけ、経済成長著しい BRICS 諸国（中国、インド、ブラジル、ロシア、南ア）における現われ方が顕著で、中国等に至っては、拡大の速度、規模ともに際立った存在となっている。社会主義を経験した国におけるこの現実が今日の格差問題の厳しさを伝える格好の例示でもある。

Ⅲ　国際紛争の火種と化す世界規模の不均衡・格差問題

　2011年9月、中国科学院都市発展環境研究所が発表した「中国都市発展報告 No. 4 国民生活に焦点」によると、中国では都市と農村の所得格差が3.23：1の割合で拡大し、その結果、同国は世界一の格差国家になっているという。これは『人民中国』等中国国内メディアの報道を再録する形で伝えられたものだが、現実はそれ以上に厳しいようである。

　同研究所の宋迎昌所長補佐によれば、開発の進んだ北京や上海など大都市や広東省など沿岸部では所得格差は全国平均を下回っているが、内陸の中部・西部の省・自治区に行けばいくほど全国平均を上回って都市と農村の所得格差が拡大し、その差は4倍にも達しているという。しかし、別の調査で1人当たりの所得を比較すると、格差はさらに著しく、都市富裕層の所得は貧困層のそれの23倍にもなっている。さらに、ブルームバーグ・ビジネスウイーク誌によると、富裕層の隠れ所得は中国全体で年間110兆円にも達しており、所得格差は65倍になった可能性さえあると指摘されている。

　驚くべきは、2010年6月8日、中国経済誌『財経国家週刊』に掲載された夏業良北京大学教授の記事「中国における富の集中は米国以上、1％の家庭が41％の富を独占」で指摘された所得格差の実態である。同教授の調査では、都市住民1人当たりの所得は農村住民の3.3倍だが、上場国営企業の幹部と一般社員の所得格差は18：1で、国有企業幹部の給与と中国サラリーマンの平均給与とを比較すると、128：1にまで拡大するというから驚く。電力、通信、石油、金融、保険等の国有企業で働く従業員の数は中国全企業総従業員数のわずか8％を占めるに過ぎないが、かれらの給与および給与外所得を合わせると中国全体の給与所得の55％にもなる。

　BRICS諸国の中で中国に次いで所得格差の著しい国はインドである。この国には独自の身分制度であるカースト制度等伝統的な理由に基づく格差があり、これに重なる形で近年のグローバル化やバブル経済化の進行に伴って拡大した格差がこの国の矛盾を押し上げている。富裕層のわずか36人が1,910億ドルの資産を所有する一方で、3億を超える国民が依然として1日1ドル、8億を超える人々が2ドル以下の生活を余儀なくされているこの国で貧富の格差はさらに拡大する方向にある。

　ブラジルも格差大国であるが、この国では、近年、ルラ政権以来の施策が

奏功して格差は次第に縮小傾向にあるといわれる。ブラジル政府の発表によれば、2003年以降2,100万人ものブラジル人が貧困から脱出したとされ、その手法に世界的な関心が集まっている。こうした格差縮小はBRICS 5カ国中ブラジルだけが実現した成果であろうが、歓迎すべきことであることは間違いない。

しかし、それでいて、ブラジルの格差・貧困問題は依然尋常ではない。都市スラム・ファベーラは今も健在だし、都市住民の30％はいまなお電気も下水処理もままならない極度の貧困に喘いでいる。失業水準も高く、職をめぐる争いも後を絶たない。ルラ大統領の下で進められた成長政策もこうした伝統的な貧困を解決するには至らなかったようである。

ロシアもまた、地域格差や所得格差をめぐり紛争の絶えない国である。同国の場合、とくに注目されるのは、国家資本主義的経済運営の下、極度の資源（石油・天然ガス・鉱物資源等）依存と価格の高騰が同国の所得格差・産業間格差、地域格差を広げている点である。こうした格差はソ連が崩壊した直後の混乱期に新しく権力を握った特権階層による国家財産の"略奪"を基礎に形成されたものであるが、プーチン・メドベーデジェフ政権による企業活動への政府介入と国家管理の徹底で構造的に強化された。

BRICSの仲間入りを果たした南ア共和国の格差問題はさらに深刻である。最大の特徴は、①極端な地域格差、②都市・農村の格差、③都市における貧富の格差の三点にあり、グローバル化の進行に伴う資源需要の増大と価格の高騰で国民の間の所得格差はさらに拡大する傾向にある。

以上、BRICSなど新興経済諸国における格差拡大の実態について言及したが、発生の原因や現われ方は異なるものの、グローバル化や金融危機の進行の下、多くの新興諸国で顕著な格差拡大が目撃され、年々、その規模と速度を増している点は共通している。しかも、世界経済やグローバル化との関係が深まれば深まるほど、これら諸国の格差もまた拡大し、社会不安を生み出す結果となっている。

東南アジアのタイ、アフリカの産油国ナイジェリアがそれであり、民衆の蜂起で政権が倒れたチュニジア、リビア、エジプト等も同様である。最大の問題はそれが様々な紛争や確執を引き起こし、政治対立や社会不安を増大さ

Ⅲ　国際紛争の火種と化す世界規模の不均衡・格差問題

せていることにある。格差問題は賃金の未払いや遅延、土地収用問題等とも絡んで、近年、紛争、対立、暴動等を多発させているが、中国では2011年1～6月の間に、広東省、内モンゴル自治区、湖北省等を中心に農民と行政機関との間で87件もの衝突事件の発生が伝えられた。

　先のニューヨークにおける格差と貧困に抗議する若者のデモはアメリカ社会を大混乱に陥れるまでには至らなかったが、チュニジア、エジプト等北アフリカから中東全域に広がった「アラブの春」同様、その根底に貧困化や格差の拡大に対する国民の強い不満と憤りがあることは間違いない。格差や貧困をめぐる争いは、現在、地球的規模で進展しており、石油・天然ガス、希少鉱物資源の開発問題とも絡んで、アフリカ、中東、アジア太平洋、中南米等世界各地の民族（部族）紛争や反政府活動を激化させている。

　ナイジェリア南部デルタ地帯での石油開発をめぐる政府・国際石油会社と地域住民との争い、スーダン南部の資源開発をめぐるスーダン政府と地域住民との武力衝突など、近年、資源の所有権と収益の配分をめぐる争いが多発しているが、その背景には貧困と格差拡大の問題が大きく横たわっている。

　世界規模の不均衡拡大に端を発した格差・貧困化問題は、2012年における世界経済の不透明な展開とともに深刻さを増し、国際的な対立と紛争の新しい火種になる危険性がある。世界経済発展やグローバル化の進行も、私的・資本主義的所有とその生産様式が基礎となっている以上、格差や貧困の発生は不可避である。しかし、現在は、それ以上に、一連の新興経済諸国、とくに、ロシアや中国における国家資本主義的経済運営とも重なって、それが無策のまま放置されるか、偏狭なナショナリズムに基づく国益擁護論や保護主義の追求となって国民（住民）の不満を外国（海外）に向けようとする傾向が強い。

　外資系企業における従業員による賃上げや労働条件の改善等労働争議やストライキの多発、また、資源取得を根底に置いた近隣諸国との領土紛争もその1つで、その結果、格差・貧困問題は最終的には国際紛争化する可能性が非常に高くなっている。

Ⅳ

地球規模で先鋭化する資源争奪と環境破壊

1 金融危機でも止まらない資源の乱開発と浪費

(1) 資源・エネルギーの乱開発はなぜ続く？

　冷戦終焉後、IT・住宅ブームや世界同時好況の進行で世界の資源・エネルギー需要は爆発的な伸びを示し、価格の急騰から資源国家と関連産業を潤したが、資源の乱開発と過剰消費は金融危機後も続いている。新興経済発展で資源需要の急増と消費が進んだ意味が大きいが、開発と取得をめぐる紛争も激化し、世界経済金融危機を急速に先鋭化させている。供給が潤沢で金さえあれば資源が手に入る時代はすでに過去のもの、先進国と新興国が政治・外交・軍事力を動員して供給の確保や資源の囲い込みに狂奔、国力をぶつけ合う危険な状況が生まれている。資源をめぐる「グローバルな競争と争奪の時代」の新たな始まりである。

　国際エネルギー機関（IEA）の World Energy Outlook や BP Statistical Review of World Energy 等の資料を総合すると、世界の一次エネルギー（石油、天然ガス、石炭、原子力、水力）消費量は冷戦が終焉した1990年には87億6,100万トン（石油換算）前後であったが、その後、年平均2.6〜2.7%のペースで増加し続け、2007年には120億1,300万トン（同）に達した。2008年9月の金融危機発生で実体経済が損傷をうけ、資源やエネルギーの消費に一時ブレーキがかかったが、その後すぐ回復、2011年に122億7,460

万トンを記録、2015年には134億8,800万トンという膨大な消費量が予測される事態となっている。

東日本大震災に伴う福島原発事故の発生により、ドイツ等いくつかの国で原子力発電見直しの動きが出たが、原発の新・増設を含め、世界のエネルギー消費の削減が傾向的に進む気配はない。今日の資源・エネルギー問題の最大の懸案はこうした世界規模の需要の増大にあり、国際エネルギー機関（IEA）の予測では、2030年におけるエネルギー需要は167億9,000万トンまで増大、対2007年比1.4倍という驚くべき水準に達する。これはいまだかつて経験したことのない消費量で、需要分をどこからどのように調達するのか、見通しは全く立っていない。

しかも、こうした消費の急激な増大は、供給と取得における国別・地域別格差の拡大、供給制約、乱獲と争奪の激化となって現われている。国際エネルギー機関（IEA）の統計では先進工業（OECD）諸国のエネルギー需要の伸びは小さく、新興経済・途上諸国での需要が極端に高い伸びを示している。とくに、中国とインドにおける需要の伸びが著しく、2010〜35年における増分の50％はこの2カ国が占める。

また、こうした状況を反映するかのように、世界のエネルギー消費に占めるOECD諸国のシェアも急速に縮小し、2008年には48.8％まで落ち込み、1965年の69.0％に比較し20％もの低下となった。新興経済地域における高い経済成長率、人口の伸び、先進工業諸国における産業構造の転換、省エネ技術の開発に始まるエネルギー消費の改善等がその背景にあるというのが一般的な解釈である。

しかし、新興経済における資源・エネルギー需要の伸びに加えて、これら諸国に進出している海外企業等による消費の増大もばかにならない。今日、中国やインド等新興国を中心に自動車保有が急拡大しているが、これが世界の石油需要を急速に押し上げていることも否定し難い。因みに、世界の自動車保有台数は2035年には倍増して17億台に達するといわれるが、2020年までに自動車販売の過半は非OECD諸国、つまり、新興国・途上国が占めることになる。

公式統計では、ここ数年間の世界エネルギー需給構造に現われた重要な変

Ⅳ 地球規模で先鋭化する資源争奪と環境破壊

> **BOX12　資源・環境制約の拡大を防ぐ**
> ①世界経済金融危機下で進む資源の乱開発と環境破壊の現実を直視する！
> ②資源・環境制約のグローバルな拡大を防止し、世界経済の整合性ある発展を！
> ③新興経済発展と資源・環境制約を調和させる政策的努力と支援策！
> ④貧困・格差拡大と資源環境悪化への一体的努力

化の1つは石油消費の抑制とシェアの低下にあり、代わって原子力と天然ガスの消費が著しく伸びたとされている。その通りだとすれば、これは原子力と天然ガスによる石油代替が進んだことを意味する。確かに、これまでの統計では原子力と天然ガスがそれぞれ年平均11.5％、3.6％の増加率を示し、エネルギー消費全体に占めるシェアも、0.2％から5.5％と15.6％から24.1％へとそれぞれ拡大した。しかし、福島原発事故以後、再び石油・石炭等化石燃料消費が大規模に増大する傾向にあることは否定できず、将来が懸念される。

　もっとも、実態に即して計測すると、過去10年間に見るエネルギー消費増分の50％は石炭によって賄われている。また、石油消費も年率2.2％で増え続け、全エネルギー消費の34.8％のシェア（2008年）を維持している。こうした増加傾向は住宅バブルの崩壊と金融危機の発生による経済と景気の落ち込みで一時的に変化したものの、世界の長期的趨勢として今日も続いている。つまり、金融危機は世界のエネルギー消費の低減には貢献しなかったということである。

　そのうえでの東日本大震災と福島原発事故である。世界のエネルギー需給、とくに、原発政策に対する不信と不確実性の高まりによる電力供給への影響と化石燃料への依存が予想を超えて深化する恐れがある。世界のエネルギー需要は2035年までに37％増大するといわれるが、大半は新興経済諸国が占めることになる。とくに、石油と天然ガスの需要の伸びが著しく、天然ガス需要は年率2％で増大し、2035年には62％増える。さらにシェールガス革命がこれに加わり、その結果、天然ガスは「黄金時代」を迎えるとIEAは予測している。風力や太陽熱など新エネルギーへの需要も増えはするが、シェア率は小さく（4％）、化石燃料への回帰傾向はさらに強まる。

115

北極圏を走るアラスカ縦断石油パイプライン　（著者撮影）

　この結果、CO_2の排出量も過去最高を記録、2年連続で悪化してきた世界のエネルギー効率が改善する見通しは立ちそうになく、石油輸入金額も過去最高額を記録することになる。また、昨年来、北アフリカから中東に広がった反独裁・民主化要求デモ以来、中東地域における石油供給が不確実性を増し、このことを含め価格の高騰への懸念が高まっている。
　世界の資源・エネルギーの乱獲と飽食が続き、地球環境の汚染や破壊が規模を増すのは、グローバル化の加速と資源飽食型経済開発に歯止めがかからないためで、このままの状態が続けば、資源争奪と環境破壊が極限まで拡大するだけでなく、世界経済金融危機の解決をいっそう難しくすることになる。

(2) 希少金属・鉱物資源の需要増と多様化が招く価格の急騰
　グローバル化の加速と新興経済発展に伴う需要の急増・乱獲という点では、鉱物資源分野も同じである。1960年代、先進工業諸国の経済が高度成長期にあった時と比較し、新興経済の顕著な台頭が見られた2010年には鉱物資源需要は4倍にも膨れ上がった。とくに、情報化と情報通信（IT）技術の発達を反映して、レアメタル等希少資源の消費が進み、それへの需要がウナギ登りの状況にある。
　一般に、鉱物資源は鉄と非鉄金属に分類されるが、後者はさらに細分され、銅、鉛、亜鉛、アルミニウム等をベースメタルと呼び、ニッケル、クロ

IV　地球規模で先鋭化する資源争奪と環境破壊

ム、コバルト、タングステン、モリブデン、リチウム、レアアース（希土類17元素）、白金族類等をレアメタルと総称している。いずれも産業・民生用に不可欠の物資であるが、金融危機後、とくに問題になっているのは、生産と消費の異常な拡大によってこれら鉱物資源需要が急増する傍ら、中国、ロシアその他一部の国の資源の囲い込み等により供給リスクが高まり、価格の高止まりが続いていることである。そのため、市場が年々不安定化し、取得をめぐる競争もいちだんと激しくなっている。

たとえば、電線などに多用される銅の場合、60年における需要は464万4,000トンであったが、2010年にはそれが1,955万9,000トン（40倍）に膨れ上がった。そのうえ、60年当時、アメリカ、イギリス、ドイツ、日本、フランスの4カ国で世界需要の62％を占めていたシェアが2010年には25％に縮小、代わって、中国（38％）等BRICS諸国のシェアが18％から47％に拡大した。

2006年以降、価格の上昇も激しい。銅は電線ばかりでなく、電気製品の回路等に多用され、白物家電製品用としても、また、スマートグリッドや電気自動車など環境関連新技術・新製品・新産業の出現で用途が拡大・多様化し、需要が急激に増大したためである。

2000年以降とくに際立つのは、レアメタルやレアアース等先端科学技術分野で活用される鉱物資源の需要の増大と争奪の高まりである。レアメタルは、液晶テレビ、携帯電話等にはじまるIT製品（高付加価値・高機能製品）はもちろん、低炭素社会の構築に不可欠な次世代自動車、太陽電池パネル、LED照明などの製品の製造に欠かせない素材である。したがって、この市場を制覇することによって先端科学技術分野で特殊な位置を占めることが可能となり、世界経済と市場で有利な地歩を築くことができる。

鉛はクリスタルガラス製品に多用され、亜鉛はアルカリ電池などに使用されるが、昨今、脚光を浴びているのがレアメタルである。レアメタルについて世界的に確立した定義はないが、①量が少ない希少な金属（例：ジスプロシウム＝高性能磁石・光磁気ディスク用）、②量は豊富でも採掘・抽出が技術的に困難な金属（例：チタン＝航空機、ゴルフクラブ、絵具用）、③用途が限定され、工業的に未開発な金属（例：オスミウム＝万年筆のペン先用）

等を総称してこう呼んでいる。

　レアメタルの中でもひときわ注目されているのがレアースで、これはスカンジウム、イットリウム、ランタノイド（原子番号57～71）の合計17元素の総称である。レアアースは経済のグリーン化や低炭素社会の実現に向けての動きでも貴重な役割を果たすことがわかっており、高性能小型モーターに不可欠なネオジウム、排ガス浄化用触媒に使われるパラジウムなどの役割が高まっている。21世紀型社会の実現や経済の高度化、低炭素産業構造の構築のためには、レアメタル、レアアース等の確保を最優先に考えねばならず、安定供給のシステムをどう確立していくか最大の問題である。

　希少金属をはじめ鉱物資源の需要の増大をめぐっては、石油や天然ガス同様、新興大国である中国やインドでの消費の急増が指摘されている。確かに、政府等統計をみても、これら諸国の資源需要はけた外れに大きい。たとえば、中国の金属消費量は2001～07年の6年間に、銅が2.1倍、鉛が3.6倍、ニッケルが4.0倍と増えている。他方、レアメタル、レアアースは希少性だけでなく、共に偏在性が高く、ベースメタルの副産物として取り出される場合も多く、所与の国の国家政策の影響を受け易い。表12はレアメタル、レアアースの偏在性を示したものである。

　こうした偏在性に加えて資源輸入国を悩ませているのが2005～06年頃から一段と顕著になった価格の高騰である。たとえば、国際銅価格が上昇しだしたのは2004年1月以降だが、2005年10月4,000ドル／トン、2006年5月8,000ドル／トンと急騰し、2009年1月に一時3,000ドル／トンまで下落したものの、2011年3月には再び9,000ドル／トンという高値を記録した。鉄鉱石の価格が上昇し出したのはこれより遅く、2008年1月に60セント／トンだったのが、2009年9月90セント／トン、2010年5月1.7ドルと上昇、2011年5月には1.82ドルの最高値をつけた。

　こうした資源価格の高騰は原油・石炭等のエネルギー資源、小麦・大豆・とうもろこしといった食糧等にもおよび、2007～08年以降、資源価格は傾向的に高騰した。中国等新興経済の台頭による需要の急増がその原因と一般的に指摘された。しかし、2007～08年といえば、欧州で顕在化したサブプライム問題が世界的な金融危機に発展した時期である。原油高騰に誘引され

Ⅳ　地球規模で先鋭化する資源争奪と環境破壊

表12　資源の上位産出国（2010年、上位3カ国）

資源名	国名	シェア	国名	シェア	国名	シェア	合計シェア
レアアース	①中国	97%	②インド	2%	③ブラジル	0.4%	99%
バナジウム	①中国	41%	②南ア	32%	③ロシア	25%	98%
タングステン	①中国	91%	②ロシア	2%	③ボリビア	2%	95%
白金	①南ア	75%	②ロシア	13%	③ジンバブエ	5%	93%
リチウム	①チリ	35%	②豪州	34%	③中国	18%	87%
モリブデン	①中国	39%	②米国	25%	③チリ	15%	79%
インジウム	①中国	52%	②韓国	14%	③日本	12%	78%
コバルト	①コンゴ	51%	②ザンビア	13%	③中国	7%	71%
マンガン	①中国	22%	②豪州	19%	③南ア	17%	58%
ニッケル	①ロシア	17%	②インドネシア	15%	③フィリピン	10%	42%
鉛	①中国	45%	②豪州	15%	③米国	9%	69%
亜鉛	①中国	31%	②豪州	12%	③ペルー	12%	55%
銅	①チリ	34%	②ペルー	8%	③中国	7%	49%

出所：Mineral Commodity Summaries 2011 World Metal Statistics 2011, etc….

る形で高進し出したインフレと大規模な投機マネーの流入が資源価格を世界的規模で押し上げた事実を正しく認識しておかなくてはならない。

(3) 資源・エネルギーの争奪と取得をめぐる紛争

　資源・エネルギー需要の急増と用途の多様化、価格高騰の成り行きも心配だが、資源の取得と収益の分配をめぐる紛争や対立が急激に激化している事態も深刻だ。第1は領土の保全や領有権に絡む国家間の対立、開発企業と地域住民を巻き込んだ紛争等である。古くは中東やカスピ海域の石油資源をめぐって展開された「グレートゲーム」が有名だが、今日では紛争も多様化し、拉致や暴動、流血の惨事を含む抗争事件に発展するケースが多い。

　代表的な例では、ナイジェリア南東部ニジェール・デルタの油田開発をめぐるナイジェリア政府・多国籍石油企業（ロイヤル・ダッチ・シェル）と地域住民・武装勢力との紛争やカスピ海の石油・天然ガス開発に絡む周辺諸国（ロシア、アゼルバイジャン、カザフスタン、イラン、トルクメニスタン）の対立が際立っている。また、ミャンマーの天然ガス開発やフィリピン・ミン

ダナオ島リガワサン湿地帯の地下資源の領有と開発をめぐる紛争、インドネシア・ナングロアチェ州の分離独立が絡んだ資源開発をめぐる紛争等がある。

さらに、東チモールの独立に絡んだオーストラリアとの海峡・海底油田の開発をめぐる対立、南米ボリビアの天然ガス開発をめぐる政府と国民の対立もこの範疇に入る。尖閣列島の領有権をめぐる日本と中国の対立、日韓の間で帰属が争われている竹島問題にも資源問題が絡んでいる。

60年代以降、南部アフリカを危機に陥れた鉱物資源紛争、また、「ビアフラ共和国」を独立させたナイジェリアの石油紛争等数多くの紛争があったが、今日、主役が先進国・多国籍資源企業から新興国の政府・国有企業に移るに従い、資源をめぐる抗争も新しい対立の構図に変わってきている。先進工業国政府、産油・資源国政府、多国籍企業等が直接的利害関係者であることに変わりはないが、さらに、これに資源国の国営企業、多国籍銀行、投資会社、先住民族を含む地域住民等が広範に参加し、利害関係も複雑化し、国際紛争として争われるケースも増えている。

カスピ海域の石油・天然ガス開発をめぐる問題では、周辺諸国の利害・利権の保護を中心に、「カスピ海は海か湖か」という神学論争があり、これは今も続いているが、その根底には国家主権、支配権抗争、分離・独立、ガバナンス、腐敗・汚職問題等をめぐる鋭い対立がある。同時に、貧困や格差の拡大、資源所有や利権をめぐる経済問題が複雑に絡んでいることも見ておかなくてはならない。南オセチアの"独立"が絡んだロシアとグルジアの軍事衝突、自治州ナゴルノカラバフをめぐるアゼルバイジャンとアルメニアの対立もカスピ海・北コーカサスの資源をめぐる争いと密接につながっている。

フィリピン・ミンダナオ島における分離・独立の動きを含め、今日、世界各地で発生している領土・資源・貧困をめぐる紛争も、グローバル化と新興経済発展の加速の下で目的や形態が多様化し、範囲も地球規模に広がった結果である。国際的・国内的要因、政治・経済・社会にまたがる状況の変化、グローバル化や世界経済・金融危機との関係、近隣諸国や多国籍企業との関係等が大きく変わり、紛争に関わる国、組織、人の数も増え、利害・要求等が多様化したためと思われる。

土地所有が明確でなく、幾世代にもわたって慣習的な部族所有制を維持し

Ⅳ　地球規模で先鋭化する資源争奪と環境破壊

てきた南太平洋の島嶼諸国にも資源開発の波が押し寄せている。これら諸国では、土地や資源の所有権や利益の配分をめぐる争いが大規模な部族紛争を巻き起こし、流血の惨事に発展するケースも生まれている。大半は金銭による補償という形で処理されるが、入り組んだ土地所有制度やねたみ・そねみが災いし、有効な解決策は見つかっていない。

　資源取得や開発をめぐる問題点の第2は世界の市場と資源の掌握をめぐって拡大している紛争の激化である。60年代の高度成長期、この問題をめぐって最も厳しい批判に曝されたのはアメリカ等先進工業諸国とその資源政策であった。多国籍（石油・資源）企業による資源・エネルギーの乱獲や浪費も非難の対象となった。しかし、今日、世界的に最も厳しい目が向けられているのは新興経済大国の中国やBRICS諸国である。

　中国がアフリカ大陸はじめ世界各地で資源の開発と取得を目指して活発な投資や企業買収等を実施、他方、国家主席や首相等総出で積極的な資源外交を展開していることについてはすでに触れた。2011年11月には習近平国家副主席（当時）が南ア、アンゴラ、ボツアナ等アフリカの富鉱諸国を歴訪、モンゴル、ボリビア、イラク等アジアから中東、中南米にまたがる資源外交が展開された。

　もともと中国は産油国であり、鉛、亜鉛、鉄鉱石からレアアース（希土類）に始まる多様な鉱物資源の保有国でもあり、普通なら資源外交など展開する必要はない。中国国務院報道弁公室の発表によれば、2003年12月の時点で既発見のエネルギー・鉱物資源は171種、埋蔵量が確認されただけで158種（石油・天然ガス等10種、鉄・銅・マンガン等金属鉱物54種、燐・硫黄等非金属鉱物91種）を数えていた。「資源総量が大きく、鉱物の種類が揃っている……石炭、希土、タングステン、すず、モリブデン……等の鉱物資源は世界で著しい強みを持っている」（同弁公室）と自信に満ちた言葉が飛び出すのも当然といえた。

　しかし、それでいて、外国人の目には中国外交戦略や投資活動が"なり振り構わぬ資源漁り"と映るのはなぜか？　こんな場合、1人当たりの資源量が少ないうえ、13億人の生活と経済を支える成長の維持、年率2桁台で伸びる資源エネルギー需要を補うためという説明が繰り返される。中国はすで

121

に世界有数の資源消費国となっており、自国資源の自給率を大幅に下げる一方、膨大な量の原油・天然ガス・鉱物資源を輸入に頼る国家に転化しているからである。資源外交に走ったとしても不思議でない状況がそこにはある。

しかし、世界各国が懸念を抱いているのは、こうした中国官・民の行動が単に中国社会の現実や経済の必要性から生まれているだけでなく、長期的な国家戦略や行動計画に沿い、結果として世界経済と国際関係に摩擦や緊張を強いる形で展開されていることにある。しかも、今世紀に入ってからは、中国は2001年12月の世界貿易機関（WTO）加盟を機に外貨獲得のための資源輸出を止め、国内資源を囲い込みと外資導入による工業製品の生産・輸出、海外資源の開発・取得等を通じて経済成長を維持する方向に戦略を大きく転換した。対外投資促進の「走出去」政策もこの目的に沿ったものである。

冷戦後の中国にはエネルギー・資源を安全保障の視点から捉える考え方が伝統として残っており、したがって、資源政策の全体像や開発戦略・行動計画は著しく透明性に欠け、国益優先で動く行動パターンも投資・進出先国および国民の利害と合わなくなっていることも確かである。友好を謳って進出した国の政府から労働争議や環境汚染をめぐって思わぬ抗議を受ける機会も増え、ナイジェリアやスーダン、エジプトでは中国人従業員が集団で誘拐・拉致されるという不幸な事件も起きている。マラウィでは中国資本の店に対し現地商店の倒産に抗議する暴動も発生した。

(4) ロシアの資源囲い込みと国家管理の強化

資源・エネルギーの開発・取得・利用をめぐる紛争の激化に加え、近年、急激に国際問題化しているのが国家や政府による関与・介入を通じて国力の増進と経済発展を加速させようとする動きである。この面でも中国やロシアの動きが顕著だが、それ以外の国の動きもあり、世界的傾向と言えなくもない。アジアではマレーシア、インドネシアに動きがあり、また、サウジアラビア等中東の産油国、南米のブラジルやベネズエラ、アルゼンチン等の新興国・資源大国等でも幅広く確認されている。

インドネシアでは、2006年3月、ユドヨノ大統領によって国内ガス需要の増加に伴うLNG（液化天然ガス）の輸出量削減と国内供給優先政策の採

Ⅳ　地球規模で先鋭化する資源争奪と環境破壊

用が明らかにされ、消費国を中心に海外の関心を集めた。また、ベネズエラでも、同年4月、外資系企業の同国国営石油会社との合弁への移行（同国企業による60％以上の資本参加）が発表され、懸念が高まった。こうした動きはその後も続き、近年、ブラジルやアルゼンチンでは外国資産の国有化をめぐる新たな動きが出ている。中国の場合は国有企業を先導役とする海外資源の取得が中心だが、近年はレアメタルに始まる国内希少資源の囲い込みが目立つ。

　しかし、資源の国家管理や囲い込みの面で際立った動きを見せているのは、何といってもロシアであろう。この国の場合、2000年の第1次プーチン政権誕生以来、国家主義的な資源政策の下で資源・エネルギーの国家管理や企業統合、経済活動への政府介入が積極的に推し進められてきた。その背景には、「オルガルヒ」と呼ばれる新興財閥による資源の"略奪"を抑えようとするプーチン大統領等の国家資本主義的な動きがあった。

　西欧諸国への天然ガス輸出の規制、パイプライン輸送を通じてのグルジアやウクライナへの圧力の強化、国内石油生産で20％のシェアをもつ民間石油会社ユーコスの解体と国営石油会社ロスネフチへの吸収等はその典型といえる。さらに加えて、主要石油・ガス田開発への外資の入札規制があり、石油と天然ガスを武器とする国家戦略の大規模な展開も否定されてはいない。世界最大級のガス会社ガスプロムによる国内天然ガス産業と関連市場における覇権の確立や海外市場への進出も国家戦略としての側面が強い。

　資源ナショナリズムの新たな高揚ともとれるこうした動きは国によって異なってはいるが、ロシアの場合は、内容的にも、国際的影響という点でも特筆すべきものがある。それは同国が総合的エネルギー・資源供給国としては世界でも一、二を争う国家であり、周辺国はもちろん、EUおよび欧州のエネルギー安全保障に直接影響を与え得る立場にいるからにほかならない。だが、これがまた、今日、「国家資本主義」の台頭に対する懸念を生み、国際紛争の原因ともなっているのである。

　こうしたロシアの状況を理解するためには、歴史に遡って問題を見る必要がある。ソ連時代、ロシアの石油・天然ガスの開発・生産はそれぞれソ連石油工業省とガス工業省が所轄していたが、ソ連崩壊と同時に両省は解体さ

123

新装なったクレムリン宮殿　（著者撮影）

れ、石油・ガス資源も国営・民間石油会社による分割所有となった。そこで誕生したのが国営と民営が混在する石油企業群（国際石油企業、国営石油企業、財閥系石油企業、地域的石油企業等）で、新旧勢力がこれに群がった。

　なぜ、こうした企業が乱立することになったのか？　その背景には米欧の資本や技術を導入し、石油・天然ガスの開発・生産の効率化を図ろうとする勢力、外資の参入を排除し、国家管理と政府の介入を徹底しようとする勢力等のぶつかり合いがあり、プーチン政権は後者を国家権力でリードした。こうした動きを背景に、国内に膨大に賦存する資源やエネルギーを国家管理に移し、外交や経済発展のための戦略物資として利用しようとする動きが顕著になったのは2003年にロシアが国家戦略を大きく転換した時である。この時提示されたのが、当時、世界的に注目を集めた「2020年までのロシア・エネルギー戦略」（「長期エネルギー戦略」）である。

　プーチン政権は、当初、上記２つの勢力（民間主導・米欧資本・技術導入派と国家管理・自国資本優先派）の間で揺れ、その後、後者支援に大きく戦略を転換した経緯がある。最初に手をつけたのは、ソ連崩壊後、エリツィン政権の下で進められた産業・企業の過度の民営化と「オリガルヒ」と呼ばれる新興財閥等への富の集中を阻止し、各種資産の再国有化を実現する課題であった。

　当時、ロシアでは民間主導による米欧資本と技術の導入が大規模に進めら

IV　地球規模で先鋭化する資源争奪と環境破壊

れていた。国内石油生産で20％のシェアを持ち、国際石油企業に脱皮を遂げつつあったユーコスは米系油田技術サービス会社シュルンベルジェと提携し、最新の生産技術をシベリア油田開発に動員した。また、財閥系石油企業チュメニ石油は英系スーパーメジャーBPと組んで合弁企業TNK-BPを発足させ、サモトワール油田開発を手掛け、生産量を急増させた。

さらに、財閥系石油企業シブネフチは米系油田技術サービス会社ハリバートンとの技術提携で記録的な増産を達成しつつあった。米系准メジャーのコノコ・フィリップスがロシア国内石油最大手（当時）のルークオイルの政府出資分7.6％を手に入れたのもこのような状況下においてであった。つまり、ロシアの石油開発は自由化と国際化の流れの中で大規模な資源争奪と競争の波に洗われていたのである。

プーチン政権はこうした動きを封じ、国内財閥系資本の力を削ぐため、戦略的鉱床の開発の場合、外資の出資比率を50％以下に抑える「地下資源法」の制定に動き、その矛先をユーコスに向けた。ここでプーチン大統領が取ったのが、エネルギー産業を統括する新しい国営企業の中心に世界最大のガス独占体となったガスプロムを据え、石油産業は当時唯一の国営石油企業であったロスネフチを中心に再編し、これをガスプロムの傘下に置くという戦略であった。

その第一歩として開始されたのが、野党勢力への支援を表明した国内石油企業2位の地位にあったユーコスのホドロフスキー社長の逮捕（2003年10月）とロスネフチによるユーコス資産の"接収"である。不正経理の疑いによるホドロコフスキー社長の逮捕・投獄とユーコスへの巨額追徴課税・解体には象徴的な2つの意味があった。1つは国内の政敵・野党勢力と新興財閥等との結びつきを絶ち、プーチンとその支持勢力の政治的基盤を強固にすること、2つは、企業の民営化や資本の自由化を通してロシアの石油・エネルギー資源の取得を図ろうとする米欧系多国籍石油資本の進出を阻止することであった。

プーチン大統領は一時的ながら、そのいずれにおいても勝利を収めたと思われる。折からの石油価格上昇による経済の好転、ソ連崩壊のどさくさに紛れて国家資産・資源を掠め取り、経済を私物化した新興財閥「オリガルヒ」

に対する国民の反発がこれを支えたと思われる。プーチン大統領はこうした親米欧・反政府の新興財閥「オリガルヒ」を一掃し、その余勢を駆ってチェチェンその他南部地域への軍事進攻を繰り返し、周辺諸国への締め付けを強めた。ベラルーシに対しては天然ガス価格を2倍以上引き上げ、輸出原油への免税措置を撤回、これに憤慨したベラルーシが送油を止める騒ぎとなり、ウクライナにはガス供給停止措置で圧力をかけ、ウクライナ経由で天然ガス供給を受けていた西欧諸国を震撼させた。

さらに、2008年、メドベージェフが大統領に選出されると、プーチンは首相に就任、両者は二人三脚で南オセチアとアブハジアの民族問題と帰属をめぐる紛争に介入、グルジアと軍事衝突し、「南オセチア共和国」や「アブハジア共和国」のグルジアからの独立を宣言させ、これと友好協力・相互援助条約を結んだ。しかし、南オセチアもアブハジアもソ連時代はグルジアの自治領であった歴史がある。まさに地域覇権樹立の動きとしか言いようのないロシアの行動であった。

結局、EU議長国フランスのサルコジ大統領の仲介でこのロシアによるグルジア侵攻は終止符を打つことになったが、ロシアの行動はグルジアがやがて北大西洋条約（NATO）に加盟することも想定し、上海協力機構（SCO）による中国との関係強化、中央アジア諸国とのエネルギー開発を通じた協力強化等と合わせ、ロシアの覇権主義的動きを示すものとなった。2012年、再びロシア大統領に返り咲いたプーチンの国家政策がどうなるか、国内反政府運動の高まりとともに関心が持たれる。

(5) 金融投機と資源争奪が招く世界の食糧危機

食糧資源もまた世界的な金融投機の対象となり、深刻な争奪の危機に遭遇している。金融投機や自然災害が原因の供給不安の拡大、価格高騰、広がる耕地や農地の買収、資源争奪等が中心にあるが、従来と違うのは、それが生産・供給不足や飢餓との関係における食糧不足・危機いう問題ではなく、価格の暴騰や金融投機といったグローバル化の加速の下で急速に厳しさを増す商品・金融市場の動きとの関連で発生している危機である点である。

2007～08年にサブプライム・金融危機が世界経済を直撃したことに合わ

IV　地球規模で先鋭化する資源争奪と環境破壊

BOX13　資源の乱獲と自然破壊が招く物質循環システムの崩壊

①グローバル化・市場経済化・情報化の加速で食糧・エネルギー・資源の乱獲と飽食が進む。
②経済活動の地球規模の拡大で経済循環プロセスが物質循環のそれを凌駕する。
③地球の資源は71億人口を養えるだろうか？
④資源の乱獲を防ぎ、省資源・省エネの徹底と効率利用、新・代替エネルギーの開発促進。
⑤地球環境保全・温暖化阻止・生物多様性保護のシステム・制度・インフラの整備を強める。

せ、世界の食料価格が高騰し、危機的状況が作り出されたことはまだ記憶に新しい。被害にあったのはまたもやアフリカや南アジアの貧しい途上国で、グローバル化の波に"乗り切れなかった"貧困層の悲劇が新聞の紙面を飾った。しかし、当時の食糧価格の高騰は単なる需給の問題を超えて、投機マネーの流入、インフレの高進、市場構造の変容といった形を通して世界経済危機と一体化していたことに特徴があった。

当時の食糧危機は2006年から始まった価格の高騰がきっかけであったが、2008年の価格は同年比コメ215％、小麦135％、とうもろこし125％、大豆105％という異常な高騰を示した。原因となったのは、2004年頃から経年的に上昇し出した原油価格の高騰であり、食糧（穀物）生産国における大規模な旱魃がこれに重なった。基礎物質である原油価格の高騰は、肥料等のコスト上昇に始まり、食糧の生産・輸送・販売の全プロセスに深刻な影響を与え、ハウス栽培や酪農を含む農業生産にダメージを与えた。とりわけ、工業化された農業・食糧生産に対する影響は絶大であった。

旱魃や自然災害が世界の食糧生産や価格の高騰に影響を与えたとすれば、第1に指摘されるのはオーストラリアで発生した大規模な旱魃である。オーストラリアは米国に次ぐ世界第2の小麦輸出国で、最盛時には2,500万トンもの小麦を生産してきた。しかし、2006年のそれは1,000万トンにも満たなかった。また、2006年には大規模な熱波が米国・カリフォルニア州を襲い、多数の家畜を死に追いやった。さらに、2008年には大規模なサイクロンがミャンマーの穀倉地帯を襲い、高潮の影響でデルタ地帯の水田が冠水、大規

模な塩害を引き起こした。同年インド南部を襲った集中豪雨も食糧価格に影響を与えた自然災害であった。

　原油価格の高騰は新・代替エネルギー源の開発を促し、とうもろこしや砂糖きびのバイオ燃料への転用もまた世界の食糧供給や食料価格の高騰に少なからぬ影響を与えてきた。当時の世界の穀物生産量は約20億トン、そのうち、毎年約1億トンの食糧（穀類）が食糧から燃料に姿を変えたという。事実だとすれば、世界の穀物生産量の約20分の1が燃料に転用されたということで、これにより世界の食糧・農業生産は確実に低下し、穀物輸入に大きく依存する後発の貧困途上国とその国民が甚大な被害をうけたことになる。

　しかも、この穀物の食糧から燃料への転化のプロセスは、とうもろこし等に代表されるように、トレーダーの手で原油市場の動向を見ながら、それとの結合において実施されている。したがって、それは石油市場や金融市場の影響を大きく受けざるを得ない。バイオ・エネルギー問題でアメリカと共に世界の注目を集めているのが、世界第2のエタノール生産国ブラジルである。ブラジルは世界最大の砂糖生産国・輸出国であり、砂糖貿易量の30％を占める。そのため、2000年以降、同国は砂糖とエタノールの生産を50：50に保ってきたが、折からの原油高騰の煽りと環境保護への関心野高まりに押され、エタノール需要が急増、砂糖の国際相場を大幅に押し上げた。

　このほか、この間の世界の食糧価格の高騰には、人口の増加、新興経済、とくにアジア経済の発展に伴う食糧需要の急増、休耕地や農業用地の減少、世界の食糧備蓄の減少等さまざまな要因が影響していたと思われる。世界の人口問題についても、現在の増加傾向が続く限り、2050年を待たずして90億人に達することはほぼ確実と思われる。しかし、このことを含めて、これらのことが、2007～08年とその後に続く世界的規模で高騰した食糧価格上昇の真の理由であったかというと、必ずしもそうとは言い切れない。

　むしろ、金融危機の煽りを受けて、世界の投機資金が株や債券から原油・食糧市場に大規模に流入したことにより食糧投機が発生したと理解するのが順当である。とくに、中国等では2010年の中頃、にんにくや緑豆（もやしの原料）に対する投機が盛んになり、それぞれ6.8倍、5.4倍という価格上昇を記録した。なぜ、このような状況が生まれたのか、一般に、世界の年金

Ⅳ　地球規模で先鋭化する資源争奪と環境破壊

開発、環境、エタノール……議論が続くリオの街角　（著者撮影）

基金や生命保険、フェッジファンド等の動きが指摘されるが、この時の食糧危機の原資は先進国の低金利政策との関連が大きかった。

とくに、筆者が注目したのは2007〜08年の食糧価格の歴史的高騰を受けて、アメリカに端を発した世界金融危機の影響で大きく値下がっていた食糧価格が2010年以降再び高騰した背景と内容である。2007〜08年の時は原油価格に先導される形で食糧価格の高騰が見られたが、2010年以降は綿花、砂糖などが中心となっているが、サブプライム問題や金融危機などあたかもなかったかのごとく、投機資金が見事に急回復してきている。金融危機や商品バブルへの反省など微塵も見られない。

問題はこうした世界的な食糧価格の高騰や食糧資源のエネルギー資源への転換をめぐって"食糧騒乱"が発生・拡大していることである。最大の食糧生産国アメリカでは、エタノール需要の増大に伴い、大豆から非食料用のとうもろこしに作物生産を転換する動きが続出、貧困層の生活苦に拍車がかかった。イタリアではパスタの原料となるデュラム小麦粉の価格が高騰、市民による不買運動が起こった。

悲惨な例は後発途上国で、「アラブの春」を先導したチュニジアやエジプトでは、パンの価格高騰に抗議する市民デモが暴徒化し、都市や農村部で警官隊と衝突、流血の惨事となった。アフリカのカメルーン、ケニア、コートジボアール等でも食料品価格の高騰に抗議する民衆デモが流血の惨事に発

展、多数の死者を出した。同様の動きはアジアでも顕著で、バングラデッシュ、カンボジア、インドネシア等で大規模な騒乱事件が発生している。

2 規模を広げる地球環境破壊と汚染の現実

(1) 地球温暖化：「京都後」をめぐるダーバンの攻防

金融経済危機や資源・エネルギーの乱開発と一体的に進行しているのが地球環境の悪化であるが、差し迫って解決を求められているのが地球温暖化阻止の課題である。この問題をめぐっては、過去20年間、京都議定書の締結から数えても実に十数年という長きにわたって激しい議論が繰り返され、一連の国々の国益優先の政策等とも絡んで対立が続いてきた。しかし、多くの国から無責任で身勝手と批判されながら、自国の立場に固執し続ける中国やアメリカ、インドなど排出大国の身勝手な論理と国益優先の行動に阻まれ、温暖化防止は期待通りの成果をあげることができなかった。

2011年12月6日から11日、南アフリカ共和国のダーバンで開かれた第17回国連気候変動枠組み条約締約国会議（COP17）もそうである。この国連会議に課された最大の課題は、地球温暖化対策に関する「京都議定書」が2012年末で期限切れとなるため、その取り扱いを中心に2013年以降の対策について話合い、新たな枠組みを作ることにあった。しかし、議長国の南アフリカをはじめ、多くの新興国、とくに、中国やインドが自国に排出責任が課されない「京都議定書」の自動延長を強く求めて譲らなかったため、会議は最後まで紛糾し、期待されたような結論には至らなかった。

ただ、南太平洋やカリブ海等に浮かぶ島嶼諸国は議論の成り行きが自国国土の浮沈に関わることもあって、CO_2の大幅削減と各国の一段の努力を願い必死の努力を続けた。また、EUも「包括的かつ法的拘束力のある目標を設定する必要がある」（ヘデゴー欧州委員）として全主要排出国が入る新たな枠組みを2020年までに導入する案を主張し続けた。

「京都議定書」では、温暖化ガスの排出量が世界最大の中国をはじめ、新興・途上国は削減義務を負っていない。途中離脱したアメリカにも削減義務

はない。そうした状況を踏まえ、EUは「京都議定書の（2013年以降の削減目標に関する）第2約束期間を設定する用意がある」と延長受け入れに一定の理解を示したが、日本は「排出削減義務を負う国・地域が世界の排出量の約4分の1しかカバーしていない」と延長反対を表明、カナダやロシアもこれに同調した。これら2カ国は「京都議定書」の下で2013年以降も削減義務を負わされることに強く反発し、同議定書の延長を受け入れなかった。日本とカナダ、ロシアがぬければ、同議定書のカバー比率はさらに下がり、15%となる。議定書のさらなる空洞化は避けられなかった。

しかし、交渉が足踏みする中、中国が一時、「2020年以降に削減義務を負う」との態度をほのめかし、「中国も遂に態度を軟化させるに至ったか」と一時会場を沸かせる場面もあった。しかし、これにはインドが強く反発、ナタラジャン環境相も不快感を隠さなかった。その結果、中国・インド・ブラジル・南ア等4カ国で構成するBASICグループが慌てて記者会見を開くといった混乱もあった。中国によるこの突然の削減義務受け入れは、議定書延長を容認する条件として2020年以降の新たな枠組みを2015年までに合意するというEU提案に対する中国からの秋波とも受け取れた。

しかし、会議関係者によれば、中国の削減義務受け入れは、①京都議定書の延長、②先進国による途上国支援という2点を前提にしたものであったという。これなら、2020年まで温暖化ガスの排出も規制されずに済むし、将来の負担と引き換えに目先の利益も確保される。実に巧みな戦術だと指摘する報道関係者もいた。

結局、このCOP17ダーバン会議は、2011年12月11日、全ての温暖化ガス主要排出国を対象とする新しい枠組みを2020年に発効させるとした合意文書を採択して閉幕した。当面、京都議定書は延長されることになったが、この時決まった主な項目は以下の通りである。

① 2020年に温暖化ガス主要排出国全てを対象とする新しい枠組み「ダーバン・プラットホーム」を発効させる。
② 2012年前半に作業部会を設け、2015年までに交渉を終える。
③ 2013年以降は、当面、京都議定書を延長する。

④同議定書の延長や削減目標を盛り込んだ改定議定書を 2012 年ドーハで開く COP18 で採択する。
⑤抑制する気温上昇幅を従来の「2後以下」から「2度もしくは 1.5 度」に修正する。
⑥途上国の温暖化対策支援のための「緑の気候基金」の運用を開始する。
⑦新たな市場メカニズムに関する研究を本格化する。

　文面からわかる通り、合意文書は中国やインドの主張に配慮し、法的拘束力や中身にかなりの曖昧さを残すものとなった。日本は京都議定書の批准国であり続けるが、2013 年以降の排出削減の義務は負わない。日本の主張はもっともだし、それなりに筋も通っている。東日本大震災や福島原発事故のことを考えれば、これも止むを得ないことであったかもしれない。しかし、これで本当によかったかどうか疑問は残る。
　というのは、日本はこれまで、崇高な理念と環境技術を武器に地球環境保全に努力し、「環境先進国」として世界各国から高い評価と敬意を受けてきた。「環境」は非核・平和政策と共に日本が世界に強いメッセージを発信できる有力な武器でもあった。2013 年以降、議定書に参加しないことで排出削減が進まなくなれば、その強みを失うどころか、往年の影響力は大幅に削減される恐れさえある。
　1997 年に京都議定書が調印された時、様々な困難を抱えながらも、各国は環境の危機を前に協力を約束した。「共通だが差異ある責任」を先進国と途上国の間で分かち合うことも確認された。当時と今日と大きく違うのは、金融危機が繰り返され、世界経済が歴史的転換期を迎えていることと、中国はじめ新興諸国が経済的・政治的に大きく台頭してきている点だ。エネルギー消費と CO^2 の排出で世界一となった中国がこの面でも「発展途上国」のままでいるのは不自然で、正当性に欠ける。
　世界は環境保全の面でも負担を分かち合う協力を取り戻さねばならない。しかし、現在の状況は金融危機後の世界経済と国際関係の投影でもある。洪水や干ばつを引き起こす異常気象も増えている。したがって、それとの調整も含め、アメリカも中国も、そして、日本も必要な責任と負担を引き受けな

くてはいけない。

(2) 排出大国の横暴で身勝手な論理

　南ア共和国・ダーバンでの国連気候変動枠組条約締約国会議、いわゆる、COP17 は、激しい議論の末、2011 年 12 月 11 日、「ダーバン合意」を発表して閉幕した。推進役不在で参加各国の主張はかみ合わず、多くの重要事項を積み残したままの閉幕となったが、米中を含む温室効果ガス主要排出国全てが参加する新たな法的枠組みの構築をめざすことで合意できたことはせめてもの慰めであった。

　会議と議論の経過を検証してしみじみ感じることは、地球環境や大気汚染が抜き差しならぬ段階にきているにも拘わらず、地球益と次世代の利益のためにリーダーシップをもってこの契緊の課題に対処しようとする国や指導者が出てこないことの惨めさである。世界経済金融危機の進行に伴う景気の鈍化や財政破綻などそれぞれに事情があり、困難な状況もわからぬでもないが、自国の都合や国益ばかり主張して国際社会や人類の行く末に思いを馳せない国がなんと多いことか……。これらの国はどんなに国土が広かろうと、どんなに人口が多かろうと、倫理的に敗北しており、決して指導的国家にはなれない。

　ダーバン会議では、2012 年末に約束期間を終える京都議定書の延長と将来の新しい枠組みをめぐって議論が土壇場まで紛糾した。原因は新しい枠組み発効の時期をめぐり、発効を急ぐ太平洋やカリブ海の島嶼諸国や欧州連合（EU）に対し、慎重論の中国、インド等が執拗に抵抗したからである。各国が従来の国益本意の政策に固執する限り、次期枠組みをめぐる議論も、結局、平行線をたどり、2020 年発効も難しかろう。

　ダーバン会議で延長問題が焦点となった「京都議定書」とは、1997 年に京都で開らかれた国連気候変動枠組条約第 3 回締約国会議（COP3）で採択され、先進 38 カ国に温暖化ガスの排出削減を義務づけた条約文書のことである。同議定書の約束期間は 2008〜12 年で、この下で先進国は排出量を 1990 年比 5％（日本とカナダ 6％、EU8％）削減する義務を負ってきた。アメリカも 7％の義務を負っていたが、2001 年に同議定書から離脱した。中国

などの新興国（途上国）が削減義務を負おうとしないことがアメリカの離脱の理由であった。

　ダーバン会議を契機に日本とカナダが「京都議定書」から離脱したので、同議定書がカバーする温暖化ガス排出量は世界の26％から15％に縮小する。"京都議定書の終わりの始まり"とはいえ、惨憺たる状況である。金融危機に端を発した世界経済危機がEUとユーロ圏を新たな債務危機に陥れながら、格差や貧困に反対する大衆運動や政治的混乱を引き起こす傍ら、地球環境問題をも後方に押しやってきたように感じられる。

　ダーバンの合意で2020年に発効予定の新しい枠組みには温暖化ガスの主要排出国全てが参加するとされているが、中国やインドは排出義務を負うことに消極的な立場を崩していない。アメリカもまた、なるべく手を縛られないようにしている。2020年まで、排出大国は国際的拘束を受けずに自由裁量で化石燃料を燃やし、温室効果ガスを排出し続けることができる。そんな自由が許されてよいものかどうか……。

　中国が「京都議定書」等で温暖化ガス排出規制義務を負うことを頑なに拒んできたのは国内情勢、とりわけ、これにより経済活動が停滞し、企業業績や国民生活にダメージが出るのを恐れたためである。COP17中国代表団副団長蘇偉氏はダーバンでの記者会見で、"現在の中国はまだ発展途上にあり、経済成長、貧困対策、市民の生活改善などの急務を成し遂げながら、気候変動への対応に取り組まざるを得ない"として次のように語った。

「現段階は中国の排出量は米国を上回っているが、だからといって一概に中国を最大排出国であるとは言い切れない。なぜなら、中国の総排出量については、1人当たり数値、累計排出量、中国の特殊な発展段階など様々な要素を考慮する必要があるからである。」

　中国はこれまで1人当たり国内総生産（GDP）や経済発展段階を根拠に自国を「発展途上国」と位置づけ、「共通だが、差異ある責任」という国連環境開発会議（1992年）の決定を逆手にとった行動をみせてきた。解振華団長の言葉を借りれば、1人当たりGDPが4,000ドルの中国、総排出量を

Ⅳ　地球規模で先鋭化する資源争奪と環境破壊

国連環境開発会議　1992年リオデジャネイロ　　（著者撮影）

　13億の人口で割れば、1人当たり排出量は非常に小さいとなる。つまり、中国は1人当たりの所得と人口の大きさを基礎に自らを発展途上国と規定し、その立場から「差異ある責任」を主張しているのである。しかし、今やGDPで世界第2位、CO_2排出1位となった中国にこの主張が許されるだろうか？
　1国の経済活動や排出量を議論する時に人口の多寡を問題にするのは、1国1票の国連憲章の立場からも妥当でなく、国際協調の基礎にならない。ましてや、人口が少なく、化石燃料利用の恩恵にも与っていない多くの貧困途上国や気候変動の影響をまともに受けている島嶼諸国の激しい非難に曝されるはずだ。
　加えて、中国は温室効果ガスの排出権取引市場では排出枠を日本など先進国に供給する最大級の売り手となっている。資源浪費型の経済成長を続けた結果、排出量で中国は米国を抜いたが、このメリットはとりわけ大きいと新聞も書いている。中国は「京都議定書延長による排出削減義務免除の継続」という「差異ある責任」の引き受けることで巨大なメリットを得ることになると専門家は指摘する。
　しかし、それ以上に、「新興国の排出量は近年の発展に伴って増えたもの、気候変動を引き起こしたのは産業革命後の2世紀の間に大気圏にたまった温室効果ガスによるもの」（解団長）というように、「京都議定書」の延長

135

をめぐる中国の一連の動きや主張には同国の国家戦略が透けて見える。頑なに「発展途上国」論を振りかざすのもそうした考え方や国家戦略に基づいたものと見なくてはならない。

　他方、アメリカの立場はどうか？　その主張には合理性があるだろうか？ アメリカが「京都議定書」から離脱したのは2001年3月、この時、理由に挙げられていたのが、①「京都議定書」は先進国だけに義務を負わせているが、途上国による二酸化炭素排出の影響も大きく、実効性に乏しい、②自国の経済と雇用に悪影響を与える、③二酸化炭素を減らさなくとも、排出権取引等で目的を達成することは可能であること等であった。

　当時はブッシュ（父親）政権下、同年9月11日には同時多発テロが発生、キリスト教福音派や新保守主義（ネオコン）グループ、産軍複合体等がアメリカの国家政策に大きな影響力を行使し始めた頃である。したがって、アメリカのこの決定には国内外から非難や抗議の声が上がったが、「共和党右派政権のやりそうなこと……」と突き放した見方もあった。

　しかし、2009年1月にグリーン・ニューディールを掲げて民主党オバマ政権が発足、政策が変わるかと思われたが、同政権も同年4月には早々と「京都議定書」に復帰しないと宣言した。「京都議定書」の対象期間が2012年12月で終了するうえ、条約批准の権限を持つ上院の支持が見込めないことが主な理由であった。米上院の議席は100議席、批准には3分の2の賛成が必要だが、それを達成するのは至難の業。背景に石油・電力等産業界の強力な反対があることと、学者・研究者、言論界等広範な層の人々が「アメリカの自由と繁栄」に悪影響を与える温室効果ガスの排出規制に反対しているという事情がある。

　これとの関係で想い出されるのは、ブッシュ政権下で「京都議定書」からの離脱問題が出た時、地球物理学、気象・気候学、海洋、環境等諸科学者17,000人を中心に全米2万余の人々が「京都議定書」に署名しないよう政府に請願書を提出したことである。理由は、二酸化炭素やメタンガス等温室効果ガスが地球温暖化の真の原因であるかどうか不明、排出を規制した時の効果も不確実ということにあった。

　この種の主張は現在も存在するが、現実を直視しようとしない暴論としか

IV　地球規模で先鋭化する資源争奪と環境破壊

言いようがない。確かに、温暖化問題は科学的に証明し切れていない部分も数多く残っている。100％解明し切れていないからといって、巨大排出国が排出規制を免除されていいという理屈は成り立たない。アメリカ社会に残る傲慢さとエゴがこの国の行く末を危うくしている。

　アメリカも中国も本音は別のところにあろう。経済成長と雇用を確保し、国益を傷つけないことを全てに優先させ、自国本位の国家戦略を動かしているように筆者には感じられる。長い歴史的経過、経済発展と豊かさを求める国内世論、金融危機後の経済の落ち込み等理解できないことではない。しかし、2020年まで温室効果ガスの排出が各国の自由裁量に任せられるほどのゆとりが今日の地球に残されているだろうか？

　資源・エネルギーの浪費と飽食で大気汚染や河川の汚濁が大規模に進行する先進国や新興国の傍らで、海面上昇で国土が削り取られていく太平洋の貧しい島国、化石燃料の恩恵にさえ十分与れない最貧途上国では、経済や国民生活の基盤が崩壊し始めている。

(3) 極限にきた大気汚染、廃棄物、海洋・河川の汚濁

　本章の冒頭で、筆者は、今日緊急に対応が求められる地球環境問題は温暖化を阻止するための温室効果ガスの排出抑制であると指摘した。それはグローバル化の加速と大規模な新興経済発展が二酸化炭素等温暖化ガスの排出を増大させる一方、資源・エネルギーの乱獲と大量消費が各国経済と国民生活にとってギリギリの状況にきていると認識しているためである。

　国連気候変動枠組条約政府間パネル（IPCC）のデータによれば、2009年末現在の国別二酸化炭素（CO_2）の排出量は、中国が最大で全体の23.7％を占め、次いで、アメリカ（17.9％）、インド（5.5％）、ロシア（5.3％）、日本（3.8％）、ドイツ（2.6％）の順になっていた。しかし、BRICS等新興経済の台頭が著しい金融危機後の現在、世界の化石燃料消費はさらに大規模な増加をみている。統計数字はもちろん、エネルギー・資源の乱獲や浪費が顕著となり、鉱物資源をめぐる争奪が激化した現実からもそれは容易に推測できる。2011年12月、「京都議定書」に代わる新しい枠組み作りをめぐるダーバンの国連会議が紛糾したのもそうした状況の反映であったし、各国の利害

アラスカ・コロンビア氷河の汚染　（著者撮影）

と思惑が予想以上に厳しくぶつかり合った結果であった。
　しかし、今日、地球温暖化は排出大国のエゴや身勝手による問題解決の遅延を許さないほど大規模かつ深刻に進行しており、その影響は自然環境から農工業生産や国民生活、さらに、人の健康にまで及んでいる。気候変動に関する政府間パネル（IPCC）は温暖化に関する最新の科学的知見を客観的に評価・整理する目的で、1990年以降5年に1度の割合でまとめているが、その評価報告書をみてもその深刻さがわかる。その第4次評価報告書（2007年）によると、2000～05年における温暖化ガスの自然の吸収量は31億炭素トン／年、これに対し、同時期における人為的排出量はその約2倍の72億炭素トン／年という膨大な量であった。
　一般に、温暖化が進行すると、気象・気候分野への影響（気温上昇、降雨パターンの変化、海面上昇等）の他に、自然環境（水環境・水資源・自然生態系）や人間社会への影響等が深刻化する。とくに、近年、顕著になっているのが異常気象や風水害の大規模化で、農林水産業（作物の品質低下や栽培適地の移動等）、災害（台風による被害、河川洪水、土砂災害）、健康（熱中症や感染症の増加）、国民生活（産業への影響による所得の低下、観光資源の喪失）等への影響が深刻化している。
　東日本大震災は未曾有の規模の震災に大津波と福島原発事故が重なったが、この中には地球温暖化が原因と目される被害もあった。1992年国連環

IV　地球規模で先鋭化する資源争奪と環境破壊

境開発会議（地球サミット）の開催に伴って採択された「気候変動枠組み条約」（UNFCC、195 カ国・機関参加）は、こうした状況を招かないため、「気候系に対して危険な人為的干渉を及ぼすこととならない水準において、大気中の温室効果ガスの濃度を安定化させること」で合意していた。

同時に、会議は「共通だが差異ある責任および各国の能力に従う」という原則も規定し、気候変動分野における先進国・途上国の取り扱いを区別した。こうした目的と原則に沿って、1997 年には 193 カ国が参加して開かれた気候変動枠組条約第 3 回締約国会議（COP3）で「京都議定書」が採択され、先進国全体で「2008 〜 12 年、1990 年比 5％の削減目標」が設定されたと思う。ただ、当時の途上国の状況を考慮して、かれらには削減義務が課されなかった。中国のような新興経済大国が出現し、途上国の代表を名乗ることを誰も想定していなかったからである。

その後、目標値を国際的に約束する「コペンハーゲン合意」（2009 年、COP15）、これをさらに発展させた「カンクン合意」（2010 年、COP16）と「京都後」をにらんだ協議と合意が行われたが、世界経済金融危機の進行で経済的困難が増したことも手伝って、この問題をめぐり紛糾する場面も多くなった。

しかし、二酸化炭素排出による大気汚染はその後も進み、限界に達しつつあった。2012 年 2 月 6 日、世界経済フォーラム、いわゆる、ダボス会議の席上、イェール大学とコロンビア大学が実施した世界 132 カ国の大気汚染に関する調査結果が発表された。ここではインドが中国を抜いて世界最悪を記録し、その後を中国、パキスタンが続き、経済成長著しいベトナムが 10 位にランクされるなど、アジア新興国による汚染が目立った。

インドの大気汚染は主に自動車の排ガスやレンガ工場等からの排出物資中に含まれる微小粒子状物資（PM2.5）によるものが主だが、世界保健機関（WHO）の発表では、インドの 5 歳以下の幼児死亡の多くはこの微小粒子状物資（PM2.5）による呼吸器疾患が原因ということであった。

2010 年 9 月、アメリカ航空宇宙局（NASA）が発表した世界大気汚染地図では、微小粒子状物質（PM2.5）の大気中濃度が世界で最も著しい国・地域として中国と北アフリカ諸国が指摘されたが、1 年半後には、主役が中国

からインドに代わった。北アフリカ諸国の場合はサハラ砂漠の砂が原因の微小粒子状物資だが、インド北部や中国東部地域の大気汚染は自動車、発電所、工場等からの排ガスから生まれる微小粒子状物資である。

しかも、インドでは伝統的なレンガ造りが盛んで、こうした工場を含む中小のレンガ工場からの微小粒子状物資の流出があり、大気汚染が急激に進んだと見られる。インドはいまや総合的環境汚染で世界132カ国中125位にランクされている。ただ、ここで注目されるのは、パキスタン、ネパール、クウェート、イエメン、カザフスタン、ウズベキスタン、トルクメニスタン、イラクといった、経済成長著しい新興経済大国でない後発途上国においても大気汚染が急速に拡大していることである。

大気汚染に加えて、廃棄物の処理も焦眉の課題である。2011年5月、廃棄物工学研究所が発表したデータによれば、2010年における世界の廃棄物発生量は104.7億トンであったが、新興経済が牽引する世界経済の再生で2025年の予測値は約148.7億トン（2010年比45％増）、2050年のそれは223.4％（同113.2％増）と大きく増加するとなっている。2010～50年の人口増加率は32.4％、国内総生産（GDP）のそれは126.8％と予測されているが、産業廃棄物も122.7％（192.2億トン）とGDPとほぼ同じテンポで増加する予定という。

こうした予測がどこまで正確か検証しなくてはならないが、一般廃棄物に比し、産業廃棄物が急増することはまず間違いない。2010年2月、国連環境計画（UNDP）は、中国やインドなど新興経済大国が排出するパソコンなどの「電子ごみ」が今後10年で急増し、早急に対策を取らなければ環境に深刻な影響をもたらすという報告書を発表した。廃棄されたコンピューター、TV、プリンター、携帯電話などの電子廃棄物が人体の肺上皮細胞に悪影響を及ぼすことはすでに医学的に明らかにされており、欧米のメディアも警告を発してきた。

英BBCによれば、世界では毎年2,000～5,000万トンの電子廃棄物が排出されているが、その多くは中国に輸出されている。中国自身こうした電子廃棄物の排出国で2020年以降毎年2億トンを排出すると予測されているが、欧米からの電子廃棄物の受け皿にもなっている。

さらに重要なことは、米科学雑誌『ネイチャー』（2012年2月号）掲載された論文によると、高解像度オゾン分析図でアメリカの主要大気汚染物資の発生源を調べた結果、20％がアジアの自動車排気ガスであることが明らかになった。大陸間の大気汚染問題は以前から指摘されてきたことではあるが、想像以上に深刻な展開になっていることに国際社会はもっと注意を向けなくてはならない。工業の発達も十分でなく、自動車の普及もさほどでない貧しい後発途上国で大気汚染が拡大している現実をどう理解すべきか？

(4) 資源浪費・環境汚染型開発政策を転換せよ！

　温室効果ガス（CO^2等）の大量排出等今日の地球環境汚染が新興経済諸国による環境汚染型開発戦略の結果だといったら多くの人は首を傾げるだろう。正確さを欠くからである。アメリカ等先進工業諸国とその経済が今日なお地球環境破壊・汚染の中心的担い手であることには変わりがない。

　しかし、世界規模の金融経済危機が新たな段階を迎えた今日、経済成長の中心が新興経済に移ったのと同様、環境破壊・汚染の担い手も先進国から新興国にシフトしつつあることは紛れもない事実である。何よりも、環境破壊や汚染の実態、破壊・汚染の規模、成長重視の開発戦略等いずれをとっても新興経済には勢いがあり、それがそのまま国連気候変動枠組条約締約国会議その他での新興諸国による「共通だが、異なった責任」発言となって現われているのである。

　同時に、長足の経済発展をめざして巨額の資金や資源を投入し、環境への被害を顧慮しない開発戦略が持続的でないことは、先進国の経験からも、新興経済発展の現実からも明らかであり、そうした戦略は転換されねばならない。新興経済自身もその点を意識し、ここ数年それなりに環境保護の動きを強めてきてはいる。その1つが中国である。

　2002〜06年、中国が産業構造を転換し、製造業主体の「世界の工場」としての役割を向上させ、資源やエネルギーの大量消費を続けた結果、2007年に環境汚染物質（CO^2）の排出量で世界一になったことは広く知られている。江沢民政権時代以来、巨額資金と資源を投入して環境汚染型成長戦略を大規模に追求した結果、従来型の公害（大気汚染、水質汚濁、土壌汚染・劣

化等）に加え、ダイオキシンや環境ホルモンといった化学物質による新しい環境汚染が深刻化し、砂漠化や生態系保護、地球環境問題に同時的に対処しなくてはならなくなった結果である。

その後、中国政府は高汚染・高エネルギー消費・多使用資源の「両高一資」産業を制限・禁止する政策を打ち出し、省エネと環境技術を導入する方向に政策を少し転換した。温家宝首相（当時）提唱の「3つの転換」（①経済・環境、双方の重視、②環境保護・経済発展の歩調統一、③法律・経済・技術・行政法規の総合的運用による環境問題の解決）が基礎となっており、「粗放型」成長戦略から効率性を重視する「集約型」成長戦略への転換とも受け取れた。胡錦濤主席のいう科学的発展観に基づく「和諧社会」の実現である。

こうした戦略転換に基づき、中国は第11次5カ年計画（2006～10年）に新しい省エネ・排出削減政策、地方政府への「目標責任制度」、目標を達成できなかった地方幹部を罰する「1票否決制度」、新規工場建設に伴って環境アセスメントを義務付ける「地域認可制限」措置等を盛り込んだ。そして、2007年4月には中国政府科学技術省が国家発展改革委員会等と共同で「気候変動国家評価報告書」を発表、「GDP原単位当たりCO^2排出量」2020年までに2000年比40％以上の削減という方針を打ち出した。この報告が注目されたのは、温暖化ガスの排出増加による気温の上昇が大規模な砂漠化や旱魃・洪水多発の原因になっており、このままでは経済の持続的発展は困難と断言していたからである。

結果はどうであったか？　第11次5カ年計画の成果発表によれば、二酸化硫黄（2005年比）14.29％削減、大気中の粒子状物質年平均濃度12.0％削減で環境濃度は改善したが、二酸化窒素の年平均濃度に変化はなく、地表水のアンモニア性窒素年平均濃度はⅢ類の水質基準を超過、水質に重大な影響を与え続けているということであった。つまり、政策的な努力はあったが、環境の悪化は阻止できなかったということである。

インドの場合はどうか？　インドは新興国の中でも経済発展における環境対策の重要性を認識し、早くから政策的対応を行ってきたと信じられている国である。事実、早くも1972年には科学技術省内に「環境政策計画国家委員会」を設置し、2002年8月には京都議定書を批准、国連気候変動枠組条

Ⅳ　地球規模で先鋭化する資源争奪と環境破壊

砂漠化と闘う中国・黄土高原　（著者撮影）

約第8回締約国会議（COP8）を同国に誘致するなど、積極的な環境外交を展開してきた。その背景には、経済成長に伴って深刻さを増す資源・エネルギーの安全保障、公害、地域格差等の拡大問題があり、とくに、モータリゼーションや都市化の進行による大気汚染の蔓延といった深刻な状況がある。

しかし、国内的には、こうした環境問題に総合的に対応する政策努力に不足し、温暖化防止関連のエネルギー政策としての「部門別努力」等が目立つ存在となっていた。気候変動枠組条約等国際交渉でインドが一貫して堅持してきたのは、先進国の責任を追及しつつ、途上国の目標策定には反対する立場であった。同時に、途上国の持続可能な開発のため、その温暖化対策として資金・技術移転を先進国に要求し、クリーン開発メカニズム（CDM）の主要プロジェクトを引き受けるという"賢さ"も持ち合わせていた。

こうした政策の背景にはインド政府の主張する①公平性、②知的財産、③貿易障壁があると専門家は指摘する。公平性とは、先進国にはこれまでに輩出してきた膨大な温暖化ガス排出に対する「歴史的排出責任」があり、新たな排出削減の枠組みはそれを踏まえたものでなくてはならないというもの。つまり、排出削減は先進国が率先して行うべきもので、途上国に法的拘束力のある排出削減を課す条約交渉には応じないという姿勢である。

知的財産では、省エネや環境保護に関する新技術を高額の知的財産使用料の支払いなしに輸入できるようにする国際知的財産制度の設立を求め、貿易

障壁では、EU圏に乗り入れる航空機に対する炭素税の徴収など、途上国にとって貿易障壁になり得る環境政策の禁止を求めている。

　グローバル経済化の加速と金融危機後新興経済発展の新しい展開という状況における環境問題の深刻化という点では、ロシア、ブラジルその他新興経済諸国も共通した状況におかれている。経済の急速な発展に伴う人口の都市への集中と都市化、モータリゼーションの進行、工場や自動車からの排ガス、廃棄物の集積、水質汚濁、土地の劣化・砂漠化等、国や地域による違いや濃淡はあるが、ほぼ共通して進行していると考えてよい。

　しかし、地球温暖化や温室効果ガス等の抑制をめぐる対策となると新興経済の中でも際立った差異が見受けられる。温暖化や排ガス規制をめぐって、中国やインドが「先進国の責任」をまず問題にし、自国の行動に法的義務が課されないことを第一の目標にしているのに対し、ロシアは「主要な排出国全てが例外なく署名することなどがロシアによる支持の条件」（プーチン大統領）との立場を堅持し、ブラジルも地球環境保全に積極的な姿勢を崩していない。急激な工業化や都市化、モータリゼーションの進行が大規模な大気汚染を引き起こし、古都サンクトペテルスブルグや北極海に臨むムルマンスク州が水没の危機に曝され出したことが温暖化問題に対するロシア政府の動きを速くしているとも推測されるが、ブラジルもサンパウロ等全国主要都市での大規模な大気汚染の進行に苦慮している。

　しかし、今日、地球的規模で進行している大気汚染や各種都市公害、森林破壊、水質汚濁、異常気象等は各国政府・自治体その他による個別の、部分的対策の寄せ集めでは成果に結びつかない段階にきている。インドや中国による「先進国の責任」追求も自国における温暖化防止への政策的・実効的努力が不可欠であり、先進国もこれに協力することで国際協調を一歩でも前に進める努力をすべきてある。

(5) 「京都後」の枠組み作りから逃げてはならない

　COP17では地球温暖化防止に関する「京都議定書」に代わる新たな枠組みは作れなかったが、2020年に温暖化ガス主要排出国全てが参加して新しい枠組みで協議を開始するという「ダーバン・パッケージ」では合意が成立

IV　地球規模で先鋭化する資源争奪と環境破壊

した。多国間の枠組みの中で温暖化対策に取り組んでいく道筋をどうにか確保したという点では会議の結論は評価できたし、それなりに成果もあった。しかし、今から 2020 年までは法的拘束力を持ついかなる取り決めも存在しないという異常な事態を迎えたことは深刻に受け止めねばならない。

　ダーバン会議は、①京都議定書第 2 約束期間をどうするか、②新しい枠組みに向けた交渉をいつ、どのように開始するかという 2 つの政治的課題を掲げてスタートしたため、当初から各国の利害や思惑が複雑に入り組み難航が予想された。京都議定書第 2 約束期間の設置に関しては、新興国や途上国はそこから多くのメリットを引き出せたためそれを強く望んでいたが、日本が早くから不参加を表明、カナダ、ロシアがこれに続いたことから「京都議定書」の存続の意義さえ疑われる事態となった。日本が第 2 約束期間に不参加を決断したのは以下の理由による。

①世界の排出量の 40％を占めている米中を含む主要経済国が参加する新たな法的な国際枠組みの構築が最善の道。
②京都議定書は世界の排出量の 27％しかカバーしておらず、公平性と実効性に欠け、この枠組みに中で第 2 約束期間を設定しても新たな国際的枠組みの構築に繋がらない。
③米国は内政事情から、また、中国は自国の経済成長が阻害されるような国際的枠組みは当面受け入れないとの立場から、両国が近い将来法的拘束力のある枠組みに参加する見込みはほぼない。
④第 2 約束期間を受け入れれば、締約国は法的拘束力を受けるが、米中など主要経済国はそうでなく、不公平かつ排出削減の観点から極めて効果的でない枠組みが固定される。先進国が早急に義務を負えば、米中なども付いてくるというのは全くの幻想。

　第 2 約束期間に参加しないという点ではカナダもロシアも日本と同じであった。とくに、カナダは「（二大排出国の）米中が参加していない議定書では温暖化問題が解決できないのは明らか……削減義務を護ろうとすれば国民生活に多大な影響が出る」（ケント環境相）として、京都議定書からの脱

退を決めていた。日本と違い、カナダは議定書そのものからの脱退で、今後削減義務を負わないだけでなく、現行の義務も放棄し、途上国への支援を含めた議定書の全ての条項から離脱するという徹底したもの。ロシアもこれに追随したので、京都議定書がカバーする排出量は26％から一気に15％まで落ちた。

　日本やカナダ、ロシアが取った行動に対して、中国やインドは「無責任だ」「COP17の成果を台無しにした」と言ってこれを批判している。「日本の反対によって、これまで批准に消極的だったカナダ、ロシア、オーストラリアが同調した」（人民日報）、「京都議定書の生誕地である日本は中国を言い訳に責任逃れをしようとしている」（環球報）等日本に対する批判はことのほか手厳しい。こうした手厳しい批判の背景に「先進国の歴史的責任」という考え方があることも間違いない。

　中国の主張によれば、「先進国の人口総数は全世界の20％未満だが、1900年から2005年まで、その温室効果ガスの95％は先進国によるものだった。したがって、国連気候変動枠組条約は先進国が逃れ難い歴史的責任を負っていることを明確に規定し、京都議定書はさらに個々の先進国とその全体が負うべき具体的排出削減指標を明確にしている」（何亜非外務次官）となる。

　「環境と開発に関するリオ宣言」（1992）の原則7、9、国連気候変動枠組条約第3条（1）で「共通だが差異ある責任」が謳われ、先進締約国の垂範が指摘されてきたことは事実である。先進国はこの点を重く受けとめねばならない。しかし、「先進国の歴史的責任」を云々するばかりで、自らの排出責任を果たそうとせず、国益擁護の立場からのみ「京都議定書」の延長を主張する排出世界一の中国や第3位のインドに「途上国」を代表して日本やカナダの「責任」を論じる資格はないとする批判も世界に根強く残っている。

　気候変動による海面上昇で国土沈下の危機に瀕している島嶼国を中心に「排出世界一の中国が何の排出抑制の義務も負わない体制はおかしい」という意見も高まっており、新興経済大国と後発途上国との意見や利害の対立も大きくなってきている。中国やインドが「途上国を代表して」先進国責任論を展開するのは、論理的にも実態的にも無理があり、そのうえ、100年頃にまで遡って先進国の責任を追及するようでは国際的な合意は難しい。

Ⅳ　地球規模で先鋭化する資源争奪と環境破壊

　しかし、京都議定書第2約束期間に不参加という日本の取った行動が適切であったかどうか……。この点では日本国内でも意見が分かれている。世界の排出量の40％を占め、強大な国力や人口、経済力を誇るアメリカと中国が参加せず、今後もその見通しが薄く、さらに、東日本大震災や福島原発事故という未曾有の困難を抱えた中で6％の削減義務を負い続ける苦しさは日本国民も同じである。そうした視点から政府の決定に理解を寄せる人もいる。
　しかし、それでもなおそうした決定以外に取るべき道はなかったのかどうか……。1992年のリオ・サミット以来、地球環境保護の面で日本がとってきた政策と努力にはすでに歴史があり、国際的な評価も高い。さらに、政府開発援助（ODA）の供与と共に、環境重視の途上国支援政策は日本の外交や国際活動の理念と行動を形成する基本的要素となっていた。世界経済・金融危機の新たな展開の下でアメリカの国力とドルの"衰退"が語られ、中国等BRICSの政治的・経済的台頭が現実のものとなっている状況の下で、日本は外交や国際活動の主柱の1つとしても環境重視の姿勢を崩すべきではない。
　残念ながら、ブッシュ政権登場以来のアメリカの政策転換の動きや金融・経済危機の進行に伴って、地球環境や温暖化等をめぐる日本の環境政策や温暖化に対する姿勢に後退の色を感じているのは筆者だけではないと思う。京都議定書第2約束期間への不参加決定だけでなく、この間の政府の政策や動きには消極性が目立ち過ぎる。

V

ディストピア化する金融危機後の世界

1 グローバル・ガバナンスへの挑戦

(1) ディストピア化する世界

　これまで金融危機後の世界経済や政治秩序の構造変化を南北・南々関係の変容、不均衡・格差の拡大、資源争奪と環境破壊の進行等との関係で検討してきた。その結果、歴史的な意味を持つ重要な事象が政治秩序やガバナンスの崩壊と重なる形で規模と速度を増し、世界を危機に陥れている実態がより鮮明になった。これら事象の発生に至る経緯や原因、背景等について地球物理的視点を含め分析すると、さらに重要な問題が浮き出てくる。
　2012年1月14日、ダボス会議を主宰する「世界経済フォーラム」が『グローバルリスク報告書 2012』を発表、注目を集めたが、そこには大変重要な問題の指摘があった。同フォーラムのシュワブ会長によれば、「グローバルリスクのマッピング、モニタリング、管理、軽減のための官民セクターの取り組みを向上させる」「国際社会に対して今まで以上の協調と協力を求める行動を呼びかける」ことに報告書発表の目的があったという。
　しかし、筆者が注目したのは、報告書が進行中の世界経済金融危機の他に、グローバルな繋がりを持つ各種の危機やリスクを鳥瞰し、「ディストピア（逆理想郷）の種」を警告していた点である。ディストピアとは、言うまでもなく、ユートピア（理想郷）とは逆の状況のことで、報告書ではこれを

「生きていくことが困難に満ちていて希望のない場所」と定義されている。聞きなれない言葉ではあるが、そうした視点から今日の状況を見ると、人類は財政リスク、人口構造リスク、社会的リスク等、3つのリスクが重なり合うディストピア的な未来と遭遇する可能性が非常に高いという。

グローバルリスクについて確立された定義はないが、同報告書が取り上げていたのは、経済、社会、環境、テクノロジー、地政学等、5分野にまたがる50のリスクであった。そこでは長期間にわたる財政不均衡、大規模でシステミックな金融破綻、極端な所得格差、持続不可能な人口増加、グローバル化に対する反動、グローバル・ガバナンスの破綻等が代表例として指摘されている。同報告書が指摘する「ディストピアの種」とは、わかり易く解釈すれば、「政府が約束した社会的倹約（社会保障）が不履行になる恐れであり、失業や格差が広がる中で若年層への負担が増す近未来への懸念」（日本経済新聞・混沌子）となる。

報告書が取り上げたリスクや新聞等の指摘がどこまで的を射ているかは別にして、前世紀末から今世紀初頭にかけて激発し、その後急速に規模と速度を増した各種の危機やリスクの連鎖には目を見張るものがある。とりわけ、経済分野では、米IT・住宅バブルとその崩壊に始まる金融経済危機の世界的拡大、長期間の財政不均衡、極端な所得格差、欧州債務危機の拡大があり、止まるところを知らない天然資源の乱獲・浪費と大規模な環境破壊、とめ度のない地球温暖化の進行、世界の政治経済構造の大転換（パワーシフト）とグローバル・ガバナンス破綻等がこれに重なっている。

グローバル化の加速に伴い世界はますます複雑化し、相互依存と連関を深める中、人類の繁栄と安全を支えてきたシステムが随所で綻びを見せ、能力

BOX14　『グローバルリスク報告書2012』

"ディストピアの種"
①グローバルリスクの関連性分析
②財政・人口構造・社会的リスクの相互作用
③多くの若者が長期・高水準の失業に苦しむ一方、巨額債務に喘ぐ政府に依存する退職者急増
④国家と市民との社会的契約が棄損された時生じる危機を浮き彫り

V ディストピア化する金融危機後の世界

や機能の減退が目立ってきているのも確かである。「新たなテクノロジー、金融システムの相互依存性、資源の枯渇、気候変動から生じるリスクの繋がりは、保護システムの役割を果たしている政策、規範、規制、制度などの既存の安全措置の脆弱性を暴露している」と報告書は言う。また、「従来のセーフガードは、重要な資源を管理し、秩序ある市場と治安を維持するのに適さなくなっているのかもしれない」とも指摘する。

　このような前提に立って、報告書は「グローバル化に伴う相互依存と複雑性により、新たに出現しつつあるリスクへの効果的かつタイムリーな対応を向上させる柔軟性のあるセーフガードを確立する」ことが肝要で、そのためにより広範なステークホルダーの協力が必要不可欠との結論を引き出している。

　しかし、同報告書が指摘するグローバルリスクの相互連関性を考慮するなら、これは単なるセーフガードの領域に止まらず、世界をディストピア化に追いこんでいるとみられるグローバルリスクのこれ以上の発生と拡大を防止するため、健全なグローバル・ガバナンスの構築、そのためのパラダイムの転換や政策資源の動員、グローバルな制度・規範を早期に確立することこそが肝要で、国際協調と協力の強化が緊急の課題となる。

　グローバル化や市場経済化、情報化が加速した2000年以降、アメリカではITブームとそれに続く住宅ブームなど金融資本主義の動きが進んだが、やがてそのユーフォーリア（熱狂）も消えて金融経済危機の世界的進行となり、米欧経済が大きく落ち込む一方、BRICS等新興経済発展を対極においた大規模なパワーシフトが発生、世界の政治経済構造の転換となった。

　さらに、急速な高齢化、所得格差、食糧・水不足、持続不能な人口増加、地球温暖化の進行、前例のない自然災害の発生、重要システムの故障、グローバル・ガバナンスの破綻など深刻なリスクの多発とそのグローバルな拡大が重なり合って進行している。

(2) システミックな金融破綻と財政不均衡

　金融危機後の欧州を襲ったユーロ危機は銀行システム（信用）の基盤である政府（国債）の信認が崩壊の危機に直面していることを意味すると専門家

は指摘する。『グローバルリスク報告書2012』にいう「ディストピアの種」が今日の世界、とくに、先進諸国が直面する危機の深さを警告しているとすれば、経済の分野でその中枢に位置するのは長期にまたがる財政不均衡で、それを最短距離で支えているのが大規模でシステミックな金融破綻ということになる。今日の金融危機をめぐる議論はこの点を踏まえているだろうか？

長期にわたる財政不均衡とは、政府の債務超過が長期にわたって是正されない状態を指すと言われるが、そうした視点からすると、ユーロ危機を先導してきたギリシャ危機も同国の単なる財政危機に止まらず、通貨ユーロとEU崩壊をも予兆させるグローバルな繋がりをもった危機と認識される。さらに、この危機は、アメリカIT・住宅バブルの崩壊からサブプライム問題の顕在化を経て未曾有の金融危機の発生に至った今日の世界経済金融危機の一端という性格を併せもっていることに注意せねばならない。

ギリシャ危機が欧州財政危機に発展して以来すでに3年の年月を数えるが、この間、大規模な金融支援と引き換えに徹底した緊縮財政と制度改革を迫る欧州委員会とギリシャ政府との間で厳しい外交上のやりとりがあった。2012年6月末には、EU（欧州連合）とユーロ圏首脳会議が銀行監督を欧州中央銀行に一元化し、欧州安定メカニズム（ESM）から経営不振銀行に資本を直接注入できる体制も整備した。

これらの措置により短期に信用不安が連鎖する金融危機はひとまず回避され、ギリシャがユーロ圏に止まる条件も増えた。しかし、緊縮財政への反発からギリシャ国内で政治混乱が続き、スペイン、ポルトガル、イタリア等南欧諸国の財政・金融不安も新たな局面を迎えている。われわれはこれをどう考えるべきか？

欧州債務危機の本質は、通貨統合後のユーロ周縁国における賃金上昇と競争力の低下、放漫財政、外資依存の脆弱な経済構造にあると指摘されてきた。しかし、その背景に政治統合がないまま通貨統合を推し進めてきたEUないしユーロの制度的・構造的欠陥のあることも事実である。経済の発展段階も競争力も異なり、したがって、経済財政政策も異なる国々が同一通貨を共有していながら、財政主権が移譲されておらず、その矛盾が一気に噴き出ているのがユーロ圏の現状である。財政危機に陥ったギリシャやスペインを

Ⅴ　ディストピア化する金融危機後の世界

ギリシャ危機に戸惑う欧州　パリ・シャンゼリーゼの交通渋滞　（著者撮影）

　財政に余裕のあるドイツが支援するのは望ましいことだが、制度的に無理のあることも事実。
　しかし、それ以上に深刻なのは、先の金融危機以降、先進諸国はおしなべて財政赤字を膨らませていながら、総需要の創出に失敗し、成長戦略に狂いが出ている点だ。これはもうアメリカや日本を含む世界経済全体の問題で、グローバルな繋がりをもった欧州債務危機の本質がここにある。
　世界経済や欧州経済を大規模に混乱させ、一時はユーロ圏の解体まで取り沙汰されるほどの借金を抱え込んでしまったギリシャではあるが、同国の政府債務（借金）は2012年末で3,000億ユーロ（約30兆円）に達した模様である。債務残高はGDP比で約160％、ユーロ圏平均の90％と比較しても極端に巨額だ。しかし、財政危機はギリシャやユーロ圏諸国に止まらない。その最たる国がわが日本で、財務省発表の2012年末の政府債務残高は対GDP比219.1％、アメリカのそれも103.6％と異常に高い。この後をイタリア128.1％、フランス102.4％、イギリス97.2％、ドイツ87.3％と続くが、先進工業諸国がとくに2008年の金融危機以降、政府債務残高を異常に積み増している実態は異常である。これはリーマンショック後の経済対策に巨額財政動員を実施したことから政府支出が異常に膨らんだ結果である。
　主要先進諸国の財政支出は、2005〜06年、折からの景気回復で改善の兆しを見せたものの、2007〜08年の米サブプライム住宅ローン・ビジネスの

153

破綻と世界規模の金融危機発生による税収の落ち込みで急激に膨らんだ。加えて、金融危機対策や景気刺激のための大規模な財政動員等のため財政赤字が急拡大し、これが構造化した。これを実額（ドルベース）でみると、アメリカの財政赤字額が主要先進国の赤字額の2倍に達しているが、対GDP比債務残高では日米がほぼ伯仲、金額（ドル）ベースでの債務残高では日本がトップの位置にある。

　問題は世界の金融システム、インフラ、価格の変動、規制等、様々なマクロ経済懸念をカバーする領域との関係における発生の頻度や影響の大きさ、いわゆる、グローバルリスクとしてみた場合の先進国財政赤字の位置と役割にある。そこから浮かび上がってくる結論は、今日、先進国経済の停滞や"衰退"の中枢にあるのは長期にまたがる財政不均衡で、これが所得格差の拡大や大規模で、システミックな金融破綻、エネルギー・資源の供給不安・価格高騰等と密接に結びつきながら、世界経済をますます不安定な状況に追い込んでいるということである。

　つまり、主要先進国の財政赤字を中心とする世界の「長期にわたる財政不均衡」は経済分野における発生可能性と影響という点で中枢の位置にあるが、他の重要リスク要因全てと連結し、これらと一体化していることが重要である。さらに、その外側には、統御を外れたインフレやデフレの進行、労働市場の不均衡、新興経済のハードランディング等の問題があり、高齢化対策の失敗やグローバル・ガバナンスの破綻がこれに拍車をかけている。

(3) 少子高齢化と人口爆発のパラドックス

　経済社会の活力喪失や"衰退"との関係を含め、先進諸国（ヨーロッパ、北米、日本、オーストラリア、ニュージーランド）の高齢化問題が議論になってすでに久しい。日本の場合はとくに深刻だが、アメリカを除く先進工業諸国では2000年以降人口の増加率が著しい低下傾向を示すと同時に、2030年の12億6077万人をピークに人口が減少に転じることが確実視されている。

　他方、新興経済諸国（アジア・中南米諸国）では、1950年に15億2,121万人だった人口が2000年には42億5,028万人に増え、50年間で2.79倍増

図8　日本の高齢化問題

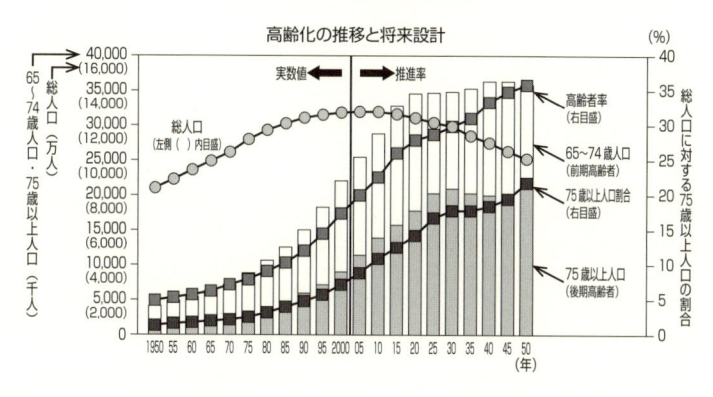

（注）　1955年の沖縄は70歳以上人口23,328人を、前後の年次の70歳以上人口に占める75歳以上の割合をもとに70～74歳と75歳以上に按分
出所：2000年までは総務省「国勢調査」、2005年以降は国立社会保障・人口問題研究所「日本の将来推計人口」（平成14年1月推計）

という異常な伸びを記録し、内外の注目を集めている。発展途上50カ国（アフリカ34カ国、アジア10カ国、南太平洋5カ国、ハイチ等）を例にとっても、依然、爆発的な人口増加が続いており、これが世界の人口を押し上げる要因となっている。

　国連人口統計によれば、上記期間中、途上国の人口は2億35万人から6億7945万人（3.39倍）に増え、2050年には17億4,196万人になる。2030年に先進諸国の人口増加が頭打ちとなり、以後、減少傾向をたどるので、世界人口の不均衡がさらに鮮明になる状況は避けられそうにない。

　以上のことから、今日、世界では少子高齢化と人口爆発が同時並行的に進行し、各種の社会経済矛盾とリスクに火をつけながら、連鎖的危機を引き起こしている。先進諸国では、少子化による労働人口の減少と高齢化が引き起こす貯蓄率の低下と相まって経済成長を抑制、他方、医療費や年金負担の増大が国の財政や家計を圧迫し、開発途上国では持続的開発への財源と技術の不足、貧困化が社会不安を拡大させている。

　世界経済フォーラムの『グローバルリスク報告書2012』が先進諸国を中心とする少子高齢化の世界的進行を「持続不可能な人口爆発」を対極に置く

グローバルリスクとして取り上げ、都市人口の膨張と都市化の進行に焦点を当て警告を発した意味は大きい。都市人口の増大と都市化の進行は農業・農村の疲弊や食糧生産の低下を意味し、必要な都市インフラや雇用機会が整備されなければ、都市の荒廃や貧困化が一気に進む。

世界の人口が70億人を突破したのは2011年11月であったが、人口の急増に合わせ、労働人口の経年的減少と年金・社会保障費等社会的コスト増大が問題になったのは大分以前の話である。日本では、2001年の人口1億2,700万に対し、65歳以上の人々の占める割合は17.7％であったが、2015年には人口が1億2,105万に減り、65歳以上の人口の割合は25.5％に跳ね上がると予測され、急激に懸念が広がった（内閣府：『高齢化社会白書2012』）。

もちろん、こうした傾向は、程度の差こそあれ、他の先進諸国でも進行しており、ますます世界的な関心を高めていくものと思われるが、『グローバルリスク報告書2012』では、これが都市化の進行と雇用機会の減少、社会インフラの整備、食糧問題等をつなぐグローバルリスクとして提起されている。人口増加と都市化の進行により、2050年には世界の都市人口は62億人（総人口89億人の約70％）となるが、これは人類が過去4000年かけて築いてきたものと同程度の都市容量（住居、インフラ、施設）を今後40年の間に構築しなければならないことを意味する。

一方、世界で60歳以上の人口は1950年には総人口の8％（約2億人）を占めるに止まっていたが、2009年にはこれが全体の11％（7億6,000万人）を占めるまでになり、その増加率は2050年には2倍（20億人）に達すると予測されている。高齢者人口も年率2.6％で伸びており、今後10年間で1％をきると予測されている総人口の伸び率よりそのテンポはかなり速い。しかも、こうした傾向は先進諸国に限ったことでなく、新興経済諸国においても確認されている傾向というから事態は深刻である。

図9は、こうした人口の不均衡を示す人口ピラミッドである。これは国連社会経済理事会関連機関のデータだが、問題はこれがいかなるインパクトを引き起こしていくかという点で、最大の懸念はこれを支える社会経済的、物質循環的条件も同時に失われてきている点にある。2007〜08年サブプライム・金融危機後2年間に2,700万の人々が職を失ったが、実体経済が破壊さ

V ディストピア化する金融危機後の世界

図9　世界の高齢化：先進国・新興国・アジア諸国の比較

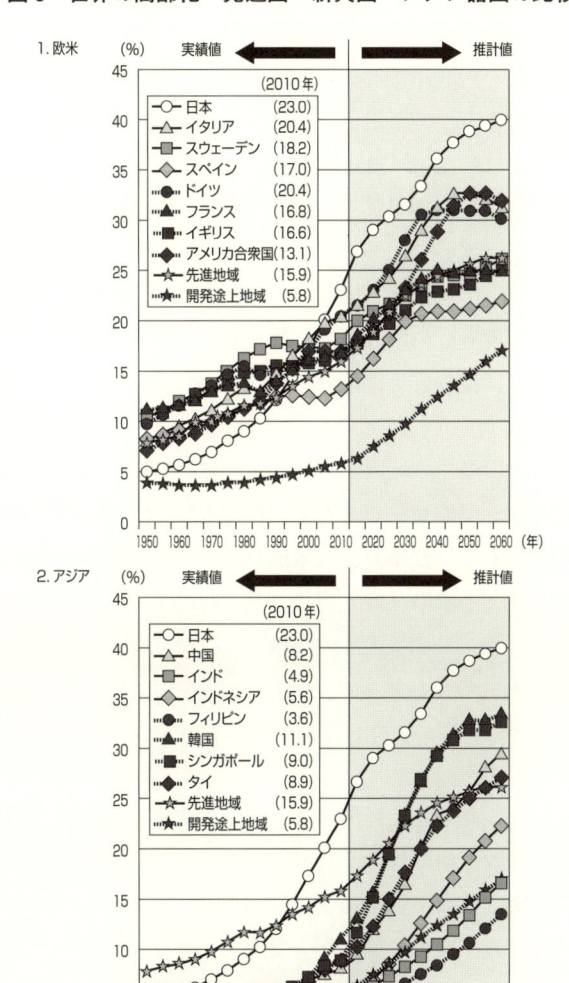

1. 欧米

	(2010年)
日本	(23.0)
イタリア	(20.4)
スウェーデン	(18.2)
スペイン	(17.0)
ドイツ	(20.4)
フランス	(16.8)
イギリス	(16.6)
アメリカ合衆国	(13.1)
先進地域	(15.9)
開発途上地域	(5.8)

2. アジア

	(2010年)
日本	(23.0)
中国	(8.2)
インド	(4.9)
インドネシア	(5.6)
フィリピン	(3.6)
韓国	(11.1)
シンガポール	(9.0)
タイ	(8.9)
先進地域	(15.9)
開発途上地域	(5.8)

（注）　先進地域とは、北部アメリカ、日本、ヨーロッパ、オーストラリア及びニュージーランドからなる地域をいう
出所：UN, World Population Prospects: The 2010 Revision
　　　ただし日本は、2010年までは総務省「国勢調査」、2015年以降は国立社会保障・人口問題研究所「日本の将来推計人口（平成24年1月推計）」の出生中位・死亡中位仮定による推計結果による。

157

> **BOX15　高齢化・格差社会を考える**
>
> ①少子高齢化と格差社会の真実
> 　　＊少子高齢化のどこが問題か？
> 　　＊社会システム改革へ発想の転換
> ②年金問題をめぐる諸問題
> 　　＊年金／制度・資金運用の問題点
> 　　＊日本、アメリカ、スウェーデン他
> ③格差社会：日本と世界の違い
> ④社会と経済のどこを改革すべきか？

れたことによる雇用機会の激減、若年性失業者の激増、産業・所得・地域格差の拡大、さらに、精神疾患、離婚、自殺者の増大等、その影響は一般の予想を遥かに超える。

　少子高齢化と人口爆発の原因と相互関連を詰めていくと、地域格差が所得格差や医療・教育その他サービス面での格差を生んでいるだけでなく、負債や寿命の格差まで生じさせている政策的貧困の実態が浮かび上がる。高齢化社会の下では家計と国家の双方で債務（借金）が膨らむケースが増大しているが、新興経済諸国の家計が年間所得の平均30％の負債を抱えているのに対し、先進国の家計のそれは150％（年間所得の1.5倍）に上るという。これが税収の減退を招いているわけで、福祉支出や景気対策支出の増大を難しくしているようである。

　懸念されるのは、高齢化と経済の落ち込みが先進国では社会契約やセーフガード網整備の失敗を招く傍ら、新興国や途上国では貧困と不平等をめぐる対立を表面化させ、社会不安を急速に激化させている点だ。高齢化への対応の失敗は社会契約の不履行、貧困化の促進、格差をめぐる紛争等を激化させているが、大規模な人口移動や人口爆発がこれに重なり、不均衡な人口問題にさらに複雑な要素を加えている。

（4）新興経済の落ち込みとハードランディングへの恐怖

　逆説的な言い方だが、今日、世界的な懸案となっている財政・金融破綻や少子高齢化問題と最も距離があるとされているのはアフリカや南アジア、南太平洋、カリブ海等にある後発発展途上（島嶼）国である。これと対照的な

のが新興経済諸国の状況だが、中国・韓国等アジアの新興国を中心に、一連の国ですでに急激な少子高齢化が始まっており、所得格差の拡大や貧困・失業・食糧問題等との関連を含め大きな社会問題となっている。だが、グローバルリスクとの関連で言えば、現在、これら新興諸国で急速に現実味を帯びてきているのは経済の落ち込みに対する懸念で、とくに、中国においてこの傾向が強い。

中国経済の減速が問題になったのは、2012年7月13日、中国国家統計局が同国第2四半期（4～6月）の国内総生産（GDP）成長率が前年同期比で7.6％増と発表したことがきっかけであったが、同年上半期のGDP成長率も7.8％増に止まり、中国経済成長の失速が鮮明になった。これを追認する形になったのが、同年7月13～15日、四川省成都で開かれた「河南・湖南・広西・四川・陝西省経済情勢座談会」での温家宝首相（当時）の発言で、中国経済にはまだ安定した回復傾向が形成されておらず、経済の困難期はこれからも続くというものであった。

このことに関連して、IMFも同年7月16日に発表した「世界経済見通し」の中で、2012年中国のGDP成長率見通しを8.2％から8％に、同2013年見通しを8.8％から8.5％に下方修正し、「中国経済は中期的にはハードランディングする可能性がある」と警告した。IMFはまた、中国経済の失速はブラジルやインドなどと同じく、内部および外部要因によるものと述べ、主要新興経済が等しくハードランディングのリスクを抱えていることを明らかにした。

過去30年間、中国経済が2桁台の経済成長率を誇ってきたことはよく知られた事実であるが、2010年以降成長率の低下が続き、この度のIMFによるハードランディングの警告となったことには特別な意味がある。中国経済にこうした事態をもたらした直接の原因は、ギリシャ危機に象徴される欧州債務危機の進行と米景気後退による輸出の大幅落込み等にあるが、長期的視点では中国国内のインフレの高進、過剰投資、過度の輸出依存、所得格差の拡大と社会的緊張の高まり等の持つ意味が大きい。

中国経済の減速にはその他いくつかの要因が重なっているが、日中経済関係冷え込みの影響も大きい。同年9月、日本政府は尖閣諸島の国有化を実施

したが、これに反発する中国が激しい抗議行動を展開、北京、上海、広州等全国の主要都市では若者たちによる激しい反日デモが組織された。多数の日系企業の現地法人や銀行、商店、スーパー等が破壊や放火の犠牲となり、その煽りで両国の経済関係は急速に冷却化、これも中国経済の減速につながった。

　経済成長の失速という点では中国よりもインドの方が深刻という声もある。過去、インドはBRICSの中では中国に次ぐ潜在力を持った新興経済国と言われ、年率8％台のGDP成長率を誇ってきた。しかし、これを長期にわたって維持するためには徹底した経済改革（補助金削減、税制改革、各種規制や煩雑な手続きの緩和、インフラ整備等）が不可欠で、インド政府もそうした努力をしてきたと言われる。しかし、実際には改革は随所で頓挫し、実効をみるに至っていないようである。

　それどころか、インドでは財政赤字が年々深刻化し、格付け機関による警告にも拘わらず、経常収支赤字の拡大と外資依存が半ば構造化し、慢性的なインフレが引き起こされている。インド経済は中期的には6〜8％の潜在成長率を誇ると言われながら、2012年の成長率は4〜5％まで落ち込んだ。

　ブラジル経済もまた、2010年以降、大幅に減速してきている。金融引き締め、通貨レアルの上昇、輸出不振等が主な原因であるが、経常収支赤字、インフレ率ともにインドより低水準と言われながら、潜在経済成長率は2008年世界金融危機前の水準（6％）を回復していない。専門家の間では4％前後という見方が有力だが、2012年には成長率が約1.5％まで下落した。改革の中断やインフラ投資の不足を指摘する声も聞かれるが、過去1年、レアルが大幅に下落（25％）し、利下げもあったので、これが一時的に成長率を押し上げることはある。しかし、これでブラジル経済の失速に歯止めが掛かるかどうかは全く不確実である。

　『グローバルリスク報告書2012』では、新興経済の急激な落ち込み、いわゆる、ハードランディングが予想されるグローバル経済リスクのうちでは最も発生可能性が低く、影響も小さい問題と位置づけられている。おそらく、これは間違いであろう。グローバル化の加速の下では、貿易・投資・金融関係を軸とする世界経済、とりわけ、米欧経済との繋がりの中身とその変化が

V　ディストピア化する金融危機後の世界

決定的な意味をもつからであり、現に欧州債務危機やアメリカの景気停滞の影響が出ている。

　新興経済を取り巻く外部環境の変化（欧州債務危機、米景気後退等）と生産能力の制約および引き締め策等による内需の減退、外資のリスク回避姿勢、株価の下落、成長をめぐる不確実性の高まりによる資本の流出や通貨の下落等をどう評価するか？　IMFが注目するのは、成長のモメンタム自身が弱化しているとみられる点だ。

「新興市場国・地域の潜在成長力が期待ほど高くない可能性があり、これが引き続き懸念材料となっている。これらの国や地域のこれまで約10年間の成長は金融の深化と与信の急速な伸びに支えられそれまでのトレンドを上回るものであった。これが潜在成長力に対する過剰に楽観的な期待を生み出したと思われる。このことから、新興市場経済の成長は中期的に期待を下回ると考えられ、並行して世界経済の成長への寄与度も低下するだろう。中期的には、中国では複数のセクターが過剰生産能力を抱えており、投資支出がより急激に落ち込む可能性もあるなど、ハードランディングというテールリスクも存在する」

　これに対して、米欧日先進諸国に比較し、中国、インド、ブラジル等新興国の潜在成長力、財務体質の健全さ、経済パフォーマンスの良さを指摘し、これら諸国経済の引き続く成長を称える意見もあり、中国の政策当局等からも次のような声が聞こえる。

「今年に入って以降、中国経済の関連データが予想を下回るたびに、一部のアナリストは過敏な反応を見せている。かれらは中国経済の先行きを不安視し、「ハードランディング」を懸念しており、中国が世界経済を衰退に陥らせるとする妄言も聞かれるほどだ。かれらは中国経済における一部の現象やデータを単純に羅列し、悲観的な結論を導き出しているのだ。これは中国経済の基本面を理解していないか、中国経済が一時的に苦境を脱することができないための、苦しい言い訳に過ぎない。」

問題はこの種の指摘にはなく、IMFが指摘するような事態がグローバルな広がりを持った金融破綻や財政不均衡、格差拡大、グローバル・ガバナンスの破綻等と繋がったとき、空前の破壊力を持った世界経済危機に発展する可能性があるという点だ。

(5) 金融経済危機が生み出すグローバルリスク

　経済、社会、環境、地政学、テクノロジー等グローバルな繋がりを持つリスク発生の可能性やこれら要因の相互連関、それがもたらす影響等を分析すると、先進資本主義諸国を起点とするリスク、とくに金融経済的リスクの比重が格段に大きいことが判る。前記『グローバルリスク報告書2012』が指摘する2007～12年における「発生可能性の高いグローバルリスク上位5位」を見ても、「資産価格の崩壊」と「極端な所得格差」が圧倒的な位置を占めており、影響の大きさでは「資産価格の崩壊」に加えて「財政危機」と「大規模でシステミックな金融破綻」がトップに躍り出ている。

　これらの要因は経済分野におけるグローバルリスクのトップに位置づけられると同時に、その多くは近年における米欧先進国経済のパフォーマンスと重なっている点が注目される。ここから引き出せる1つの結論は、これらの現象は冷戦後のグローバル化と金融自由化と密接に結びついており、経済が発展し、豊かになればなるほど、格差や不平等も拡大し、これが他の要因と絡んで今日のグローバルリスクを形成しているということである。

　以上の前提に立つならば、今日のグローバルリスク、とくに、経済リスクの多くは先進工業諸国を起点としており、したがって、経済発展や社会生活の高度化に伴うディストピア化もその延長線上で発生していると結論づけることができる。同時に、グローバル化時代にあっては、こうしたリスクは格差や貧困、汚職、政治的閉塞感、ガバナンスの失敗等を通して、容易に新興諸国にも拡大している。さらに悪いことに、これら諸国では経済リスクはガバナンス（統治）の失敗と密接に結びついている。汚職・腐敗の蔓延がそれで、国民の不満の源となっている。

　資産価格の崩壊や財政危機、システミックな金融危機等、今日取り沙汰されている経済リスクの大半は90年代央以降顕著になった「グローバル金融

V　ディストピア化する金融危機後の世界

資本主義」ないし「金融主導型資本主義」の進行に伴って規模と速度を増してきたものである。もちろん、「グローバル金融資本主義」や「金融主導型資本主義」には確立した定義はない。ただ、金融自由化を前提に金融資産の証券化や家計所得の金融化等が大規模に進行した事態を考えれば、ITや住宅金融を中心にアメリカ資本主義が急回復した2000年以降の世界経済の流れと重なる。

　翻って考えると、冷戦が終焉し、世界経済・市場の統合とグローバル化が開始されたのは1990～91年であったが、金融資本主義や金融市場の、いわゆる、「カジノ化」が問題になり出したのは90年代半ば以降である。ロシアへの性急な市場経済メカニズムの導入が失敗し、代わって中国の改革開放と市場経済化が本格化し出したのもこの頃で、当時、アメリカは、ルービン財務長官（当時）主導による「強いドル」政策の下、各国（投資家）に対米投資（米国債・機関債）を促し、巨額資金の自国への集中に努力していた。

　こうした作業はITバブルによる好景気を背景にアメリカの財政収支を改善させる一方、企業による設備投資も促し、産油国の石油黒字や新興諸国の「過剰マネー」を大規模に引き寄せはしたが、その煽りでアメリカの経常収支赤字が大きく膨らみ、これが世界規模の不均衡（グローバル・インバランス）拡大に火をつけてしまった。2000年に入ると、ITバブル崩壊をきっかけに企業投資が抑制され、いわゆる、ブッシュ減税やテロ対策による財政収支の悪化、住宅バブルによる家計部門の超過投資（債務拡大）等による経常収支の赤字幅がさらに拡大したのである。

　こうした状況を受けて、2001～07年、アメリカでは家計部門による貯蓄率の低下と消費拡大が大きな流れを形成し、これがさらなる輸入拡大と貿易赤字の増大につながった。同時に、同国の家計部門は住宅価格の上昇と低金利を前提とした住宅ローンの借り換えによる資金調達や住宅担保ローン（ホーム・エクイティ・ローン）等を利用し、住宅価格の上昇に合わせて借り入れを増加させ、消費を拡大させる傾向を急速に強めた。いわゆる、サブプライム・ローン証券化ビジネスの展開であり、これが米欧諸国を中心に世界を不幸に陥れたサブプライム・世界金融危機の発生につながったわけで、その爪あとは今も克服されていない。

こうしたアメリカ経済の動きを戦後世界経済発展の視点から考察すると、年々狭隘化する世界資本主義の市場問題と競争の激化が見てとれ、これが他のリスク要因と結びつくことによってグローバルリスクに発展しているように思われる。もしこの仮説が正しければ、金融危機後アメリカの景気回復がなかなか進まないことや欧州債務危機の拡大、日本経済の引き続く停滞を打破していくには、もう少し別な視点、グローバルなリスク分析とその克服のための対策やシステムの整備という視点からの対応が必要となってくる。
　そうした点を前提に、今日のグローバルリスク、とくに、経済リスクを考えた場合、その発生と拡大を未然に防ぐ方策として、無制限な資本の自由、金融自由化の抑制、規制・管理の強化と安全網（セーフティ・ネット）の整備が緊急の課題となる。前者については、自由資本主義的政策の修正が必要となるだろうし、後者については、貧困・格差・社会的不平等を減らす意味を含め、社会保障制度の充実が不可欠の条件となる。
　長引く不況と繰り返される金融危機、経年的な活力喪失と"衰退"がささやかれる先進工業諸国にとっては、これを環境・医療・教育・ナノテクノロジー等諸分野における新しい産業・企業・商品の開発につなげ、経済成長の失速と「中所得国の罠」が懸念される中国等新興経済においては、"豊かにならないうちに老齢化"を迎える事態だけは何としても避けたいところである。

2　ディストピア化する世界とグローバル・ガバナンス

（1）ディストピア化が促すガバナンスの破綻
　欧州債務危機にみる米欧経済の衰退、中国等新興経済の減速、不均衡・格差の拡大、高齢化、失業問題の深刻化等グローバルな規模と広がりをもったリスクの進行により、金融危機後の世界経済はこれまでにない長期の危機と停滞を余儀なくされる気配にある。戦後70年の長きにわたって世界経済を牽引してきたドル体制とアメリカ経済に活力が戻らず、日欧経済の"衰退"も著しく、期待された新興経済もBRICS経済の減速等で対外依存の脆弱な

V　ディストピア化する金融危機後の世界

体質を露呈した格好になっている。

　未曾有の規模と広がりをもった金融危機の発生とそれが引き起こした地球規模の地殻変動は、米・欧・日先進国経済のポジションの低下を招いただけでなく、中国等BRICSや新興経済をも豊かさを実感させないまま、格差と高齢化の際立つ時代に突入させようとしているかに見える。世界は、果たして、『グローバルリスク報告2012』が指摘するようなディストピア（逆理想郷）化に向かって突き進んでいるのであろうか？

　長期にわたる財政危機やシステミックな金融破綻など今日のグローバルリスク、とくに、年々深刻化する経済リスクを分析すると、「高齢化への対応の失敗」や「グローバル・ガバナンスの破綻」といった非経済的な要因が絡む制度の欠落や政策の失敗がその背景をなしていることに気付く。

　「高齢化への対応の失敗」とは、「高齢化に関連する費用と社会的課題の増大に対処できていない」状態を指し、「グローバル・ガバナンスの破綻」は「脆弱または不適当な世界機関、協定またはネットワークが競合する国益や政治的利害関係と相俟って、グローバルリスクへの対応の協力態勢を阻害する」ことだと同報告書は説明する。いずれも政治的・政策的対応の拙さや制度的欠陥、システムの未成熟さと関連しており、今日のグローバルな危機の進行が政策上のミスや制度上の欠陥と結びついていると指摘された意味は大きい。

　ガバナンスとは、一般に、統治能力や統治機構を意味し、組織における意思決定・執行・監督に関わる能力、その効率的運営や健全な活動を可能にする機構やシステムと解釈される。具体的事例に当てはめれば、政府や政策当局が打ち出す政策の妥当性や公平性、情報の開示を含め、企業や銀行の経営・業務を監視するための経営管理機構、非効率・不健全な行為をする経営者に課すべき制裁、企業の社会的責任を果たすためのディスクロージャー制度の確立等ということになる。問題はそれが戦後世界経済の発展の中でどのように実施されてきたかである。

　筆者は、これまで、世界規模の金融危機やグローバルリスクは、急速にグローバル化する経済や社会の動きに対し、これを適正に管理・運営する国際的な制度やシステムの構築が間に合わず、各国の主権と国益を前提にした政策対応との矛盾から急速に拡大したと説明してきた。つまり、経済社会のグ

ローバルな変化に対して、各国の国益や主権擁護を前提にした政策がこれに対応できなかったということである。

　今回の金融・経済危機に関して言えば、アメリカ主導の金融自由化とグローバル金融資本主義的動きおよびその破綻がある。従来、金融は主にモノの交換に伴って実施されてきたが、90年代央以降のグローバル化の本格化に伴い、経常収支の不均衡を是正するための資金移動を中心とする金融に構造が大きく変わった。具体的には、①金融・資本市場の整備とその地球的拡大、②各国金融機関による国際的な事業展開と海外拠点の拡充、③国際金融市場と金融センターの発達などである。これにより企業や個人が国際的事業活動で便益を得る機会が飛躍的に増大した。

　アメリカの銀行はすでに80年代から「総合金融機関化」に向かって戦略を大きく変えてきたが、主たる目的は証券業務への参入にあった。そのため、銀行持ち株会社子会社によるミューチャルファンド（常時換金可能な投資信託）の仲買業務の認可（1985年）、同子会社による非適格証券の受け入れの認可（1987年）等規制を次々に撤廃し、大手銀行による証券業への進出を進めてきた。

　証券化の動きも大規模に進んだ。アメリカの証券化業務は70年代に連邦住宅抵当公社ファニーメイと連邦住宅貸付抵当公社フェディマックによるパススルー型（借り手が返済する元本・利子が証券の持ち主に直接支払われる方式）モーゲージ担保証券（MBS）発行という形でスタートしていた。80年代に入ると、これがモーゲージ担保債務証券（CMO）発行と銀行保有のクレジットカード債権（CMO）の証券化を通してさらに進化し、これが90年代の金融制度・資本市場の抜本的改革につながった。最も注目すべき点は、銀行がリスクをとって貸出を行うという従来の間接金融方式から投資家自身がリスクを負担するという直接金融方式に変わったことである。

　金融・資本市場の改革が進んだ結果、世界の金融資産規模（証券・債券・公債・銀行預金）は総額167兆ドル（2006年）に達し、実体経済に対する比率も1990年の2.0倍から2006年3.5倍へと急上昇した。同時に、ITバブル崩壊後の過剰流動性を背景とする資本移動が世界規模で活発化、金融のグローバル化を押し上げた。これには、①資産規模の拡大と金融技術進歩によ

る金融・資本市場の発達、②ITの発達や規制緩和の進展、という2つの条件が大きく作用していたと思われる。

この点に関連して、金融技術の進歩が従来金融取引の対象でなかった財や資産を金融取引の対象に変えたことが指摘されるが、その典型が住宅ローン等の「証券化」である。世界の証券化市場について言えば、1999年4兆2,000億ドル規模だったものが、2006年には8兆6,000億ドルへと倍化した。金融技術の進歩では、先物、オプション等金融派生商品（デリバティブ）の開発が指摘されるが、その規模も2000年3兆6,000億ドルから2006年12兆ドルへと3倍化した。証券化やデリバティブの開発はリスク管理の手法の変化を意味し、金融がますます「取引」志向となる一方、資本市場が役割を増す「市場型」金融となったことに金融グローバル化の鋭い特徴がある。

こうした政策の行く着いた先が「百年に一度の津波」と言われた未曾有の金融危機の襲来であり、これを莫大な国家財政で防ごうとしてさらに状況を悪くしたのがギリシャ危機に象徴される欧州政府債務危機の発生であった。

(2) パンデミック危機と地球物理的破壊の進行

グローバルな規模と繋がりをもった経済的・社会的リスクの高まりとともに、近年、急速に深刻さを増しているのがパンデミック危機と大規模な地球物理的破壊の進行である。パンデミックとは、コレラ、鳥・豚インフルエンザ、新型インフルエンザ、エイズ、マラリアといった各種の感染症が世界的な広がりをみせること（汎発流行）で、それぞれ固有の発生原因をもっている。これらの病気にはグローバル化の加速や高度成長に伴う人口の都市への集中、人・モノ・カネの世界的交換等によって急激に進化・拡大し、その都度世界各国の厳しい政策対応を呼び起こしてきたという共通の経緯がある。

感染症は、病原微生物、ウイルス、細菌、真菌、リケッチア、原生動物等との接触により感染するのが一般的だが、近年問題になっているのは、グローバル化や政治・経済・社会改革によって各種の規制や制限が撤廃され、また、地球温暖化の進行等でウイルスや原生微生物の活動が活発化し、その結果、伝染（感染）が加速されるケースである。近年、東南アジア諸国を襲った高病原性鳥インフルエンザや世界的広がりを見せたエイズ等はその一例で

ある。

　こうした感染症の世界的拡大等が生むパンデミック危機の多発との関連で『グローバルリスク報告書2012』が特に重視しているのが、いわゆる「前例のない地球物理的破壊」の進行である。2011年3月11日、東日本一帯に膨大な被害を及ぼした東日本大震災と大津波、福島原発事故の発生がこうした懸念の底にあることは言うまでもない。マグニチュード9.0という巨大地震は日本周辺における観測史上最大規模の地震である。

　同時に、また、この巨大地震は大規模な地盤の沈下や崩落、液状化現象、ダムの決壊、河川の氾濫、家屋・橋梁・線路の倒壊等も引き起こし、東北地方の経済インフラやライフラインを大規模に破壊した。さらに、地震発生と共に、最大朔上高40.1mという大津波が発生し、三陸海岸等東北地方沿岸部の国土、人命、経済、住民生活に甚大な被害を与えたことも特筆しておかなくてはならない。

　しかし、この東日本大震災が内外に与えた被害と影響のうち、長期的視点と国際的影響という点で最も注目されたのは東京電力福島原子力発電所における原発事故であった。これは巨大地震の発生直後に襲来した朔上高15mの大津波が東京電力福島第1原子力発電所を直撃したことから生じたものだが、電源の喪失から原子炉の冷却ができなくなり、1号機と3号機では炉心溶融（メルトダウン）という最悪の事故となった。大規模な水素爆発から原子炉建屋が吹き飛び、大量の放射性物質が流出・飛散した結果、人命と農・植物を直接脅かす日本初の原子力事故に発展した。

　世界経済フォーラムの報告書が指摘したのは、この福島第1原発のメルトダウン事故は、「前例のない地球物理的破壊」のリスクと重要システムの故障、グローバル・ガバナンスの破綻という2つの中枢リスクとの相互連関性に必要な関心が払われてこなかったことのもつ重大さである。福島第1原発のメルトダウンと放射性物質の流失が原発の安全性に対する国民的議論を再燃させ、各国が一斉に原発に対する安全点検と事業の見直しに入ったのは当然であった。ドイツやイタリアは原子力に頼らない電力・エネルギー政策への転換を決定、新たな原子力施設の建設を中止した。

　事故発生後2年、それでも多くの国は「安全性を確保しながら、原子力発

V ディストピア化する金融危機後の世界

電事業は継続する」との方向で動いている。その限りにおいて、福島第1原発メルトダウンによる直接的影響は限定的だったといえるかもしれない。しかし、原発事故が後世に残す影響には計り知れないものがある。そのうえ、東日本大震災との関連では、上記2つの中枢リスクに対する地球物理的破壊のリスクのシステミックな重要性が過小評価されていたと『グローバルリスク報告書2012』は言っている。「冷却システムと予備発電機の故障は、サイバー攻撃や物理的攻撃につけ込まれかねない弱点を露わにした」という報告書の指摘は「重要システムの故障」をめぐる警告と受け止めねばならない。

しかし、「前例のない地球物理的破壊」の事例は東日本大震災とそれに付随して発生した大津波や福島原発事故だけに止まらない。今世紀に入ってからでも、死者・行方不明者5,000人以上の災害では、インド、イラン、パキスタン、中国、ハイチで発生した地震、ホンジュラスやインド、アメリカを襲ったハリケーンやサイクロンがある。とくに、2004年、インド洋で発生した大地震・津波では22万6,000人以上の人々が犠牲になり、2010年、中米ハイチを襲った地震では22万2,500人の尊い命が奪われた。

直近では、2010年のロシア西部の森林・泥炭火災、パキスタンや中部ヨーロッパでの豪雨や洪水、アルゼンチンなど南米における記録的な大寒波があり、2011年に入ってからも、東日本大震災を筆頭に、ニュージーランドの直下型地震、オーストラリアの洪水、アイスランドの火山噴火等が続いた。これらの大地震や火災、洪水等は多くの場合、温暖化等によって引き起こされる異常気象が原因となっていると専門家は指摘する。

国連国際防災戦略（ISDR）専門家の指摘によれば、近年、この種災害は発生件数が増えているだけでなく、災害の種類や発生する範囲も急速に拡がっているという。しかし、筆者が注目するのは、「これらは自然災害と言われるが、その背景には人類によってもたらされた影響が色濃い」という指摘である。経済開発や工業化で自然環境や生態系が破壊され、その結果、自然災害が多発し、被害の範囲や被災人数、経済的被害の規模が大きくなったという指摘はこれまでもあった。

しかし、国連国際防災戦略（ISDR）や国連開発計画（UNDP）の専門家は、そうした事態を防止するための方策として、第1に、教育を通じての意識改

革が重要である、第2に、行政による土地管理など事前準備が必要と強調している。しかし、東日本大震災から学び得る教訓は、歴史に残る大災害は、多くの場合、システムや政策の不備、行政の怠慢・無責任、ガバナンスの破綻等人為的ミスにより発生ないし被害の規模が大きくなったという事実である。われわれはここから教訓を引き出さねばならない。

(3) 東日本大震災と福島原発事故が問う超国家的な課題

　東日本大震災が発生した時、その規模と被害の大きさ、とくに、二次的被害を含む被災範囲とその惨状に日本政府も国民も愕然となった。人命、家屋、船舶の損失等直接的被害の他に、経済的被害として電力の供給制限やサプライチェーンの寸断によって被災地から国内各地の生産ネットワーク、さらに、アジア諸国等海外への部品（中間財）輸出や物流に重大な障害が出たからである。東北地域には日本有数のハイテク・先端科学工業の生産拠点があり、日本経済の動脈への影響も大きかった。

　当然、海外からも大きな関心が寄せられたが、経済と市場のグローバルな統合と相互依存が日毎に深まる今日の状況においては、1国における災害や重要システムの故障はそのまま複数の国の経済に影響するわけで、これもグローバル化の下における自然の成り行きと言えた。

　しかし、今回の震災との関連で海外から最大の懸念と関心を持って見つめられていたのは、東日本大震災一般というよりは、むしろ東京電力福島第1原子力発電所の事故の方で、とりわけ、炉心溶融（メルトダウン）とそれによる放射性物質の飛散にあった。『ニューヨーク・タイムズ』や『フィナンシャル・タイムズ』『エコノミスト』といった世界の有力誌紙やCNN等TVが特集や特別番組を組んで事故の状況を詳しく報道したのもそのためであったし、国連や各国政府、各級機関も組織の総力を挙げて福島原発事故への対応を急いだ。

　とくに注目されたのは、福島原発事故による被害の実態や放射性物質飛散の状況、政府・東京電力の事故対策、人命・農業・動植物への影響、安全性確保の問題、将来のエネルギー政策への影響等である。まず、国連は、世界18カ国60余名の専門家からなる「原子放射線の影響に関する国連科学委員

会」(UNSCEAR)が中心となり、福島原発事故による被曝線量の評価作業を精力的に進め、かれらが集約した情報を基に、こんどは国際放射線防護委員会(ICRP)が「福島原子力発電所事故」と題する緊急メッセージを発表した。緊急時における放射線防護の考え方をまとめたものであった。

世界銀行グループや経済協力開発機構(OECD)、世界保健機関(WHO)等もそれぞれの専門機関やスタッフを動員して、福島原発事故と放射性物質の飛散、安全性確保の方策等についての調査や被災地支援に努力した。こうした国際機関や専門組織の動きの中で、筆者がとくに注目したのは、かつて、米スリーマイル島(TMI)の原発事故や旧ソ連チェルノブイリ発電所4号機の事故を経験した国際原子力委員会の担当者や各国の原子力安全・規制対策で責任ある立場にあった16人の原子力専門家が同年4月4日に出した声明「Never Again: An Essential Goal for Nuclear Safety」(決して繰り返してはならない:原子力安全のための基本的目標)である。

培われた豊かな経験と知識・知見を基に、限られた事故のデータから考え得る限りの提案をまとめ、国際原子力機関(IAEA)事務局長に提出したと言われた同声明には次のような注目すべき文言があった。

「この度の地震と津波が日本の福島第1原子力発電所にもたらした結果に鑑み、われわれはここに、原子力安全の将来について深い懸念を表明する。」
「原子力安全を確保するための根本的な要件と基準も改善され、これらを次世代原子力発電所の設計基盤に取り入れるための国際協力も強化され……原子力過酷事故はすでに歴史の彼方に去ったとみなされていた。だが、再び過酷事故が起こってしまった。なぜなのか?」
「福島第1原子力発電所の立地と設計では、確率の低い事象があり得ない形で同時発生すること(史上稀に見る地震に史上稀に見る津波が加わったことによる全電源喪失)に対する考慮が十分でなかったと思われる。」
「事故後の検証から、事前のより詳細な分析によって必要性を特定できる、比較的コストのかからない改善を実施していれば、これらの事故は全く回避できた可能性があることが判明している。」

やや長々と引用したのは、この中に今回の東日本大震災と福島原発事故が抱える重大な課題と国際社会や人類への日本の責任が含まれていると思えたからである。とくに、同声明が過去に発生した2つの過酷な原発事故（スリーマイル島とチェルノブイリ発電所の事故）の経験に触れながら、その後における原子力の安全と計装制御の設計、運転手順、要員の訓練等の成果を確認し、原子力安全条約や国際協定に基づく国際原子力安全体制が確立していたにも拘わらず、福島原発事故を発生させてしまったと述べていた意味は重かった。

　福島原発事故は未曾有の規模の地震と津波の結果とはいえ、この事故は唯一の被爆国である日本として絶対に起こしてはならない事故であった。また、わが国の高度の技術や知見、訓練された要員、積み上げられた経験と細心の注意をもってすれば防止できた事故でもあったように感じる。上記声明が「人間の本質的傾向として現状に安住しがちであることは誰もが知っており、まさにそれが原子力安全体制を蝕むおそれがある」と述べていたのも、そこに人為的な過失の存在を感じ取っていたからであろう。

　国会・政府・民間の各事故調査委員会が等しく「人為的事故」の面を強調したのも、原発事業者としての東京電力、所轄官庁としての経産省原子力保安院の杜撰とも思える原子力業務・行政、規制の緩み、倫理感や責任感の欠落を深く認識したからである。

　東日本大震災、大津波、福島原発事故発生に際して、日本と日本国民が見せた「冷静で秩序だった行動」に対して、世界各地から届いた称賛の声はそれとして被災地の人々を含む日本国民を大きく激励したが、福島原発事故と事故への対応をめぐる日本政府・安全保安院・東電に対する国際的批判は厳しかった。「福島原発事故は防ぐことができた」とする報告書は、その後、米カーネギー財団等からも出され、「安全神話」どころか、日本の"杜撰な原発運営"と秘密主義に批判の矢が飛んだ。

　事故直後の2011年3月15日、天野国際原子力機関（IAEA）事務局長が福島原発事故に関する日本からの情報提供の遅さと少なさに強い不満を表明したといわれる。こうした日本の政策当局の秘密主義的姿勢が今回の事故をいちだんと暗いものにしたことを深く胸に刻んでおく必要がある。

Ⅴ　ディストピア化する金融危機後の世界

(4) 脆弱化する重要国家と外交による紛争解決の失敗

　冷戦が終焉し、世界経済の統合とグローバル化が開始された時、それがもたらす莫大な富や豊かさ、幸せな生活や世界の将来について熱のこもった話が飛び交い、多くの人がこれに夢をつないだと思う。あれから20年、世界経済と国際関係の態様も大きく変わった。

　確かに、富も豊かさも地球規模で創出され、中国・インド等人口大国の新興経済化で貧困も数字の上では大幅に削減された。しかし、IT革命によるニューエコノミーも、サブプライム証券化ビジネスによる新しい中間所得層の創出も、結局、富裕層の懐を膨れ上がらせただけで、経年的に危機と混乱を深めてきた資本主義経済を救い、将来の躍進につなげることはできなかったという思いが募る昨今である。

　それどころか、アメリカにおけるIT・住宅バブルの崩壊と未曾有の金融危機の発生は、幾多の危機をくぐりぬけてきたアメリカのドル体制と金融覇権を根底から揺るがし、通貨ユーロと欧州統合を崩壊の危機に陥れ、日本経済再生への努力を打ち砕いた。先進工業諸国が世界経済を牽引する時代はすでに去り、没落と衰退の過程に入ったとする主張に合理性を与えるような状況も進んでいる。

　では、冷戦後世界経済の統合とグローバル化の過程は何だったのか、そこから恩恵を受けたのは誰だったのか？　皮肉なことに、それは世界資本主義のニューフロンティアとして体制転換と市場経済化を求められた中国・ロシアの旧社会主義諸国とアジア・アフリカの新興経済だったという指摘がある。冷戦終焉とグローバル化の開始とともに、中国などは世界貿易機関（WTO）への加盟をきっかけに先進工業諸国から巨額の投資資金、高度な技術、多彩な人材を招き入れ、低賃金と輸出に重点をおく「世界の工場」となった。そうした力を基礎に成長し、近年では「資本の貸し手」の役割も演じるまでになっている。

　しかし、2012年9月以降、世界経済の態様の変化で中国や新興経済の状況も芳しくない。欧州政府債務危機の発生により金融経済危機の克服が遠のき、世界経済の混乱と低迷が続き、新興経済も一斉に減速の様相を呈するようになったからである。さらに、これと重なる形で発生したのが尖閣諸島や

竹島の領有権をめぐる日中、日韓の政治衝突である。世界の成長のセンターである東アジア経済で核心的位置にあるとされる日中韓の対立は世界経済の将来にも暗い影を落とし、2012 年 10 月 11 日から 14 日、東京で開かれた世界銀行・IMF 総会でも対立と混乱の早期解決を求める声が上がった。

　領土・領海をめぐる日中、日韓の対立は、1972 年の日中国交回復、1965 年の日韓国交正常化以来の日本とこれら 2 カ国との関係を急速に冷え込ませ、経済協力と友好交流の歴史を塗り替える状況を作り出している。世界経済フォーラムの『グローバルリスク報告書 2012』が指摘する「外交による紛争解決の失敗」を地で行くような出来事で、世界経済を牽引する主要国同士の対立である点に問題の深刻さがある。

　「外交による紛争解決の失敗」は北朝鮮やイランの核保有問題、ナイジェリア、スーダン等での資源開発問題等をめぐり拡大している後発途上国の事例を念頭に提起されたものだが、そうした事態の背後で進んでいる状況は日中・日韓の領土対立と共通性がある。

　上記報告書は「外交による紛争解決の失敗」に合わせ、「脆弱化する重要国家」の問題も提起している。ここに言う「脆弱化した重要国家」とは、以前は豊かだったが、経済的・財政的義務を満たせなくなるにつれ無法化へと陥った国家のことである。最初から豊かさへの機会から疎外されているか、富と社会的進歩が減退しつつある後発途上国、グローバル化の進行と人口の急激な増加で若年層への雇用機会が提供できず、社会不安の高まる新興経済等がこれに当たる。

　しかし、今日では、相次ぐバブルの破綻や金融危機の発生で経済全体が縮小し、国民がかつて与えられていた年金・医療等社会保障の恩恵に与れなくなった一部先進国も広い意味でこの中に入る。バブル経済の絶頂期には総資産を GDP の 9 倍にも膨れ上がらせ、破綻した人口 30 万のアイスランドがそうであり、ギリシャもそうした様相を強めている。財政危機に悩むスペイン、ポルトガル、イタリアがこうした国の仲間入りすることは、EU の対応や世界経済の流れから、当面は考え難いが、現在世界で進行している事態は、経済・金融危機が各国の社会不安や政治危機を掻き立て、国家としての脆弱化を招来しつつあることを物語っている。

Ⅴ　ディストピア化する金融危機後の世界

　ヒト、モノ、カネが自由に行き交うグローバル化の加速の下で、人口大国の中国その他アジアの新興諸国、メキシコ等中南米・カリブ海諸国、経済的破綻に苦しむ後発途上諸国からたくさんの移民がアメリカや欧州諸国、また、中東の富裕産油国等へ移り住むようになった。そのお陰で、アメリカなどは先進諸国唯一の"人口増加国"として国際競争力と政治的・経済的・軍事的覇権の維持に有利な立場を築いている。これは中東産油国の場合も同じで、移入労働者や外国籍市民の増大はこれら諸国経済のさらなる発展と高度化を可能にしているかに見える。
　同時に、これが人種・所得・教育・社会福祉等各種の格差や差別の基となり、各種の紛争や確執を引き起こし、経済や社会の不安増大の原因を生み出していることも事実である。たとえば、アメリカだが、サブプライム問題が顕在化した時、ローン貸付の対象となった住宅困窮低所得層の多くはヒスパニックやアジア系移民や高齢年金生活者その他であったが、こうした膨大な移民の流入はアメリカ国内への南北問題の移転を意味すると言ったのはM. ウォルフ英フィナンシャル・タイムズ経済論説主幹であった。
　アメリカの場合は、世界一の国力を誇っているので問題が危機的に先鋭化しないが、現在、経済危機で国力の衰えが顕著な一連の先進国では、高齢化や失業、格差、年金等の問題にこの移民の問題が重く絡んで、国や社会の脆弱化を招いている。

(5) グローバル・ガバナンスの破綻が意味するもの

　冷戦終焉後、アメリカの主導による世界経済の統合とグローバル化・市場経済化・情報化の過程が進行し出してから20年余の歳月が流れた。この間、多くの試行錯誤があり、国家、民族、社会、不均衡・格差、企業活動、領土・主権、資源取得等をめぐる激しい対立も表面化し、その都度、グローバル・ガバナンス強化の重要性が指摘され、そのための努力もされてきた。
　しかしながら、今日に至るもその成果は決して多いとは言えず、グローバル・ガバナンスをめぐる認識や議論はすれ違いが多く、グローバル化時代に相応しい制度やシステムはまだ確立されていない。それどころか、金融危機後、経済社会や市場の構造が変化するに伴い、危機やリスクも規模と速度を

増し、それへの対応の拙さも手伝って、グローバル・ガバナンスの破綻に関する議論が多くなった。新興経済発展に伴う資源争奪や所得分配をめぐり激しさを増す利害対立、貧困や人権をめぐる争いの激化等がその背景にある。これらの動きはグローバル化の過程に不可欠の要素であり、今日、この問題がどうなっているか、とくに、これが金融経済危機の進行とどうつながっているのか検討しておくことは重要である。

　グローバル・ガバナンスとは、一般に、世界連邦あるいは世界政府といった超国家的な統制・管理・執行の権限をもった主体が存在しない中、環境、開発、人権、巨大災害、感染症、国際テロ等国境を超えて生起する各種の問題（イッシュ）に対し、グローバルで有効な取り組みを可能にする統治・管理・運営能力と把握される。そこでは住民の意思や合意を執行する権力が存在していないことを前提に、国や地域のレベルを超えて生起するさまざまな出来事を調整・管理・運営する機能や能力を高めることが第一で、国際協力・協議の促進が全てとなる。

　この意味からすると、取り扱う課題も、戦争や安全保障から始まって、国際テロ、核軍縮、麻薬等国際犯罪、金融経済危機、人口問題、格差や貧困、地球環境、人権、感染症、自然災害等極めて多岐にわたり、しかも、グローバル化の進行に伴って、その数や種類も増えてくる。当然、それを扱う主体も、国連を筆頭に、世界銀行・IMF等各種国際機関、EUやASEANに象徴される地域協力機構、多様な政府間組織、NGO、市民社会、企業連合、多様な民間組織、大学・シンクタンク等知的集積等国際的・社会的各種機関や個人から構成されることを必要とする。

　こうしたことを前提にするなら、グローバル・ガバナンスとは、グローバルなレベルでの集団的利益と諸権利の擁護、不平等・格差是正等を通じて国家・民族・共同体間の利害を調整、地球環境保全や資源節約その他地球規模の利益擁護のための国際協力促進を謳った国家・市場・市民社会・諸組織間の公式・非公式の制度やメカニズム、諸関係の総体ということになろう。

　では、その破綻とはどのような事態を意味するのだろうか？

　世界経済フォーラムの『グローバルリスク報告書2012』は、「グローバル・ガバナンスの破綻」について、「脆弱または不適当な世界機関、協定または

ネットワークが競合する国益や政治的利害関係と相俟って、グローバルリスクへの対応の協力態勢を阻害する」状態と説明している。つまり、ここで問題にしているのは、第 1 に、「脆弱または不適当な世界機関、協定又はネットワーク」の存在であるが、それが具体的に何を指すのか必ずしも明確ではない。しかし、一般的には、国民国家を前提とする今日の国際関係と政治秩序であってみれば、国家主権を超えて権限や規範の行使ができず、随所に限度を抱えた国連、力はあるが正義や正当性を主張できない世銀や IMF、また、各種の地域・職能組織、さらに、それに付随する協定やネットワークも「脆弱な世界機関……協定・ネットワーク」の中に入れてもおかしくはない。

第 2 は「対立・競合する国益・政治的利害関係」の問題だが、これはグローバル化によってそれがますます顕在化し、具体的な姿を取ってきているので、こちらはわかり易い。とりわけ、グローバル化が本格化するにつれ、資源大国や要衝国家はこれまでの単なる途上国から新興経済国家に新たな発展を遂げた。それは世界の貿易・投資・金融システムの中に包摂される傍ら、世界経済の主要なプレイヤーの仲間入りも果たした。同時に、これが先進諸国や他の新興国、また、グローバル化から取り残された多くの後発途上国との格差や利害対立を引き起こし、これが国際協力の促進を難しくし、グローバル・ガバナンスの破綻につながったというのが上記説明の主旨である。

問題は、この「グローバル・ガバナンスの破綻」がグローバル化の進行に伴う、半ば不可避な過程であり、その多くがグローバル化の反動として発生してきている点にある。その中には、富の偏在や不均衡・格差、資源の乱獲・浪費、環境破壊（汚染）、安保問題、金融経済危機、自然災害の多発等が幅広く含まれ、グローバル化の加速に伴って多発・多様化する負（マイナス）の側面という理解も成り立つ。

しかし、より厳密には、「グローバル・ガバナンスの破綻」は、このような多岐にわたる「負の問題」が多発・多様化するだけでなく、それを適宜に処理・管理あるいは制御する制度や機能、能力が欠如していることと理解すべきであろう。この 20 年余、世界経済や市場は大規模にグローバル化され、ヒトや社会の関係もそれに伴って変化してきたと思う。しかし、残念ながら、それに見合ったグローバルなシステムや規範、組織の構築までには

至っていない。

　経済・市場・社会のグローバルな変化に対して、それを管理・運営するのは、依然として、国民国家や国民経済を前提にした諸国家間の「国際協力」の域を出ず、多くのグローバル・イッシュが各国、とくに、主要国の主権・国益優先政策の下で整合性ある解決を阻止されてきた。先の世界経済・金融危機の発生とその後の処理・解決の遅れも、基本的には、グローバルな変化とそれを適切に統御・運営できない制度やシステムの欠落との矛盾からきている。

　グローバル化の加速と巨大な新興経済群の台頭を取り込んだ、21世紀型世界統治システムをどう構築していくか、「グローバル・ガバナンスの破綻」はその視点から改めて検証しなくてはならない課題である。

Ⅵ

新しい世界経済と政治秩序のあり方

1 世界経済と政治秩序をめぐる環境の変化

(1) 新興国の台頭が生むパワーシフトの真実

　金融経済危機に伴う世界規模の地殻変動により世界経済や政治秩序の枠組みが崩れ、その動きや態様に重要な変化が現われていることについて、これまで様々な角度から検討してきた。新しい制度やシステムに関する議論や提言等が盛んになってきていることは歓迎すべきことである。しかし、そうした議論もまだ緒に就いたばかり、本質的なところまでには至っていかない。とりわけ、戦後の歴史的経緯や冷戦後の「南北関係」「南々対立」の実態を踏まえるとなると評価に値する研究や議論は驚くほど少ない。金融危機後のパワーシフトについてもそうである。賑やかに取り沙汰される割には科学的根拠に欠け、説得力のある議論や分析は皆無に近い。
　世界銀行とて例外ではない。2011年5月17日に発表した報告書の中で、同行は「今後は新興国が先進国を大幅に上回るペースで成長し、15年後には世界経済の姿が全面的に変貌する」と、かなり大胆な見方を明らかにしたが、内容は具体性に欠けていた。2025年までには主要新興6カ国(ブラジル、中国、インド、インドネシア、韓国、ロシア)が全世界の成長の半分を占め、国際通貨システムも1国の通貨が支配する体制ではなくなり、世界の準備通貨としてのドルの低下傾向はさらに続くと分析していたが、説得力の

ある説明にはなっていなかった。

　インド出身の開発金融の専門家、M.マンスール氏が中心になってまとめたレポートであったことから、新興経済の評価に少し力が入りすぎたのかもしれない。しかし、世界銀行の報告書がここまで踏み込んだ発言をしたのも珍しい。

　ゴールドマン・サックスのジム・オニールの BRICS 論をまつまでもなく、新興経済の力がさらに伸長し、世界経済を牽引するということについては、すでに多くの人が認識を共有しており、国際・国内的に一定の合意もできている。アメリカ国内でも金融危機後こうした議論が活発になり、外交問題専門誌『フォリン・アフェアズ』や『ニューズウィーク』なども特集を組んでこの問題を議論してきた。『ニューズウィーク』国際版編集長 F.ザカーリアが『アメリカ後の世界』を語り、外交問題評議会長の R.ハースが『無極の時代』について述べたのもそうした動きの一環であった。

　他方、中国等 BRICS 諸国の政府や国民の間でも、「アメリカ・ドルの凋落や先進国の衰退、したがって、新興経済の台頭はいまや歴史の流れ」という主張が有力となり、IMF・世銀の改革や（新興国の）「力に見合った権限の分与」について活発な議論が交わされるようになった。これら諸国にとってグローバル化は国力増進への千載一遇のチャンスであり、これを最大限に利用して国際機関や国際舞台でポジションの向上や発言権の拡大に努めるというのがいまや国家戦略になったと言っても過言ではない。

　しかし、センセーショナルに取り沙汰される割には問題の所在が必ずしも明確でなく、いまがどんな時代で、どこに向かおうとしているのかなど、肝

BOX16　世界経済運営へ責任分担を！

①新興経済の引き続く発展→世界経済市場システムへの参入→制度・システム改革
②国際金融システム安定のため、新興国資金の投機資金化の回避と生産投資の促進
③貧困・格差縮小、教育・医療等社会保障制度の充実、各種社会制度改革の実施と国際協力の促進
④貧困途上国の貧困化・格差拡大を防げ！

心なところは議論されてこなかった。旧社会主義諸国の「体制の転換」を言うのなら、具体的にどのような体制からどのような体制への転換なのか、具体的な明示と根拠を持って語られる必要があるのに、それが全くといっていいほどなされていない。アメリカや先進国の"衰退"についても、その内容がどのようなものなのか具体的な説明がなく、BRICS の台頭についても、GDP その他経済指標や経済活力等数字の羅列に終わっている。これでは全く説得力を持たない。

　先進国から新興国へのパワーシフトも中身はかなり曖昧で、本当にそれが実現するのか疑われるような状況も生まれている。これまでの歴史的経験では、世界的なパワーや体制の転換は覇権をめぐる諸国家間の国力を総動員しての対立と力のぶつかり合いの結果生まれたと思うが、今回はそれが政治・軍事による対決でなく、相互依存の中でのせめぎ合い、経済競争という中途半端な形でしか表現されていない。アメリカは金融経済危機の後遺症から脱しきれず、欧州債務危機という新しい情勢も加わって新たな覇権を求める状況になく、中国等も世界の統治システムやルールの変更による国際諸機関での発言権拡大を願いながらも、責任と負担の増大を恐れて役割を果たしきれずにいる。こうした状況では真のパワーシフトは生まれない。

　しかし、これを長期的視点で分析すると、状況は大きく変わってくる。冷戦終焉後 20 年に及んだ市場統合とグローバル化の加速、相次ぐ金融危機の発生等で第 2 次大戦後アメリカ主導で作られた世界の政治経済体制の基盤が崩れ、世界規模の危機とリスクが常態化している実態が浮かび上がるからである。これは現代資本主義の問題であり、その生産・流通・消費の構造と統治システムの破綻が生み出した結果と理解される。

　先進国は長期的衰退と金融経済危機の後遺症から抜け出せず、新興諸国も国内に抱える様々な矛盾や政治的閉塞感、民族・貧困・格差問題等への対応に追われ、温暖化問題等グローバルな課題への責任の引き受けへの躊躇があり、互いに身動きが取れない。このような状況をどう理解すべきか？　いずれの国もやたらと内向きになり、安易なナショナリズムやポピュリズムに動かされ易い政治体質になっている。

　2012 年 5 月に行われたギリシャの総選挙で緊縮財政策を訴えた連立与党

が悉く敗北し、フランス大統領選挙では財政引き締めと財政健全化を掲げた現職大統領 N.サルコジが敗れ、成長政策を訴えた F. オランド社会党候補が勝利したことに今日の屈折した状況が現われている。また、ロシアでも、「国民の利益」を訴えるプーチン氏の大統領復帰で"世界に尊敬されるロシア"という新しい民族主義が動き出している。中国が国力増進と領土の保全、経済発展を軸とする徹底した国益擁護の国家戦略を立てていることは周知の事実だが、全ての国が民族色の強い内向き政策に傾いて、国際協調を軸とする新しいシステムの構築に背を向けるようでは世界の平和と安定は約束されない。

これに輪をかけているのが北朝鮮の核・ミサイル開発と実験の強行であり、韓国や日本に対する恫喝や戦争瀬戸際政策の展開である。金正日総書記の死後、その"遺訓"を盾に、金正恩体制下の北朝鮮は人工衛星と称して大陸間弾道弾（ミサイル）の開発に着手し、地下核実験も強行、国連安保理による満場一致の制裁決議を招いた。イランの核開発をめぐる紛争の激化もグローバルな政治秩序の崩壊と外交の失敗を示している。

金融危機後の世界でいちだんと鮮明になったことは、その場限りの政治的切り抜けでは、最早、人類と国際社会が直面している危機や困難は解決できないということである。直面する危機や困難の構造、その歴史的背景に目を向けつつ、対応を急がなくてはならない。

(2)「G20」：問われる力量とその限界

金融危機後世界経済と国際関係の構造転換を基礎に、先進・新興 20 カ国による「G20 体制」が成立し、すでに何回かの首脳会議や財務相・国立銀行総裁会議も開かれた。しかし、「G20」にはまだ共通の理念や目標がなく、利害や政策の異なる国家群（先進国・新興国）による協議体の域を出ていない。強制力を伴った政策を策定・実行する権限もない。

アメリカや先進諸国から見れば、「G20」は新興経済の活力・潜在的可能性をグローバル体制の中に取り込み、その活力を利用して自国の国益と世界資本主義の発展に資する協議の場—国際協議体であり、中国や新興国の側から見れば、それは世銀や IMF の改革を含め、先進国から譲歩を引き出し、

Ⅵ 新しい世界経済と政治秩序のあり方

発言権の拡大をはかる絶好の場所と映る。その限りにおいては、「G20」は各国の外交と国益擁護のための協議の場でしかない。

しかし、それでいて「G20体制」の成立に期待がかかるのは、主要先進諸国による「G7」や「G8」だけで世界規模の危機や紛争を処理するのは不可能で、頻発する危機や紛争を解決し、将来への展望を開くには別の枠組みが必要と判断されているからに他ならない。

そうした世界経済と国際社会の期待に応えるかのごとく、「G20」は2008年11月にワシントンDCで第1回首脳会議を開き、その後、ロンドン（2009年4月）、ピッツバーグ（2009年11月）、ソウル（2010年11月）、カンヌ（2011年11月）、ロスカボス（2012年6月）と会合を重ねてきた。ワシントン会議では金融危機の拡大を阻止する行動計画をまとめ、ロンドン会議では幅広い金融支援を可能にするためのIMFへの増資を決めた。また、ピッツバーグでは雇用を確保し、実体経済の破壊を防ぎ、ソウルでは世界経済の再生と新たな成長へのフレームワークを作成、気候変動やエネルギー政策についても議論した。

「G20」発足当初は、金融危機拡大の阻止を狙った公的資金の投入に始まり、各種の規制措置、金融支援、銀行システムの再構築等を確たるものにする措置が中心であったが、こうした措置によって金融危機の拡大と世界経済恐慌の発生が阻止されたことは間違いなく、先進国・新興国による協調の成果と評価したい。世界経済や金融システムが世界恐慌等の発生による壊滅的打撃を受けることもなく、被害を最小限に食い止めることができたのは何よりの成果であった。

しかし、実態に即していえば、これらは当面の危機拡大を水際で阻止しただけであって、金融危機を引き起こした原因や世界経済の構造問題への対応、また、将来に向かっての持続性ある関係の構築といった点について、「G20」はまだ役割を果たせずにいる。とくに、ギリシャ、スペイン、イタリア等に広がった財政危機はこれら諸国による国債の乱発や巨額公的資金の投入が引き起こした危機で、EU・ユーロ圏諸国がまず努力しなくてはならないとして、新興国はおろか、「G20」を形成する他の諸国も冷ややかであった。

183

金融危機後の世界経済や国際秩序の変容、新興経済の台頭による政治経済構造の転換、地域・諸国家（群）の代表性等を考慮すれば、金融危機後の世界経済の運営や国際秩序維持に関する諸問題をうまく処理するためには、「G20」が最も妥当な協議体であることは明らかである。しかし、これまでに開催した首脳会議等を通じて、「G20」は世界経済の安定や紛争・政治問題の解決、世界統治システムの構築等に向かってどれほどの貢献をしたであろうか？　残念ながら、世界はまだその実際の力を確認していない。

　最大の問題点は、「G20」を構成する先進・新興各国が処理すべき課題や目標について共通の認識がなく、権限や責任も明確でなく、そのための合意もできていない点にある。それぞれの国（あるいは国家群）がそれぞれの国益と利害関係の上に立って、少しでも有利な地歩と発言権を獲得する場所として「G20」が利用されているにすぎないと言ったら暴言になるであろうか？

　実際、「G20」は世界経済や国際諸関係にまつわる問題を協議するには有効な場所、情報や意見を出し合い、議論し、違いを確認する場所になってはいても、責任と統治能力をもって問題を解決し、国際社会をリードしていく協議体にはなっていないし、今後もその可能性は大きくないかもしれない。

　この点では、先進国と新興国の双方に問題がある。先進諸国、とくに、アメリカが戦後経済の復興や世界秩序の構築、人権・民主主義等人間の普遍的価値の創造と規範の確立で大きな役割を果たしてきたことは間違いないが、貧困・格差等への配慮を欠き、戦後自らが中心となって作り上げてきた各種の取り決めや国際的規範を踏みにじるような行動をとってきた。対人地雷禁止条約への反対、温暖化防止のための京都議定書の批准拒否、新多角的貿易交渉（ドーハ・ラウンド）への取り組みの弱さ等がそれである。EUも、また、排出権取引等地球環境問題には前向きの姿勢を取りつつ、域内関税・貿易保護、農業補助金の打ち切り等に反対し続けてきた。

　米欧主導の国際金融システムが社会的な機能と責任を果たしてこなかったことも金融経済危機で明らかになった。ウォール街やシティ（ロンドン金融街）傘下の巨大銀行や金融機関がリスクをとって成功すれば巨額の利益を独占し、失敗すれば国と国民（納税者）にその損失を肩代わりさせるなど、身勝手で無責任な行動をとってきた事実を誰も忘れてはいない。こんなことが

許されていいはずがない。

　他方、新興経済、とりわけ、新興大国といわれる国々にも大きな責任がある。これら諸国、とくに、中国等は今も発展途上国であると公言し、国際的負担の引き受けを極力避け、国益優先の政策をとっている。しかし、BRICS諸国は発展途上国といっても、すでに新工業国としての発展段階にあり、巨大な人口と工業技術、GDPなど大きな力—貿易・投資・金融力を持ち、世界経済と国際関係における位置、膨大な資源消費と環境負荷等で特別な位置にある。当然、しかるべき役割と責任を引き受けてもらわねばならない。

　帝国主義の植民地支配に苦しんだ過去への思い、経済社会の後進性克服への課題はあるとしても、アメリカや先進国に譲歩を迫るだけでは、地球温暖化等への対策を含め、今日、人類と世界が直面している危機的諸問題を解決することはできない。巨大人口や豊富な天然資源を抱え、政治・経済・軍事大国となったいま、中国等新興大国はグローバル化や情報化の推進者、新しい世界秩序の建設者として「南々問題」への適正な対応と国連ミレニアム開発目標（MDGs）等国際社会が求めている世紀的課題の達成に理念を持って臨むべきである。そうした立場から「G20」体制における自己の責任と役割を明確にし、イニシアティブをとることなくしては世界から信頼される指導的国家にはなれない。

　第2に、「G20」は金融危機対応への緊急の必要性から突如招集された関係もあり、主要先進・新興諸国によるネットワーク組織の域を出ていない。したがって、常設機関もなければ、制度的裏付けやルール、政策実施の方法も決まっていない。決定の実施については既存組織に委ねており、そのフォローアップも保証もこうした組織次第である。したがって、「G20」は国連機関のような正当性に欠け、代表性・権限・可能性も限定的だ。この点をどうするのか、真剣に議論すべきである。

　第3の問題は、「G20」の持つ競争的性格にある。金融危機への対応や新興経済の台頭著しい世界経済再生への期待から、ネットワークとしての「G20」には大幅な裁量権が許されているかに見え、IMF・国際通貨金融委員会や世界銀行開発委員会の仕事を代行することも可能になりつつある。しかし、これは既存国際機関との競合を生み、政策の混乱につながる。IMF・

SDR（特別引き出し権）の配分や金融安定局金融安定フォーラムの引き上げをめぐって採られた処置がそうである。また、「G20」は既存の「G7」や「G8」との住み分けや役割分担をどうするのかも決まっていない。

　第4の問題は、「G20体制」における新興経済大国の意図と役割に関連している。過去10年間、新興経済諸国は先進工業諸国による「G7」やIMF・世界銀行運営のノーハウを学習してきた。これら諸国は今後これを「G20」の枠内で自国の利益と権限の拡大に最大限利用することになろう。とりわけ、金融・通貨の分野でより大きな利点を獲得する方向に動くと専門家は見ている。

　第5は後発貧困途上国との問題に関連している。後発途上国の多くは「G20」で自らの利益を見つけ出せそうにない。それどころか、世界経済や国際諸関係に関わる主要問題の討議や決定に関する協議体から排除され、あるアフリカ代表の言葉を借りれば、"G7の時よりも遠い存在になった"と感じている。とりわけ、アルゼンチン、ブラジル、インド、インドネシア、南ア、サウジアラビア、中国といった地域大国が「G20」に招かれたことによって自らが不利な立場に追い込まれると周辺諸国の懸念が高まっている。これは「南々問題」の新たな展開とも絡んで国際社会が真剣に考えなくてはならない問題である。

(3)「新ブレトンウッズ体制」への期待と現実

　これからの世界経済運営や紛争処理の問題を考えた場合、主要な役割の引き受けが期待される「G20」であるが、今後、これにどのような機能や権限を与えるべきか？　世界の政治経済構造の変化や地政学上の問題とも絡んで関心が持たれるところである。

　まず、構成国から見ていこう。「G20」は、先進8カ国（米、日、英、仏、独、伊、カナダ、豪州）と新興経済11カ国（中、ロ、伯、印、韓、南ア、インドネシア、トルコ、メキシコ、アルゼンチン、サウジアラビア）、1地域（欧州連合・EU）を常任メンバーとして成立している。さらに、国連、世界銀行、IMF、経済協力開発機構（OECD）、世界貿易機関（WTO）、金融安定機構（FSB）、東南アジア諸国連合（ASEAN）、アフリカ開発新パー

トナーシップ (NEPAD) 等主要な国際機関がオブザーバーとして招待されている。

つまり、「G20」は、主要先進・新興国＋EUを常任構成国・地域とし、国連や世銀等主要国際諸機関をオブザーバーとして関与させることで、代表性、広域性、政治・経済・軍事にまたがる影響力等に優れ、金融危機後の世界経済や紛争問題を話し合う最適の国際協議体となっている。これまで、力量や責任の分担能力の不足等から「G7」や「G8」に参加できなかった新興経済諸国からも期待が寄せられ、先進諸国もそれを妥当と考えるようになってきているのもそのためと思われる。「G20」への新興経済諸国の期待が高いのも、それが実現できたのは自分たちの経済的躍進と国力増進の結果であり、発言の機会はさらに増えると考えているためであろう。

BRICSや新興経済の潜在的可能性についてはすでに触れたが、カーネギー平和財団U.ダドッシュ主任研究員の研究でも、「G20」諸国の今後40年間におけるGDPの年平均成長率は3.6％、2050年には総額161兆5,000億ドルという驚くべき水準に達する。因みに、2009年における「G20」のGDP総額は38兆3000億ドルであった。とくに顕著な伸びが期待されているのは、BRICS＋メキシコ等4カ国のGDP成長率で、それは年平均6.1％と著しく、「G20」のGDP総額中に占めるシェアも2009年の18.7％から2050年の49.5％へと著増する予定という。

しかし、多くの専門家が試みるこの種の推測や数字合わせは、ゴールドマン・サックスの推測同様、指摘ほどには現実的な意味をもたない。推測する側の思惑や計算が働き過ぎることに加えて、現実の政治経済の動きや各国の利害対立等が複雑に絡み、さらに、環境・資源制約等が重なって真実とは異なった方向に動く可能性があるからである。過剰な期待や恣意的な解釈は排除して、この際、「G20」がなぜ生まれてきたのか、そこに付託される課題や権限は何なのか、戦後の「南北問題」や世界経済の発展と運営をめぐる活動の歴史等との関係において検討しておくことがとくに重要と思われる。

その点で、まず、1999年6月にコロンボで開かれた「G7」財務相会議の提案を受け、「G7」諸国と主要途上国間の非公式財務相・国立銀行総裁会議として同年12月ベルリンで開かれた会議から検討してみたい。おそらく、

これがその後の「G20」設立につながる最初の動きであったと思われる。「G7」財務相会議が早くも1999年6月の段階で「G20」の設立を提案した最大の理由は、1997年に発生したアジア通貨金融危機とその後遺症にあった。当時、通貨金融危機はアジアからロシア、中南米へと伝播し、新興経済危機としてアメリカ経済の膝元を襲う勢いにあって、その一日も早い克服が求められていた。「G20」会議がこうした新興経済危機と世界経済不安への対応を軸に、各国に広がる不満を吸収する形で地域的・文化的代表性と先進国・新興国のバランスも考慮して開催された意味は大きく、これが今日の「G20」形成の基礎になった。

2008年11月、ワシントンで開かれた「G20首脳会議」は、金融危機への対処が中心に、透明性と説明責任の強化、健全な規制の強化、金融市場の保全促進、国際協力の強化、国際金融機関改革等5項目の行動目標を確認して閉幕した。ロンドンにおける第2回首脳会議も金融危機への対応策と金融協力を中心に議論したが、2009年9月、ピッツバーグで開かれた第3回会議では金融危機の背景をなした世界規模の不均衡問題を取り上げ、米国による消費抑制と経常赤字の解消と中国の輸出抑制を訴えた。

2010年11月、ソウルで開かれた「G20首脳会議」では、参加各国首脳は世界経済・成長のためのフレームワーク作りに努力し、「G20」として包括的、協力的かつ国ごとの政策行動からなる「アクション・プラン」を立ち上げた。金融政策と為替レート政策、貿易と開発政策、財政政策、金融改革、構造改革への取り組み等に引き続き努力していくと約束した点は過去3回の首脳会議の延長線上のことであったが、開発問題や気候変動問題にも積極的にコミットした点が新しく、「G20」の将来を考えるうえで示唆的であった。

とくに、世界経済の持続的成長のためには低所得国の成長と貧困削減が不可欠であるとの立場から、「G20」として開発に積極的に取り組み、強固で責任ある開発パートナーシップの推進など、「G20」の取り組みの原則を示す「開発に関するソウル合意」を採択した意味は大きい。また、インフラ、貿易、人的資源開発、民間投資と雇用創出、食料の安全保障等を柱とした「複数年行動計画」で合意した点も評価されてよい。世界秩序の変容を背景にした新興国の意向が滲み出た瞬間であった。

Ⅵ　新しい世界経済と政治秩序のあり方

　さらに、2011年11月にフランス・カンヌで開かれた「G20首脳会議」は、サルコジ仏大統領（当時）の思い入れもあり、世界経済情勢や成長と雇用のための行動計画、国際通貨システムの改革等を大きく取り上げ、開発・貿易、グローバル・ガバナンス、金融規制、農業・エネルギー・気候変動といった問題を幅広く議論した。欧州政府債務危機の取り扱いについても率直に意見を交換、積極的に対応していくことで合意した。
　しかし、2012年6月、メキシコのロスカボスで開かれた「G20首脳会議」では、「ユーロ圏が全ての必要な措置をとる」として、危機沈静に向けたユーロ圏自身の取り組みを求める異例の決定をしている。「G20」が金融危機後の世界経済と国際関係に関する諸問題を幅広く議論する場所にはなってはいても、そこには明らかに限界があり、それを決定・政策化し、実行していく有効な執行機関として定着できるかどうかは全く不確かである。FESジャカルタ支局のN.ホフマンは、「G20には幅広い代表性があり、新興国も対等な立場で参加できるが、同時に、グローバルな問題の解決で共通の責任も負わねばならず」、この点が曖昧なうえ、「正当性に問題がある」と指摘する。同氏も強調しているように、中国などは、「G20」を自国や新興諸国の要求を高め、北から南へのパワーシフトを実現する格好の場所と期待しつつも、「新ブレトンウッズ体制」を本気で作り上げようとは考えていない。大きな責任を伴うだけでなく、資本の自由な移動を含め、社会主義市場経済体制の転換も余儀なくされるリスクが高まると判断しているからである。
　そうである以上、「G20」はこれからも「G7」や「G8」の延長線上でグローバルな政治経済問題—金融、雇用、景気対策等は手がけていくかもしれないが、資本主義経済システムや「ブレトンウッズ」以来の世界銀行やIMFの枠組みを崩してまで新しい役割の追求に走ると思えない。中国など新興経済にも大きな責任の分担が求められること必定だからである。

(4)「構造主義」の呪縛から離脱できない新興大国
　巨大な人口と豊富な資源、潤沢な資金と活力を備えた成長国家として影響力をもつようになった新興大国BRICSであるが、中国などは「発展途上国」を自認しながらも、金融危機後の世界経済や国際社会が求める課題の達成に

イニシアティブを発揮しようとはしていない。なぜそうなのか？　こうした傾向はとくに BRICS 諸国に著しいが、国家的打算によるものなのか、エゴイズムのせいなのか、それとも、もっと深遠な理由に基づくものなのか、国際社会が疑念を抱くのは当然である。

　しかし、グローバル化と金融自由化の加速で金融不安や経済危機が繰り返され、不均衡・格差も地球規模に拡大し、環境破壊や資源浪費による危機が人類の生存を脅かす事態にまで発展している現在、こうした状況を放置しておくことは許されず、これら諸国に応分の負担と責任の引き受けを求めるのも、また、当然である。これら諸国の参加なしには今日の政治的経済的危機は解決できないし、金融危機後の地殻変動や自然環境の変化を考慮に入れた新しい世界秩序の一日も早い確立が求められるからである。

　何度も指摘しているように、新興経済が今日みるような発展を遂げることができたのは、冷戦後の市場と経済の世界的な統合とグローバル化の進行の下、先進国から巨額の資金や商品、技術を大規模に吸引、これを市場経済化と開放的な輸出志向型工業化戦略に結びつけることに成功したからである。これら諸国はグローバル化や情報化の動きを最大限に利用して貿易・投資・金融にまたがる開放政策を推進、グローバル化の最大の受益者となった。

　成功の鍵は外向きの開発戦略と輸出志向型工業化戦略の採用にあるが、かれらは戦後直後期から 60 年代初頭にかけて開発経済学の主流をなした「構造主義」と初期開発経済学の考え方からまだ脱却できていないようである。「構造主義」の中心仮説は供給制約にあり、それは供給サイドの制約によって経済発展が阻害されるという考え方がその根底にある。

　最大の問題は資本の不足で、50 〜 60 年代、多くの発展途上国は貯蓄と投資の増大（資本蓄積）が不可欠であったにも拘らず、その双方に不足するという悲惨な状況にあった。R. ヌルクセが『貧困の悪循環』論で説いたのは当時の途上国が陥っていたこのような構造的な問題であり、かれは「貧しい国は貧しいがゆえに貧しい」という独特の論法で当時の途上国が直面していた困難を語った。

　今日に見る新興経済発展は『貧困の悪循環』論に代表される初期開発経済学（「構造主義」）に対する批判の中から生まれた経済思想が基礎となってい

Ⅵ　新しい世界経済と政治秩序のあり方

るが、新古典派アプローチが中心的役割を果たしてきたことも否定し難い。代表的論者の1人、B. バラッサは発展途上国をそれがよって立つ貿易・産業政策によって類型化し、輸出志向型政策を推進した諸国は輸入代替政策を選考した諸国に比較し、より良好な経済活動を展開することができたと結論づけている。つまり、発展途上国の経済発展にとって最も重要な要素は貿易政策にあり、輸出増加によって富の蓄積が図られると説いたのである。

　これは貿易制度・貿易政策と輸出増加・経済発展との関係に富（資本）の蓄積を求める理論で、今日、新興経済あるいは新興経済大国を自認する国々がことごとくこの輸出志向型工業化戦略に依拠し、これによって急速な経済発展を達成してきたことは注目に値する。もちろん、新興経済全てがこの輸出志向型工業化戦略で経済躍進を遂げたといったらそれは誤りになる。多くの途上国は植民地時代からの歴史的位置、経済構造と発展段階の違い、独立後の政権の性格や政策の違い等から輸入代替・輸出志向工業化政策等を複雑に絡ませ、それぞれの国情と条件に合わせて経済発展を手にしてきているからである。

　これと関連して指摘したいのは、60年代以降、新マルクス主義を奉じる学者の間で支持を広げ、その後、開発経済学では"異端"の位置に押しやられた従属論的思想との関係である。従属論とは、60年代後半に既存の開発論や開発政策への批判的潮流として、T. ドス・サントス、C. フルタード、A.G. フランク等中南米系の経済学者を中心に提唱された学説で、資本主義世界経済を中心（先進工業国）と周辺（途上国）とに分け、周辺の国（途上国）は中心の国（先進工業国）に従属、その支配と搾取を受けていると主張し、「南北問題」の理論化に貢献した。

　最も重視されるのは、かれらが先進工業国の豊かさは途上国への支配と収奪によるもので、途上国の貧しさはその結果であると断定し、その立場から環境問題や温暖化対策を論じたことで、その議論は今日も続いている。開発経済学では、一度は"異端"の立場に押しやられたこうした考え方が、新古典派アプローチと混然一体となって今日の「新興経済＝発展途上国論」を支えているのは何とも奇妙な話である。

　さらに、もうひとつ取り上げなくてはならないのは、「市場の失敗」論と

191

の関係である。この市場メカニズムの限界を強調する「市場の失敗」論は、ケインズ経済学を源流とする構造主義の遺産で、今回の金融危機に典型的に示されたごとく、先進工業諸国の経済メカニズムは完全でなく、総需要と総供給を均衡させるためには政府の介入が不可欠であるとし、その立場から、国家（政府）による政策介入→国家資本主義の優位性を説く立場を絶対的とする傾向が強まっているようにも見受けられる。

　中国等新興経済大国が今日なお「発展途上国」を自認する背景には、こうした現代資本主義の理論や開発経済学の歴史からたくさんのことを学び、国益と発言権拡大を中心に独自の政策理論（中国の場合は「社会主義市場経済」）を開発しようとしているかのように筆者には感じられる。

　1国の経済力をGDP／GNPだけではなく、生産効率や技術力、教育水準、貧富の差、社会福祉、世界に占めるその国の生産力、イノベーション能力等を総合的に勘案して決めるとすれば、中国、インド、ブラジル、南アフリカ等新興経済大国の現実は間違いなく発展途上国であるし、ソ連崩壊後のロシアとて例外とはいえない。しかし、それでいてこれら諸国は、今日、世界経済における巨大な生産力とそれに基づく経済発展の規模と速度、天然資源の賦存とその消費量、外貨準備、環境への圧力等では世界大国である。これら諸国の参加なしには、貿易、投資、金融その他、今日の世界経済の運営にまつわる諸問題が解決できない状況にあることも厳然たる事実である。

　そうだとすれば、これら新興大国も「構造主義」に始まる戦後開発経済学を支えてきた命題や考え方からそろそろ離脱し、世界経済と国際諸関係の新たな発展を実現するため、現実に即した政策を採るべきだし、その立場から先進国の新たな責任を問う努力をすることが建設的で、何にもまして重要と思われる。

(5)「漂流する先進民主国家」をめぐる諸問題

　アメリカによる一極支配の時代が終わり、先進諸国の"凋落"やシステムの疲労が問題になり出したとき、米外交問題評議会会長R.ハースは、自著『無極の時代』（The Age of Nonpolarity）の中でこの問題を取り上げ、アメリカ"衰退"の原因について3つの要因を提示した。まず、第1の要因に挙

VI　新しい世界経済と政治秩序のあり方

げたのが、アメリカ以外の国（新興経済諸国）が発展を遂げているという歴史的な事実であった。当たり前と言えば、その通りだが、生産性と繁栄を高めるような人的・財的・技術的資源をうまく束ねて利用する力を各国が持つようになったことがアメリカ（先進国）の力を削いだというのである。

　第2の要因はアメリカの政策自身で、同国はこれまで「解決策は自分だ」と言わんばかりの政策をとってきたが、やったこと、やらなかったことの双方を通じて世界に多様なパワー・センターを誕生させ、そのことによって自らの相対的パワーを失墜させたというのである。そして、第3の要因として指摘されたのがグローバル化である。ハース会長は、ここで、「今日の世界に広がる無極秩序」は、アメリカ以外の国や組織の台頭、また、アメリカ自身の政策の破綻や愚かさだけでは説明できない要因にもよっており、グローバル化の帰結としての意味があると指摘した。つまり、グローバル化が、麻薬、E-mail、温室効果ガス、製品、人、TV、無線信号、ネットウイルスや病原体、さらに、兵器といった国境を越えた流れの規模、勢い、重要性を劇的に増加させたというのである。

　ハース会長の説明は、グローバル化やアメリカの政策と関連づけて問題を検討しようとした点に新しさがあるが、歴史的経過を踏まえた論理的な思考にはなっていない。

　ジョージタウン大学教授のC.カプチャンも、自著『漂流する先進民主国家』の中でこの問題について論じている。教授の意見では、グローバル化が生み出した財、サービス、資本の世界的移動から派生した生活レベルの低下、社会的格差の拡大、移民問題、地球温暖化などトランスナショナルな問題に政府が的確に対応できず、国民の支持を得られなかったことが今日の事態につながったとなる。つまり、「統治の危機」が非常にタイミングの悪い時期に発生し、これが国民の不信を招き、アメリカおよび先進諸国の"衰退"を引き起こしたというのである。

　ハース氏はブッシュ大統領の特別顧問を務めた保守派の論客で、カプチャン教授はリベラル派の政治学者、それぞれ政治的立場を異にするが、アメリカ政府の政策の失敗やグローバル化を同国および先進諸国の"衰退"の原因と見ている点で共通しており、国民の不満や反発を問題にしている点でも似

ている。しかし、このグローバル化が何によって引き起こされ、その後の世界に何をもたらしたかという点についてはそれぞれ意見が異なる。

　この点に関連してユニークな発言をしているのがプリンストン大学のジョン・アイケンベリー教授である。教授は「新興国が台頭し、欧米諸国が衰退していくにつれ、ルールを基盤とする開放的な国際秩序の特質が失われ、ブロック、勢力圏、重商主義ネットワーク、宗教的ライバル関係など、より対決的で分散したシステムが台頭してくると心配する向きもあるが、中国など新興市場国にはリベラルな国際秩序の基本ルールや原則をめぐって先進国に闘いを挑む意思はない」と分析する。そして、こうした仮説を前提に、「非西洋国家の台頭と経済・安全保障領域での相互依存の高まりによって、現在の秩序を支える新たな基盤が成立しており、アメリカはこれをさらに拡大すべきだ」と主張している。

　さらに、教授は、「アメリカのグローバル・システムにおける地位が変化しているとしても、リベラルな国際秩序は依然として健在だ。国際秩序をめぐる今日の戦いは基層部分での原則をめぐるものではない。中国をはじめとする新興市場国は、むしろ、リベラルな国際秩序の枠内でより大きな権限とリーダーシップを得たいと望んでいるだけ」とも語っている。確かに、中国も新興国も国連や世界銀行・IMF等に代表される国際機構・システムに依存し、そこから多大の便益を受けており、現存の国際規範やルールを否定してはいない。むしろ、それを温存し、その枠内で利害や発言権の拡大を図ることが国益と判断していると思われる。

　しかし、「リベラルな国際秩序は依然として健在」という同教授の主張には一定の解釈が必要なように筆者には感じられる。「ルールを基盤とする開放的秩序の代替モデルはまだ登場していない」とも言われるが、これはそれを超える理念や秩序が構築できないからであって、「リベラルな国際秩序が健在」だからではない。逆に、戦後60数年におよぶ歴史的経過ー対抗・矛盾の関係の中で、アメリカ主導で構築された「リベラルな国際秩序」は、アメリカ自身が開始した幾多の戦争や相次ぐ金融経済危機、不均衡・格差の拡大、資源の乱獲、環境汚染・破壊の進行等によりその基盤が大きく掘り崩されている。アメリカの政策的失敗がそれを速めたという側面もあり、この点

に最大の問題があるように筆者には感じられる。後発途上国から先進国に広がった格差と貧困、HIVなど感染症の蔓延に始まるパンデミックな問題の増大、想定を超える自然災害の相次ぐ発生等がこれに重なっている。

「日米欧とロシア、インド、中国で世界人口の半分以上、GDPの75％、世界軍事費の80％……を占める今日の世界は実は無極だ」とハース氏は言う。極理論や国民国家の視点からすれば、こうした見方も成り立つかもしれないが、今日のこうした議論の持つ弱点は、戦後資本主義や世界経済発展の深層で進む歴史的過程への考察がなく、とりわけ、冷戦後20年のグローバル化の結果として発生している危機やリスクを解決する手段（制度や政策）を創り出す意思や力を欠いたまま、国益優先の身勝手な論理やナショナリズムが罷り通っている事態にある。「統治の危機」以上の問題がそこにはある。

「G20」が名実ともに機能と権限を与えられた国際協議体になるためには、それを構成する諸国によるグローバルで歴史的な危機への正確な認識と対応への合意が不可欠で、そのためにも、各国の国家指導者は思いきったパラダイムの転換をしなくてはならない。

(6) アメリカ（先進国）"衰退"の真因はどこにあるのか？

現在の世界が「多極」であるか「無極」であるかの議論は別として、アメリカの一極支配の時代が終わり、先進諸国とその経済がかつての活力を失い、「危機と衰退の過程」に入ったことは事実かもしれない。主たる原因がグローバル化の進展による中国等新興経済諸国の台頭と米欧経済における行き過ぎた自由化、金融資本の暴走、また、そうした状況を推し進めたアメリカの「政策の失敗」にあったことも認めざるをえまい。

米外交問題評議会のR.ハースがアメリカ一極支配時代の終わりを説明するために指摘した3つの要因（新興経済諸国の台頭、アメリカの政策、グローバル化）も、恐らく間違ってはいないだろう。しかし、これらの要因はそれとして個別に存在しているわけではなく、少なくとも、70年代初頭の2つの危機（ブレトンウッズ体制の崩壊と石油危機）後、とりわけ、冷戦後の世界経済と市場の再編・統合が推進される過程で一体化し、グローバル戦略として追求され、醸成されてきたと理解される。こうした前提に立つなら

ば、アメリカ（先進諸国）"衰退"の第1の原因はアメリカ（先進諸国）自身の戦後政策とグローバル化の中にこそ求められねばならない。

　80年代初頭のサッチャー英首相とレーガン米大統領による新保守革命が、ブレトンウッズ体制の崩壊と石油危機以後のスタグフレーション（不況とインフレの同居）の克服と低成長時代への移行を念頭に、世界資本主義を蘇生させようとした歴史的実験であったことはすでに指摘した。そうした歴史的過程を経験した後、冷戦後の市場と経済の地球的広がりを受け、世界資本主義の新たな地平を開拓する起死回生策として選択されたのが市場と経済の地球規模の統合と再編を目的としたグローバル化であったはずである。

　だからこそ、世界の多くの国の指導者はグローバル化を守り促進することが貧困と社会不安を取り除く最良の処方箋だと認識し、自国民にもそう訴え、支持を広げてきたと思う。そうした意味で、当時、グローバル化を唱道・推進する人たちは自らを改革者、進歩を促す多数派と呼び、これに反対する人々を「利己的な保護主義者や政治的アナーキスト、労働組合主義者、理想を求める無知な若者などの少数派」などと断罪することができたのである。

　ところが、昨今、このグローバル化に反対する「少数派」ではなく、それを信奉し、推進してきた「多数派」を自任する先進各国の政治指導者、政策当局、主流派経済学者たちの間から脱落者が続出し、グローバル化の将来に疑念を抱く言動が増えているのはなぜだろうか？　世界経済・金融危機の現実とその衝撃がそうさせたのであり、拡大する格差と貧困、相次ぐ緊縮政策に抗議する民衆デモの高まりがそうした状況を後押した結果であろう。

　米連邦準備制度理事会の元副議長で現在プリンストン大学教授のA. ブラインダーは国際的なアウトソーシングの進行がアメリカの労働市場に未曾有の歪みをもたらしたと言い、戦後を代表する世界的経済学者のP. サムエルソンも「中国の台頭はアメリカの損失の上に成り立っている可能性がある」と語ったと伝えられている。ヨーロッパでも、英国の有力経済紙『フィナンシャル・タイムズ』のコラムニスト、M. ウォルフが金融のグローバル化が招いた「アジアの過剰貯蓄」批判を展開して有名になった。

　こうして、かつては熱烈なグローバル化の擁護者でありながら、新興経済

（大国）との貿易不均衡の拡大、雇用の喪失、格差の拡大、最貧途上国の貧困化等の急激な進行を前に困惑し、懐疑的になった人や論調が米欧を中心に急増しているのが最近の特徴といえる。

もちろん、アメリカ国内ではピーターソン国際経済研究所長F.バーグステンに代表されるようなグローバル化推進派と目される人々が頑張っており、世界の大勢も依然グローバル化支持で固まっている。したがって、人々がグローバル化の現実やその将来に疑念を抱いたとしても、多くはグローバル化の方向性や政策選択をめぐる議論に止まっている状況である。

しかし、アメリカや先進諸国における深刻な社会的亀裂を伴う金融経済危機の深化や"衰退"の現実を見ていると、グローバル化のルールや進むべき方向性をめぐる議論だけでなく、「グローバル化の是非」まで含めた広範な議論を組織することが今のアメリカには必要なように思われる。アメリカ（先進国）経済・社会における活力の喪失と"衰退"は、間違いなく、かれら自身の政策とグローバル化の必然の結果であり、良くも悪くも、ブレトンウッズ体制崩壊後の資本主義世界経済がもたらした帰結だからである。

おそらく、こうした理解に立って体制と政策の立て直しを図らない限り、アメリカも、欧州先進国も、そして、日本もかつての栄光や活力を取り戻せないどころか、伝えられる"衰退"から逃れることはできないであろう。たとえ、そうしたとしても、100％それが適えられる保証はどこにもないのが現実である。世界経済と社会開発をめざす国や参加者の数が増え、したがって、紛争や対立も激化し、問題の解決がいちだんと難しくなる一方、資源や環境からの制約も進み、これら諸国にとっては選択の幅が益々狭まってきているからである。

2　21世紀型世界統治システムの構築

(1) 「新ブレトンウッズ体制」論の考え方

未曾有の金融危機で始まった世界規模の地殻変動が新興経済の台頭とアメリカと先進国経済の"衰退"を際立たせ、世界経済運営の枠組みと政治秩序

の変更を求める歴史的過程を進行させたことはこれまで何度も確認した通りである。金融危機の収束と世界経済の早期回復を謳った先進・新興諸国20カ国による「G20体制」が成立したのもその結果であったし、これに焦点を合わせる形で「新ブレトンウッズ体制」構築に関する議論が活発化したのもまだわれわれの記憶に新しい。

「新ブレトンウッズ体制」構築に関する議論は、サルコジ・フランス大統領（当時）とG.スミス英首相（同）の提案がきっかけであったが、『ニューヨーク・タイムズ』『フィナンシャル・タイムズ』『エコノミスト』といった米欧の有力誌紙が社説や特集を組んでその可否を論じ、さらに、新興諸国が議論に参加したことでそれは一気に勢いを増した。

ゼーリック世銀総裁（当時）が米ドルを基軸通貨とするブレトンウッズ体制に代わる新しい通貨体制の検討を「G20」諸国に提案したこともこうした動きに勢いを与えたと思われる。同総裁の提案は、上記『フィナンシャル・タイムズ』への寄稿という形をとってはいたが、2010年11月10日付同紙によると、総裁は「新体制の構築には時間がかかるかもしれないが、実現は可能であり、市場の信頼回復につながる」と述べて、米ドルにユーロと円、人民元を加えた協調的な通貨体制の構築を提言していた。

この種の発言自身は特別目新しいものではなかったが、その2カ月前の同年9月にも、「アメリカが基軸通貨としてのドルの地位を当然視するのは間違いだ」というかなり大胆な発言をしていたので、ゼーリック氏の発言には各国通貨当局や専門家も大きな関心を抱いたと思う。アメリカがドルの基軸通貨としての特別なポジションを簡単には手放さないことは、いわば"世界の常識"であったし、したがって、それを容認するかごとき発言がアメリカ・

BOX17　グローバル化する市場・経済とグローバル化しない制度・法体系

①世界規模で拡大する格差と金融機関による情報・利潤の独占
②金融危機を引き寄せた投資銀行や格付け機関による情報管理と取引操作
③既存の枠組み・制度・システム改革と効率的運用
④持続的発展に向けた制度・システムの構築→柔軟に対応できる人材・スキルの開発

サイド(ゼーリック氏は世銀総裁といっても、ブッシュ政権時の国務副長官)から出るとは誰も予想していなかったからである。

　ゼーリック氏の発言の真意がどこにあったかは今もって不明だが、金融危機の発生を契機にドルが基軸通貨であり続けた「ブレトンウッズ後」の国際通貨体制がいよいよ"機能不全"に陥り、新たな制度によって代替されるべきというような考えが広まったことだけは確かであった。同時に、それが単なる通貨体制としてではなく、貿易や投資、世界規模の資本移動の管理・規制を含む総合的な機能を備えた制度やシステムの構築を求めていたことも間違いなかった。不安定な為替レート、世界的なマネーの変調、不均衡・格差の拡大等不断に続く動きがその何よりの証左であった。

　実際、冷戦後の20年間、世界経済・市場の統合やグローバル化の進行の下で世界規模の豊かさや便益がもたらされた反面、健全さと合理性を自負していた世界資本主義の制度や市場が随所で綻びを生じ、先進国経済も"衰退"し、資本主義世界経済は歴史的な矛盾を深めてきた。「新ブレトンウッズ体制」の構築をめぐる議論の背景には、こうした事態への懸念や危機感が混然一体となって存在していたと思われる。

　しかし、その後、各国の政策の重点が金融危機対策としての規制や監視の強化、市場の透明性の確保や金融機関の説明責任といった問題から金融制度改革を含む経済の再活性化・持続的成長へと重点が移動するに伴い、「新ブレトンウッズ体制」の構築をめぐる議論も次第に下火になった。それは新体制の樹立が不要になったわけではなく、「G20」で議論されるべき課題が金融危機対策から世界経済回復・景気浮揚等に移行したことが影響していたためであった。

　実際、2009年12月のワシントン会議を皮切りに、ロンドン、ピッツバーグ、ソウル、カンヌとつないできた「G20首脳会議」も、2012年6月のメキシコ・ロスカボスでの会議で6回目を数えたが、明らかに役割と重点が変わってきている。2011年11月、フランスのカンヌで開かれた会議の焦点は、成長と雇用のための世界戦略、安定かつ強靭な国際通貨システム、商品価格変動への対処と農業の促進、エネルギー市場と気候変動、保護主義の会費と多角的貿易システム、開発とグローバル・ガバナンス問題等であった。

2012年6月、メキシコのロスカボスで開催された第6回「G20首脳会議」でも、議論の中心は成長基調への復帰に必要な景気安定、国際貿易、金融規制、食糧安保、持続可能な開発（気候変動問題を含む）等に及んだが、焦点はユーロ危機にあった。「G20」に本来求められている課題や役割、また、金融危機後の世界経済や国際関係の流れからすれば当然の帰結であった。各国とも、金融危機の後遺症から抜け出せないまま、危機後に一段と深刻化した欧州債務危機問題、世界的な格差の拡大、イランや北朝鮮の核開発問題等、新たな課題と向き合わねばならなかったからである。

　しかし、「新しいブレトンウッズ体制」の構築をめぐる議論が下火になったのは、もちろん、その必要性がなくなったからではない。逆に、必要性がありながら、各国の利害や思惑が錯綜し、議論を発展させていく条件が醸成されず、情緒的な発言だけが上滑りしていたことに問題があった。英ウォータールー大学エリック・ヘライナー教授は、1944年にブレトンウッズ体制の成立を可能にしたような政治的な条件―国家システムにおける権力の集中、専門家の間での国際的合意、戦時の条件―が今日の世界にはなく、これが「新ブレトンウッズ体制」の成立を遅らせており、それはもっと長い歴史的過程を経て実現されるだろうと述べていた。

　第2次世界大戦後、ブレトンウッズ体制の成立を可能にしたのと同じ条件が今日の世界にはなく、制度の実現にはさらなる時間が必要というのは教授の指摘する通りである。しかし、本当の問題はそこにではなく、戦後60数年の経過を経て、アメリカ経済とドルの圧倒的な支配力を支えてきた構造が土台から崩れ始めているにも拘わらず、世界の政治指導者が代替システム構築への熱意に欠け、国際的な合意が成立し難くなっていることにある。

(2) 世界銀行・IMF改革と新興経済大国の役割

　「新ブレトンウッズ体制」の構築に関しては、自国通貨の処遇を含め、各国それぞれ思惑があり、確執は避けられなかったと思う。利害の対立を中心に、こうした状況は当分続くだろうし、各国政策当局もこの点を覚悟しておかなくてはならない。しかし、金融危機が世界経済と国際金融システムを土台から揺り動かし、新興諸国の力を借りなければ危機を打開することができ

Ⅵ　新しい世界経済と政治秩序のあり方

なかった経緯を考えれば、世界銀行・IMF の機構改革と役割強化は喫緊の課題である。

　各国金融担当者による度重なる会合や「G20 金融サミット」の開催、欧州政府債務危機への対応をめぐるその後の流れも、一応、そうした方向に沿って推移しているように見受けられる。しかし、改革の流れが期待される方向に沿って十分成果をあげているかとなると状況は大きく異なる。

　世界銀行についていえば、すでに 2010 年 4 月 25 日の段階で加盟 186 カ国による会議がワシントンの同行本部で開催され、860 億ドル以上の増資と新興諸国の発言権拡大を内容とする「改革案」が承認されている。世界銀行の増資が図られるのは 20 数年ぶりということで、新興国の投票権比率の変更と合わせ、当時、世銀改革における"画期的な"出来事と喧伝された。また、これに歩調を合わせるかのように、世銀グループの 1 つである国際開発委員会 (IDA) が、世銀を"より迅速で、説明責任の高い組織とするため"の包括的な改革パッケージを承認した。

　この時の増資 (862 億ドル) は一般増資と投票権割合の変更に連動する選択増資で構成されており、51 億ドル払込資本の増額も含んでいた。世銀グループを構成する国際金融公社 (IFC) も 2 億ドルの増資を決めたが、これは途上国・新興国の出資比率引き上げの一環として実施されるというものであった。国際金融公社 (IFC) はまた、加盟国向けハイブリッド金融商品と収益の留保を通じて追加資本の注入も検討すると約束した。

　世界銀行の「改革案」で最も関心を呼んだのは投票権の拡大で、途上国と新興国 (DTCs) の投票権が世界銀行に占める割合を 3.13 ポイント引き上げて 47.19 ポイントとすることが決まった。これにより 2009 年 10 月にイスタンブールで開かれた開発委員会で DTCs の投票権割合を 3 ポイント以上引き上げるとした約束が果たされることになるわけで、作業に携わった関係者の意気込みも高かった。2010 年の世界銀行における投票権割合は 16 億ドルの払込資本増加分を含めた 278 億ドルの選択増資により決定されることになった。

　また、国際金融公社 (IFC) では新興国と途上国の投票権割合が 39.48％に引き上げられたため、新興国の投票権割合は合計 6.07 ポイント増えるこ

とになった。そうした結果をうけて、2010年における国際金融公社の投票権の調整は2億ドルの選択増資と加盟国全体の基礎票の増加により決定されるとされた。同時に、世界銀行と国際金融公社の出資シェアを5年ごとに見直すこともこの会議で決まった。長期的に先進国と新興国の投票権割合を平衡させることが約束されたわけである。

世界銀行グループがこうした内容の「改革案」を提示したことは十分評価されてよく、金融危機後の世界経済の状況や新興経済の台頭、後発途上国の要求等を考慮してのことと推測された。もちろん、これによってガバナンス問題等の懸案が抜本的に改善され、世界銀行が"より迅速で、説明責任の高い組織になった"とは言いきれず、途上国の開発、格差の拡大、貧困の解決等、グローバルな課題の解決に迅速に対応できる組織になるにはまだ多くの難関を突破しなくてはならない状況が続いている。

世銀と違い、IMF（国際通貨基金）の場合はさらに状況が異なるが、これも、2010年12月15日、以下の諸点を主な内容とするクォータ（出資割当額）およびガバナンスに関する大規模な改革パッケージを発表した。

①クォータを約2384億SDRから約4,768億SDRへと倍増させる。
②クォータ・シェア（出資割当額比率）を過度に評価されていた国々から仮称に評価されていた国々6％以上移行させる。
③ダイナミックな新興市場および途上国へクォータ・シェアを6％以上移行させる。
④クォータ・シェアの再調整を大規模に実施する。中国がIMFで第3の地位を占めることになり、ブラジル、中国、インド、ロシアがIMFの10大出資国入りを果たす。
⑤最貧加盟国のクォータと議決権を維持する。最貧国とは、低所得国を対象とした貧困削減・成長トラスト（PRGT）の適格国で、1人当たりの国民所得が（国際開発協会・IDAが定める適格国基準である）2008年の1,135米ドルを下回る国、あるいは小国の場合はその倍の額を下回る国を指す。

Ⅵ　新しい世界経済と政治秩序のあり方

　世界銀行同様、IMFの改革案も近年急速に力をつけてきたBRICSや新興諸国の動きに照準を合わせていたことは間違いない。しかし、IMFの場合は、国際金融システム改革では世銀以上に重い責任を負っており、国際的な金融監督の枠組み作りと対をなす、自身の抜本的な改革が求められていた。それは、①資金基盤の拡充や融資方法の見直し、②ガバナンス改革、③コンディショナリティの改善等で、これらの課題に緊急に応える必要があったからである。
　そうした視点からすれば、残念ながら、上記改革案は問題の一部にはコミットしてはいたが、今日の世界経済と国際金融システムに求められている課題には十分応えていなかったと思う。したがって、BRICS等新興諸国がこうした改革案やIMF改革の遅れに不満を抱いたとしても不思議ではなかった。2012年3月、インドの首都ニューデリーで開かれた第4回BRICS諸国首脳会議がIMFの改革の遅れに強い不満を表明したのもそのためであったし、当然の流れと受け止められた。この会議で採択された「デリー宣言」は世銀・IMF改革に関連して次の3点を指摘した。

①IMFの改革の遅れを憂慮する。融資能力の拡大は改革が進むと確信がもてれば実現する。
②世界銀行総裁の途上国からの立候補を歓迎する。世銀・IMFのトップはオープンなプロセスで選ばれることを求める。
③新たな開発銀行（BRICS銀行）の創設を検討する。

　世界銀行・IMF等既存の国際機関やメカニズムにおける発言権やクォータ・シェアの拡大は新興諸国にとっては国家的関心事であるため、機構・ガバナンスの改革の遅れは何とも歯がゆい。そうは言いつつ、改革の中身の点ではBRICS諸国もいまひとつ足並みが揃っていなかった。「改革の遅れを憂慮する」といった婉曲な表現に止まったのもその辺の事情を反映したものと思われる。
　それでも、BRICSデリー会議が「途上国のインフラ整備を支援する」ことを名目に「BRICS銀行」の創設を決めたことには重要な意味があり、

BRICS の戦略的動きとして受け止められねばならなかった。事実、BRICS 諸国は、2013年3月末、南アフリカ・ダーバンで開いた首脳会議で景気減速からの離脱と貿易や投資を促す枠組みの構築をめざし、新興国支援を目的とする国際金融機関「BRICS 開発銀行」の設立で基本合意した。

BRICS 5カ国の政府資金と信用力を使って市場から資金を集め、新興国や途上国のインフラ整備等に資金を振り向ける構想だが、景気の減速と格差拡大に悩む BRICS 諸国が必要な資金を市場から調達するのは容易ではない。

(3) 国際金融・通貨システムの改革がめざす制度と枠組み

世界銀行と IMF は、第2次大戦後、アメリカ主導で設立された国際金融機関である。この2つの機関は「関税と貿易に関する一般協定」(GATT) と共に戦後世界経済の復興と高度成長を支え、冷戦期およびポスト冷戦期の試練を乗り越えて今日に及んでいる。

これら2つの組織が戦後世界経済発展の歴史に残した足跡は大きく、経常収支の悪化に悩む多くの国の危機を救い、貧困も削減してきた。しかし、今日、両機関とも制度疲労が激しく、随所に綻びが生じ、とくに、冷戦後のグローバル化が提起する各種の問題に対応できない場面が多くなっている。とりわけ、IMF の場合、金融危機への対応や厳しすぎる融資条件（コンディショナリティ）等をめぐり従来から批判が絶えず、機能不全を引き起こすこともしばしばであった。

そのため、組織の老朽化や機能不全を防ぎ、相次ぐ金融不安や経済危機に有効に対処することは世銀や IMF にとって喫緊の課題であったし、リーマン・ショック後の世界経済と国際社会が求める整合性ある世界統治システム（機構）の構築にとって不可欠の要件ともなっていた。

ただ、世界銀行や IMF は設立に至る経緯とその後の役割から、戦後しばらくの間、新興国や途上国の一部から「アメリカや先進国に都合のよい経済社会とそのシステムを維持・発展させるための手段」と見られていたことも事実であった。こうした見方は新興国・途上国を中心に今も根強く残っている。アジア通貨金融危機 (1997) に際して、韓国やタイ、インドネシアがそうであったように、通貨金融危機に曝された多くの途上国は IMF の"被融

資国の条件を顧慮しない"「コンディショナリティ」（政策改革・構造調整の条件）の厳しさに泣かされてきた。

　BRICS諸国が金融的を強化する目的で「BRICS銀行」の創設を模索し、2013年3月末、ようやく基本合意にこぎつけた背景には明らかにIMFの融資政策への批判があり、自国通貨建ての支援や自国通貨の国際化を進めたい、自分たちの主導で世界の枠組みを変えたいという強い意思が働いていたと思う。昨今、問題になっている米欧主導の金融規制の動きへの牽制を含め、こうした動きは新興諸国BRICSの意思と戦略の方向性をより明確に示したものとして注目される。

　もちろん、これら諸国の現在の政治的・経済的位置、融資能力、管理能力等から「BRICS銀行」が直ちに現存の国際金融機関やシステムを脅かす存在になることはあり得ないし、BRICS諸国もそれを望んではいない。IMFの業務を補完し、金融危機等に際し域内諸国が必要な資金を得られるようにするというのがかれらの公式の立場である。しかし、「BRICS銀行」の創設にはそれ以上の意味と方向性があることを深く認識しておかなくてはならない。

　これまで、中国等BRICS諸国は世界銀行やIMFの融資姿勢やガバナンスのあり方に強い不満をもっていると伝えられてきた。その背景には、ドル体制とアメリカの一極支配への批判と新興大国としての自負があると専門家は分析する。IMF改革の遅れに対する不満も、また、「BRICS銀行」創設への動きも、その根底にはこれら新興大国の強い意思があり、自国の利害に引き寄せながら先進国主導の枠組みを崩し、自分たちに有利な条件を少しでも拡大するという戦略が働いていることも間違いない。

　2011年4月、中国・海南島三亜市で開かれた第3回首脳会議に「BRICS銀行協力体制金融協力枠組み協定」案が初めて提示され、国債発行、企業上場、資本市場に関する協力を行うとした時、国際金融の専門家もこの動きを注視した。国際通貨システムの改革と整備を支持し、安定的で信頼性に富んだ国際通貨システムを確立すると謳い、そのうえで、BRICSの本国通貨による資金貸し出しや与信協力に合意するとしていたからである。

　しかし、筆者が注目したのはさらにその先のことで、中国国家開発銀行が

BRICSメンバー1国に対し人民元建てで100億元を融資し、人民元がBRICSにおける取引通貨であることを"宣言"した点にあった。中国は現行のドル基軸通貨体制が構造的に内包している矛盾を承知した上で、人民元を徐々に国際通貨に育て上げるため、周辺国との取引を手始めに人民元による決済を徐々に拡大し、人民元建て債権の発行を拡大したい意向と思われる。

　世界銀行やIMFがこうした中国やBRICS諸国の意図や動きを考慮し、それらの要求にも応える形で改革を実施しようとしている点は評価されてよい。しかし、最も重要なことは、その外側にある問題で、投資・生産・消費のグローバル化、金融機関(銀行、証券、保険その他)の活動と業務のグローバル化やボーダーレス化が生み出す問題にどう対処し、世界経済と金融システムの安定と整合性ある発展につなげていくかという課題で、IMFや世銀の「改革案」がこれに応えているかどうかは別問題である。

　新ブレトンウッズ体制の構築をめぐる議論では、基軸通貨ドルの扱いと他の主要通貨の役割との間で意見の違いがあったが、その背景には金融規制の強化を求める欧州諸国と「資本の自由」を第一と考えるアメリカとの利害の対立があると思われる。これは世銀やIMFのガバナンスのあり方、サーベイランスやコンディショナリティ成立の根拠となる理論や考え方の違い等に根ざしているが、より根本的には、資本主義システムにおける競争と規制の問題に収斂しよう。

　90年代以降、規模と速度を増してきた金融危機であるが、これを分析すると、明らかに、各国金融当局の管理や規制を離れたヘッジファンドや大手民間金融機関による投機的な動きが強まっていることがわかる。つまり、グローバル化、市場経済化、情報化の世界的進行の下では、国境を越えた資本の動きを厳格に監督・規制する国際的な機関はなく、それを管理・監督することは至難の業であるということである。しかし、現在問われているのは、競争と規制の双方を重視し、それを制度化するという作業である。

　最も願わしいのは、国境を超えてグローバルに活動を展開する資本や企業、金融の動きに対しては、グローバルな権限を持った監督機関を設け、これらを一元的に管轄し、責任をもって対処していくことである。しかし、現状では、このような国際的な監督機関を成立させることはかなり難しい。そ

れでも、その第一歩としてIMFの機能やガバナンスを改革し、国際決済銀行（BIS）やアジア開発銀行（ADB）等の機能も強化し、これと連携させることでそれなりに有効なメカニズムを立ち上げることは可能である。

IMF改革で最も難しいのは、①新興国への投票権の配分拡大に見合って、欧州諸国への配分縮小ができるかどうか、②アメリカの"拒否権"を抑制できるかどうか、③専務理事のポストを欧州以外に開放できるかどうかの3点にある。アメリカも欧州諸国も容易にはこれを受け入れないだろうから、IMF改革は必然的に遅れざるを得ない。しかし、「G20首脳宣言」と「行動計画」（2008年11月）以降、積み重ねられてきた国際協調の努力を尊重すれば、いくつかの点で現実的な解決策を見出すことはできる。

第1は透明性の確保と説明責任の強化に関連する問題で、短期的に実施した諸措置に加えて、①単一の国際会計基準の設定、②金融機関の財務報告におけるリスク・損失の開示強化と全ての活動の開示を完全に実施、さらに、これを制度化することである。

第2に、「G20」の枠内で、それぞれの国が実施してきた規制措置・体系の相互開示と問題点の再検討、規制外にあった金融機関、商品、市場への規制強化、国境を越えた段階での金融・企業活動の相互監視と法制度の整備等を促進することが指摘される。

第3に、金融市場の健全化と国際連携の強化に関連して、あらゆる不正行為から国際金融システムを防衛するための国際協力を各段に強化し、不正取引等に対する制裁措置・制度を共同で構築すること。資金洗浄やテロ資金対策だけでなく、ヘッジファンドや投機マネーによるあらゆる不正行為に有効に対処することが重要である。

(4) 国際金融規制の制度化とその担い手

以上の点を考慮しながら、手立てを工夫すれば、金融規制の制度化や然るべき組織の立ち上げは可能である。IMFの場合も、前記3点を可能にする努力を続けるなら、改革は間違いなく現実味を増すだろうし、関係各国がこの活動に関与し易い環境を整備することもできよう。こうした努力を通じてIMFはその機能をさらに拡大できるだろうし、影響力を行使し続けること

も可能となる。

　こうした改革を軸にIMFの変化を期待することもできるが、問題はIMFを国際金融規制システムの中枢に据えるかどうかによって、改革の内容も方向性が変わってくる。融資能力や機能上の問題、ガバナンスやコンディショナリティをめぐる問題等、IMFを国際金融規制システムの中核に据えるためには解決すべき問題も多く、多様な分野に広がっており、すぐには間に合いそうにない。IMFと他の既存金融機関（国際決済銀行・BIS、アジア開発銀行・ADB等地域開発銀行）との協力関係、住み分け、役割分担等も明確でなく、IMF改革の不徹底さに対する不満も新興国・途上国を中心に根強い。

　しかし、国際金融規制システムにはそれを担う中核的組織が必要であることも自明で、中長期的には新しい組織を整備していかなくてはならないだろう。この組織の第一の任務は、国境を越えたレベルでの金融取引を監視・監督する、文字通り、国際的な金融監視・監督の仕事で、民間金融機関を含む全ての金融機関による取引全般を統一的に規制・監督することである。国際決済銀行（BIS）や拡大金融安定化フォーラム（FSF）の活動を引き継ぐ形になる場合もあろうが、各国の中央銀行がそうであるように、相対的に独立した機関として新しく整備され、必要な権限が付与されることが望ましい。

　同時に、これに並行する形でIMFの改革と強化が図られねばならない。IMFは、協定第1条で「国際的通貨協力の推進、国際貿易の拡大と整合性ある成長の促進、為替の安定、多国間決済システムの確立支援、国際収支上困難に陥った加盟国への財源の提供等を責務とする」と謳っている。国際金融システムの安定確保はIMFの責務でもあり、その努力は継続されなくてはならない。

　IMFにはいろいろ問題もあるが、国際的金融規制メカニズムの構築と実施に絡む問題では大きな責任と役割を引き受けることのできる力と合理性の双方を備えた組織である。問題はそれにいかなる権限や機能を付与するかという点だ。そのような状況を想定した場合、IMFにまず求められるのは、加盟・非加盟を問わず、全ての国や地域に対し、金融規制や課税等について包括的な手続きに関する規制を受け入れさせる力があるかどうかという点である。これは、各国政策当局による金融改革に関する取り組みを協議し、必

要な措置の実施について合意する場所としてIMFを位置づけることができるかどうかという問題にも関連してくる。

第2に、IMFには預金保護の上限や自己資本比率に関する基準作りやヘッジファンド・デリバティブ商品に対する国際的規制を施す権限を与える。銀行の自己資本比率については、バーゼル銀行監督委員会等が実施している措置とも関連してくるので、他の関係国際機関との調整が必要であるが、IMFは国際的レベルで提起されている諸問題に的確に応える努力を続けなくてはならない。格付け会社を非営利会社（機関）に改編・登録させ、IMFの下で監査を実施することも必要であろう。

第3に、国際的な資本移動との関係で、IMFは短期資本の動きや投機的資本移動に関し、必要な監視と規制措置を講じなくてはならない。とくに、新興経済諸国における資本自由化と資本流出入には秩序だった対応が必要で、IMFは役割を果たさなくてはならない。不適切な資本移動を防止するため、整合性ある金融政策と為替制度が重要で、IMFはこの面でも役割を果たさなくてはならない。

第4に、通貨金融危機の再発防止と問題の解決には、IMFのサーベイランス（一般的な経済政策協議）強化やIMFプログラム（資金供与に当たっての政策協議）・手続きの改善が不可欠で、IMFはこの面で各段の努力をしなくてはならない。とくに、アカウンタビリティの確保、融資方針・条件の修正、コンディショナリティの改善等、幅広い分野にわたって、抜本的で徹底した改革を実施することが急務である。

第5に、経済金融危機の防止と世界経済の整合性ある発展を想定した場合、国際的な資金供給機能を強化しなくてはならず、IMFはこの面で十分な努力をしなくてはならない。IMFの融資財源の主要な原資は加盟国のクォータ（出資割当額）で、2008年の一般見直しで総額2,384億SDRから、4,768億SDR（約7557億ドル）に倍増していたが、IMFは今回の金融危機発生以来、3,000億ドル余の融資を加盟国にコミットしてきた。さらに、2012年4月、「G20」とIMF加盟国は、IMFの融資能力を4,300億ドル以上拡充することで合意した。しかし、欧州危機の進行もあり、財源はまだ足りない。

第6に、経済金融危機の発生に際して、IMFが動員できる資金を十分に

確保するためには、市場から必要な資金を調達することも考えねばならず、すでに問題提起されている「トービン税」の活用も一案で、金融機関の国際通貨取引に課税することも考えるべきである。また、IMFが直接市場から資金を調達することも必要であろう。

(5) ディストピア化する世界と国連の役割

しかし、今日、世界経済と国際社会が直面している危機はグローバルな広がりをもち、政治システムも含む複合危機の性格を持っている。したがって、金融規制の強化やシステム改革だけでは政治から経済・社会にまたがる危機を打開するのは難しく、グローバルな政治秩序と経済的枠組み樹立への基本的な考え方とそのための努力なくしては解決できないことも明らかである。世界経済金融危機が引き起こした地殻変動の結果、米欧先進諸国の"衰退"とBRICS等新興諸国の台頭という事態が生まれ、それぞれに自己主張を強めている現在、こうした歴史的な変化と複雑な状況に的確に対応するためには、それに見合った、新しい政治経済秩序の樹立と社会システムの改革が不可欠である。

未曾有の金融危機で始まった今日の世界危機は先進国と新興国が取り結ぶ経済過程や国家関係に止まらず、貧困途上国を含む地球上71億の人々が直面する喫緊の課題(貧困・飢餓、戦争・テロ、乳幼児の死亡率、ジェンダー、地球環境等)も含め、人間生活と経済活動のあらゆる分野に及んでいることを正確に認識しなければならない。グローバル化し、極度に複雑化した今日の世界にあって、われわれは政治や経済活動だけでなく、日常生活や行動自身までコンピューターや情報のネットワークによって規制・監視され、無規律に制御されながら相互依存を深めている。

おそらく、こうした流れは後戻りできない、不可逆的な過程として今後も続くと思われるが、この連結のシステムが何らかの理由で断ち切られるか、制御不能に陥ったとき、未曾有の危機と混乱が世界経済と国際社会を襲う危険性のあることも予期しておかなくてはならない。世界経済金融危機の進行に加え、地球環境問題、規模と頻度を増す自然災害、感染症や伝染病が世界規模で蔓延するパンデミック危機、豊かさの中にしのび寄る食糧危機等の連

VI 新しい世界経済と政治秩序のあり方

続的発生がそれを物語っているように筆者には感じられる。

世界経済フォーラムの『グローバルリスク報告2012』は、財政リスク、人口構造リスク、社会的リスク等、3つのリスクが重なり合う「ディストピア的な未来」について警告したが、多くの人はまだこれを差し迫った危機とは認識していない。しかし、長期間にまたがる財政不均衡、大規模でシステミックな金融破綻、極端な所得格差、持続不可能な人口増加、グローバル化に対する反動、グローバル・ガバナンスの破綻等、同報告が指摘する「ディストピアの種」はすでに現実の課題となって現われている。

政府が約束する社会的倹約（社会保障）が不履行になる恐れ、失業や格差が広がる中で若年層への負担が増す近未来を考えれば、問題はいっそう鮮明になる。さらに、金融経済危機・財政不均衡の世界的拡大、格差の多様化、欧州債務危機等もあり、夥しい天然資源の乱獲・浪費、地球環境破壊・地球温暖化の進行、パワーシフト、グローバル・ガバナンスの破綻といった事態がこれに重なっている。

こうした事態に歯止めをかけ、世界を希望と正義の支配する状況に導くとすれば、金融規制やそのためのシステムの構築を視野に入れた世界銀行・IMFの改革は当然としても、政治・行政制度やシステムの改革も合わせ実施していかなくてはならないことも自明である。その場合、その最短距離にいる国際機関は国連であり、そうした目的に沿って機構や役割の改革を遂行していくことがこれまで以上に重要になってくる。

これまで、国連には道義や正義はあるが、力に限界があるとしばしば指摘されてきた。ここにいう力とは、一般的な政治経済・社会的な力を指すが、これを実際に保持しているのは国連加盟の各主権国家であり、世銀やIMFであり、多国籍企業・銀行と関連メカニズムである。したがって、今日のディストピア化する現実に歯止めをかけ、経済と社会を少しでも良い方向に導くとすれば、こうした諸機関やメカニズムを総動員して問題の解決に努めなくてはならない。個々の組織を改革し、それぞれ機能を組み合わせ、ベストミックスな状態を作り出すことは状況を変える第一歩である。その過程で人々の意識を変え、社会やシステムを変革し、企業や国家の規範・あり方・行動様式を変える機会を増やす工夫が必要であろう。

国連改革！　天井が剥げ落ちた経済社会理事会場　（著者撮影）

　今日、構築が急がれている世界の統治システムは、これまで述べてきたように、既存の枠組みや対象を超え、多面的な危機や困難に対して迅速かつ的確に対応しなくてはならない課題を負っている。しかし、戦後設立された現存の諸組織の中でも、こうした包括的かつ根源的な課題に対し機能と可能性を持ってそれなりに役割を果たしてきたのは国連である。実際、国連は様々な限度を持ちながらも、正当性を持ってこうした課題をやり抜く意思と決意を明確にし、国際社会を支えてきた機関である。
　限度や弱点を挙げればきりがないが、国連は、ともかく、創設以来約70年間、東西冷戦による核戦争の危険や厳しい国家対立、途上国の開発、貧困、飢餓等の解決のために戦い、冷戦終焉後も、引き続く戦争の脅威やテロ、貧困の削減、人権、人間の安全保障、地球温暖化阻止等の課題達成のために努力し、成果をあげてきた。同時に、平和、民主主義、貧困や飢餓の一掃など、憲章で人類の幸せと普遍的な真理を謳いながら、機構上の不備、大国支配の現実、機能の老朽化等に苛まれ、大戦の残滓（敵国条項等）さえ一掃できない過去も引き摺ってきた。
　だが、近年、グローバル化や金融経済危機の進行に伴い、貧困・格差・資源・領土等をめぐる対立が激化し、国連の役割強化が改めて求められる中、機構改革への努力も強化されてきている。2004年11月の国連ハイレベル委員会報告書発表を1つの起点に、2005年3月には、当時のアナン事務総長

報告「より大きな自由に向けて」が出され、同年 9 月には、国連首脳会合の成果文書が発表された。

　安全保障理事会、平和機構委員会、人権理事会、マネージメントやシステム等幅広い分野にまたがって改革案が提示され、本格的な改革への議論もスタートしている。安保理関連では、早期の安保理改革が国連改革の柱と位置づけられ、そのための総会決議（2008 年 9 月）、政府間交渉開始（2009 年 2 月）が続き、平和構築のための総合戦略を練る委員会もスタート、人権関連では人権理事会が新たに設置された。事務局の説明責任・監査強化のためのマンデートの見直しも決まり、国連事業活動のマネージメント・連携強化の作業も開始された。

　こうした改革案の提示と一定の実績には当時のアナン事務総長の努力が大きかったし、国連ミレニアム総会とミレニアム開発宣言・目標の提示といった当時の国連をめぐる流れがこれにプラスしたことは言うまでもない。しかし、当時の国連改革は安保理改革に始まる機構改革等、国連の枠内での改革に終始しており、世界経済と国際関係の構造的な変化に対応する動きではなかった。したがって、今日問われている課題は、世銀や IMF 等他の国際機関とともに、機能や役割を分担し、21 世紀型世界統治システムとしての改革をめざすことである。

(6) 21 世紀型世界統治システムの確立

　繰り返される金融危機の原因を絶ち、世界経済の整合性ある発展と各国国民生活の安定を確実なものにするためには金融市場の安定とシステムの確立が必要であることは言うまでもない。同時に、それを制度的に保証し、永続性ある統治メカニズムの構築を軸に、世界的な政治経済秩序の樹立と新しい世界統治システムを急がねばならない。金融資本主義と市場の暴走を阻止し、投機マネーの暗躍や詐欺的商法の拡大を防ぐため法制度を整備し、規制の強化をはかることはそのための第一歩と理解したい。

　また、それにはそれを支える政治理念と制度の確立も必要だろうし、世界経済と国際社会を安定化させる安全網（ネット）の整備もしなくてはならない。それには、有効な社会的機能を生かし、社会各層の知恵と英知を引き出

BOX18　新たな世界経済・統治システムの構築のために

①新しい世界政治経済秩序構築のため既存の力を動員する
②国連・世銀・IMF等の改革と機能統合による新たなガバナンス力の創出
③各国・地域レベルにおける政治・経済・社会改革の推進と新しいシステムの確立
④非核・国連ミレニアム開発目標の課題達成を軸にした資金・技術・人材育成のリンケージ
⑤技術・教育・医療・環境等分野における協働の促進

す努力も不可欠である。

　グローバル化や情報化の進展により国や一部の企業は栄えても、不均衡や格差が拡大し、産業の空洞化で失業や貧困が増えるようでは紛争や対立が絶えず、社会も安定化しない。教育の徹底と国民の可能性に依拠しつつ、各種キャンペーンの展開等を通じて政治や社会のあり方を変え、企業活動や国民生活も大胆に変革していかなくてはならない。民主主義、社会正義、良きガバナンス（統治）、人権と人間の安全保障、貿易自由化、市場経済、労働の権利、通貨・銀行システム、法と秩序、環境保護等は戦後人類が生活と経験の中から生み出し、そこに普遍的な価値を見出してきた規範や原則である。

　戦後、こうした規範や原則は国際条約や地域協力取決めに盛り込まれ、幾多の組織や機関を動かし、平和と安全、経済的繁栄を支えてきた。国連や国際刑事裁判所に始まる諸機関がそれであり、これら諸機関の下で、平和と民主主義を支える集団的安全保障の構造、核不拡散、言論・信教の自由、民族自決、差別の解消、温暖化防止といった政治的・政策的概念が生み出され、国際社会と人類の進歩を支える基盤となってきた。

　冷戦終焉後20年余、世界経済・金融危機の発生とBRICS等新興経済の台頭を機に、これら戦後成立した各種国際機関の改革と新たな世界的統治システムの構築をめぐる議論が活発化していることはよいことである。金融危機が生み出した世界規模の地殻変動に対応し、現実を反映する形で世界秩序を再編し、グローバルな統治構造（システム）を創出しなくてはならない。しかし、そのためには、これまでの政治・経済システムや社会のあり方、政策の是非を含め、過去を厳粛に検証し、自らをイノベートする決意と努力が各

VI 新しい世界経済と政治秩序のあり方

国に求められる。

　現実を反映した新しい世界規模の統治機構やシステムに関連して、まず、念頭に浮かぶのは中国等新興経済の台頭とその役割強化の問題である。既存あるいは新しく構想される世界統治機構（システム）にこれらの国々を迎え入れる必要があるとする点では世界的なコンセンサスができている。しかし、その中枢に新興大国を迎え入れることに対して、これら諸国の最近の動向から疑念等が提起されていることも事実である。

　「経済的には必然の流れかもしれない。だが、それは世界の人権と民主主義にとって本当にいいことだろか」と元メキシコ外相で、現在、ニューヨーク大学教授のホルヘ・カスタニェダは言う。「人権や民主主義をめぐる新興諸国の政治的価値が国際社会の主要なプレーヤーおよびパートナーが信じてきた価値とはあまりにもかけ離れているため」というのがその理由である。

　確かに、中国、ブラジル、インド、南アフリカ等の新興諸国には西欧列強による植民地支配とそれによる歪な経済社会構造を甘受せざるを得なかった歴史的経緯があり、そのため、独立後も日米欧資本主義諸国とは異なった価値観や戦略で行動し、現在も、人権や民主主義、核不拡散、環境保全、貿易・金融の自由化といった問題で先進諸国とは距離を保ち続けている。端的にいえば、かれらはアメリカや先進国主導による現存の世界政治経済システムと統治には必ずしも賛成せず、むしろ、それを変えたいと思っている。もちろん、既存の統治システムや国際協議体を解体し、全く新しい世界規模の機構や組織に作り変えることなど現実的でないし、それはこれら諸国の希望でもないと思う。

　しかし、米欧主導で作られた戦後世界の政治秩序や価値システムもカスタニェダが指摘するほどには正義をはってこなかった。米欧中心の宗教（ユダヤ教・キリスト教）的色彩が強く、とりわけ、アメリカは、人権問題を口にしながら、中東問題では理解し難いほどイスラエル寄りで動いてきた。1967年の第3次中東戦争による占領地からのイスラエル軍の撤退を求めた国連安保理決議には度重なる拒否権行使でこれを葬り去り、パレスチナ領入植地からのイスラエル人の撤退さえ有名無実化させてきた。

　アメリカが地球温暖化防止のための京都議定書に参加せず、対人地雷禁止

条約に反対し、国際刑事裁判所の裁定も拒否してきた点についてはすでに触れた。2004年のイラク戦争開始に際しても、当時のブッシュJr.政権は国連安保理の審議を無視して、米英主導の有志国連合でイラクに軍事進攻し、自ら標榜してきた価値観や民主主義の規範にも背いてきた。

　BRICS等新興諸国が植民地主義支配に反対し、独立後も苦難を乗り越えて経済的自立を勝ち取った歴史からすれば、主権や民族自決権、内政不干渉等に拘り、アメリカのこうした行動に賛成しないのも理解できないことではない。しかし、これら諸国のアメリカ批判もまた紋切り型で、歯切れが悪い。なぜだろうか？　冷戦後のグローバル化の下で、各国の国益や利害が錯綜し、単純に割り切れないほど複雑化しているからである。

　途上国の代表を自認してやまない中国にしても、国益重視の外交と国内充足型開発路線を推進する立場から、ベトナム戦後のカンボジアで虐殺を繰り返えすポルポト政権を支持し、その後は内政不干渉を建前にミャンマーやスーダンの軍事政権を支援、リビアのカダフィ独裁政権支持とNATO諸国によるリビアへの内政干渉を非難した。とくに、2007年、ミャンマーの軍事政権が野党指導者や反政府勢力、僧侶へ流血の弾圧を実施した時、中国もインドもこれに目をつむり、一切の制裁活動に反対した経緯がある。

　同様な動きは歴史的な反アパルトヘイト（人種差別）闘争を戦った南アフリカにも当てはまる。N.マンデラ大統領の偉業を引き継いだズマ現大統領はかつて解放闘争を戦ったジンバブエのムガベ政権による反政府国民運動に対する軍事弾圧を批判せず、内政不干渉を口実に近隣諸国への配慮を優先させた経験がある。

　冷戦終焉とグローバル化は有力途上国に莫大な富と豊かさをもたらし、これら諸国を新興経済大国に押し上げたが、これら諸国が主張してきた民族自決、主権の擁護、平等互恵、内政不干渉、領土保全といった諸原則は今や国益優先の国家戦略に置きかえられつつある。だが、このことを含め、新しい世界統治システム（機構）の構築への努力を強めていかねばならず、先進国・新興国・後発途上国は長期的視点でパラダイムと認識の転換を図らねばならない。

終章

世界経済の整合性ある発展と
新しい世界統治システムの構築をめざして

(1) グローバルな連鎖的複合危機の進行

　金融危機は実体経済と国際金融システムを傷つけ、ドル体制とアメリカの金融支配に深刻なダメージを与えたが、今日、われわれが直面している危機は金融問題や実体経済の損傷だけにとどまらない。不均衡や格差をめぐる対立、グローバル化の加速が促す競争の激化、制度の綻び・破綻、市場の狭隘化、貧困化の進行、テロ・戦争・核開発等幅広い分野および、資源の乱獲や地球環境汚染、自然災害、地球物理的破壊の進行等がこれに重なり、混然一体となってグローバルな連鎖的複合危機を現出させている。

　金融危機がもたらした地殻変動が世界の政治経済構造の転換を促し、政治変動や社会不安を誘発、東日本大震災に象徴される地球物理的破壊の進行や原発・エネルギー問題等とも絡んでグローバルで重層的な危機に発展したと思われる。こうしたグローバルで歴史的な性格をもった危機やリスクを克服し、世界経済を整合性と永続性に富んだ発展軌道に乗せるのは至難の業だが、われわれはこの課題を達成しなくてはならない。斬新な思考と強靭な意志の問われるところである。

　米外交問題評議会のR.ハースはアメリカ一極支配時代の終焉をめぐり、新興経済の台頭、アメリカの政策、グローバル化といった3つの原因を指摘したが、今日、世界経済や国際社会が直面している危機やリスクを考察する場合、大変示唆に富んだ指摘と思われる。今日の世界規模の危機やリスクが

アメリカの政策やグローバル化と結びついた戦後資本主義と世界経済の発展の帰結という性格を持っているためである。

　第2次大戦後の世界経済の枠組みと政治秩序がアメリカの圧倒的な軍事力と経済力を背景に構築され、IMF・GATTによる「ブレトンウッズ体制」として機能してきたことは改めて指摘するまでもない。欧州経済の戦後復興や通貨の交換性回復も日本の奇跡の復興も、また、その後に続く高度経済成長もそれなくしては実現が不可能であったし、世界経済の発展もなかったと思われる。しかし、そのことが今日の世界経済の危機やリスクにもつながっているとしたら、どのような対策を考えるべきだろうか？

　今は歴史の陰に隠れてしまったが、1955～60年代に戦後先進工業諸国が重化学工業化とオートメーション化を軸に生産力を拡大し、高度の経済発展を遂げたのもそうした前提があったからで、これも戦後資本主義発展の流れに沿ったものであった。当時（1955～70年）の米欧日先進工業諸国の実質国民総生産（GDP）年平均増加率は6～9％、日本のそれはとくに高く、6.3～13.5％という驚異的な数字を記録した。まさに、世界資本主義の黄金時代を象徴する良好な経済パフォーマンスで、緩やかなインフレが進行する中、史上稀な高度の経済成長を達成し、恐慌や金融危機の脅威を消し去った。

　しかし、この戦後資本主義のこの黄金時代もつかの間、60年代後半にはアメリカにおけるインフレとドル信認の低下が「ドル危機」を誘い、IMF体制の根幹をなすドルの固定レート（金1オンス＝35ドル）による金・ドル交換制を危機に追い込んだのである。それが1971年8月15日、世界を揺るがしたニクソン大統領（当時）による「金・ドル交換停止声明」につながり、戦後史に残る国際通貨危機（ニクソン・ショック）となった。この国際通貨危機と石油危機を境に世界経済は大きく流れを変えたが、これが戦後世界経済発展の歴史を二分する分水嶺となり、世界経済はそれまでの高度成長の時代から不均衡・格差の際立つ低成長の時代へ移行した。

(2)「ブレトンウッズ」を超えて

　「金・ドル交換停止」に象徴される国際通貨危機は60年代以来のドル信認の低下（ドル危機）とアメリカ経済の地盤沈下を主要な原因としたものであっ

終章　世界経済の整合性ある発展と新しい世界統治システムの構築をめざして

たが、1973年以降先進国が一斉に変動相場制に移行したことで固定相場制を軸とするブレトンウッズ体制は崩壊した。その結果、為替相場や資本の国際的移動、貿易取引など世界経済・市場の安定性も失われ、これに石油危機の発生が重なり、歴史的な「危機と混乱」の時代の幕開けとなった。

　ブレトンウッズ体制の崩壊は戦後資本主義と世界経済が遭遇した最初の本格的な危機であった。しかし、ドルが"金との腐れ縁"を断ち切り、"死を偽装する"ことで危機を克服、生き残った経緯についてはあまり語られてこなかった。石油危機を逆手にとっての石油取引の「ドル建て・ドル払い」方式の導入、巨額石油黒字（オイルマネー）の取り込みと膨大な国際流動性（過剰マネー）の創出、「石油とドルの結合」体制の確立等政策的努力によってドルは"復権"を成し遂げ、ドルと石油を基軸とする新しい金融経済体制ができ上った。

　ニクソン・ショックと石油危機が生み出したスタグフレーション（不況とインフレの同時進行）を克服し、世界経済が新たな拡大と繁栄の道に入ったのは80年代に入ってからだが、サッチャー英首相やレーガン米大統領による超保守革命がマネタリズムの助けを借りて規制緩和と金融自由化を主導し、世界資本主義を蘇生させた意味は大きい。しかし、それとて石油とドルの結合による「ドル復権」があってはじめて可能となったものである。

　超保守革命では社会保障や勤労者保護への大規模な見直しが行われ、新自由主義的政策展開に関心が集まったが、1985年の「プラザ合意」が通貨の調整を直接の目的としつつ、資本の世界的移動と途上諸国を広範に巻き込んでの資本主義経済（市場）の拡大・再編により大きな力点が置かれていたことをあらためて指摘しておきたい。

　80年代以降の世界的な資本移動と金融自由化が資本主義の再生と世界経済拡大の作業と重なり、世界資本主義の未曾有の発展と繁栄を可能にし、冷戦後の世界経済（市場）の統合とグローバル化につながったことには特別な意味がある。これは金融危機後の世界的規模の地殻変動やリスクを考える上で非常に重要な要素と思われる。冷戦後の「生産・流通・消費構造」のグローバルな移し替えと金融自由化の波が90年代央以降のルービン米財務長官らによる「強いドル」政策展開の下で金融資本主義の動きを助長し、IT・不

219

動産景気（バブル）と「世界同時好況」という"異常な好循環"を生み出した事実も強調しておきたい。

(3) グローバリゼーションと金融資本主義

90年代以降にみる金融資本主義の台頭は資本と技術の新興市場への大規模な移転による生産構造のグローバルな展開を前提とした金融自由化の動きに他ならず、冷戦期以降、幾多の危機や困難を乗り越えてきた現代資本主義が行った重要な選択であった。バブル経済化とその破綻が金融危機の多発を生み、今日の世界経済金融危機をさらに新しい段階に押し上げているのもそうした経緯と枠組みの中で発生してきている。われわれはそうした動きとその実態を正確に捉えておかなくてはならない。

R. ハースがアメリカ一極支配体制終焉の原因に挙げた「グローバル化」と「アメリカの政策」も戦後資本主義経済発展と一体的に結びついており、冷戦終焉後とくに顕著になった問題として把握しておく必要がある。グローバル化はヒト、モノ、カネのグローバルな交換から始まって市場と経済の外延的拡大と質的変化を引き起こし、国家・企業・社会・個人に多くの夢と豊かさを約束した。至る所で市場が組織され、国や経済の規模に拘わらず、豊かさと発展への機会が与えられ、誰もがこのゲームに参加でき、プレイヤーにもなれると説明された。実際、過去20年間のグローバル化の過程で、旧社会主義諸国の市場経済化や情報通信技術の発達による情報化が大規模に進展し、新興経済の台頭を伴った「世界同時好況」という事態も生まれた。

反面、グローバル化の加速の下、世界経済と国際関係は利害の異なる諸要因（思想・体制・国家・企業・社会等）が激しくぶつかり合い、その対抗・矛盾関係の中で危機やリスクが醸成され、そのためもあって、世界は今なお永続的な平和と安定・繁栄を築けずにいる。冷戦後の市場と経済の地球的広がりを受け、新たなフロンティアをめざす起死回生策として選択されたはずのグローバル化が金融危機を多発させ、アメリカの一極支配を終わらせ、米欧日先進国経済の"衰退"を引き起こしたとすれば、何とも皮肉な話である。

米欧日等多くの国の指導者はグローバル化を促進することが所得を増やし、貧困や社会不安を取り除く最良の処方箋だと国民に訴え、その動きを主

終章　世界経済の整合性ある発展と新しい世界統治システムの構築をめざして

導してきたと思う。しかし、このグローバル化を信奉・推進してきた各国政治指導者、政策当局者、主流派経済学者の間で、今、その将来に疑念を抱く人や言動が増えている。金融危機とその後にみる危機の進行がその背景にあると思われるが、不均衡と格差・貧困の拡大、資源・エネルギー争奪、テロ・戦争・社会不安の拡大、核拡散への脅威、環境制約の増大、さらに、地球物理的破壊といった事態がこれを加速させている。

　もちろん、こうした事態の全てをグローバル化の所為にするのは妥当でなく、問題の所在も危うくする。コロンビア大学のJ.スティーグリッツ教授が主張するごとく、グローバル化が世界中を不幸にしたかどうかは別にして、これが地球規模の成長と繁栄を演出する傍ら、金融危機を多発させ、格差と貧困を広げてきたことは間違いない。なぜそうなったのか？　最大の問題は経済や社会のグローバルな変化に対して、これを有効に統御・運営する制度やシステムを構築してこなかった点にある。グローバル・ガバナンスに関連するが、地球化時代を生き抜く理念や政策が生み出せず、旧来のシステムや仕組みのままで新自由主義的な規制緩和や金融自由化を野放図に追求してきたことが命取りになった。

(4) 今日の危機やリスクの本質をどこに見るか

　新興経済発展と中国等新興諸国の台頭がアメリカの一極支配の終焉と今日の世界規模の危機やリスクに関わりがあるとすれば、資本主義市場の拡大と版図の塗り替えを狙って実施した対中国（新興市場）投資と貿易拡大が逆にアメリカの巨額赤字を生み、その補填のための米財務省証券等への中国（新興国）マネーの還流と投資のメカニズムにも問題があったはずである。途上国が先進国の資本と技術で新興経済化し、安い労賃とコストで輸出商品を生産、貿易黒字を蓄積して工業化を達成、価格競争に勝利したことが先進国の地盤沈下と"衰退"につながったと思われるが、そのこと自体は責められることではない。この2つの出来事はそれぞれ異なった経緯と背景を持ちながら、世界経済発展の上からは一体的過程として把握されなくてはならない。

　今日、われわれが直面している危機やリスクはアメリカ一極支配の終焉と先進国経済の地盤沈下、新興経済の台頭とその膨張政策とのぶつかり合いを

中心に、世界経済と国際社会の広範な分野におよんでいる。生産や消費、資源・土地・資産取得をめぐる国家・社会・企業・個人間の競争の激化、所得格差や貧困をめぐる対立、さらに、テロ・戦争・核開発・領土をめぐる争い等数えると頭が痛くなる。冷戦後世界経済の統合とグローバル化の進行が各国経済と社会の発展を促し、それに伴って競争や対立も激化し、階級・階層間の矛盾も先鋭化させ、危機やリスクを新しい段階に押し上げたと思われる。

冷戦後、先進工業諸国はグローバリズムとIT革命を軸に生産工程を地球規模に拡大し、金融自由化や過剰マネーの新興市場への投入等「金融資本主義」への傾斜を強めてきた。市場拡大と生産性・利潤率の引き上げに目的があったと思われるが、IT・住宅バブルや金融グローバル化にも手を染めた。だが、「拡大と衰退」ジレンマから抜け出せなかった。

新興諸国もグローバル化の波に乗って生産力を向上させ、家電、コンピュータ、自動車等諸産業では低賃金労働を武器に先進国企業による独占を崩し、キャッチアップに成功した。一般に、遅れた農業国家が経済成長を達成し、近代的工業国家に生まれ変わるためには、巨額の設備投資、産業構造の転換、人口の都市への集中と労働市場の整備、資源・エネルギーの確保、技術革新等基盤整備が不可欠である。

グローバル化の進行の下で新興諸国は資本や技術、工業生産力等以前にはなかった力と条件を手に入れたが、これが先進諸国の市場を狭め、労働や資本の生産性・利潤率を引き下げ、"衰退"を加速させた。そのうえ、新興諸国は今も近代化や工業発展に必要な資金・エネルギー・技術・経営ノウハウ等に不足し、それがかれらを"性急で、なりふり構わぬ"資源取得と争奪に駆り立てている。この国益優先の国家資本主義的政策が摩擦と対立を増幅させ、世界規模の危機とリスクにつながっていることは間違いない。

今日、巨大黒字国・赤字国の分化が進む中、先進諸国では製造業の傾向的不振と貯蓄・利子・配当依存型経済化、サービス経済化が進行し、活力の喪失、高齢化、高失業率等が続いている。新興諸国も成長の鈍化、政治・社会改革の遅れ、格差・貧困の拡大、民族問題等に悩まされ、構造的弱点が一気に表面化する恐れすら感じられる。資源・労働集約型成長と性急な政策展開で成長を維持しようとすればするほど、アメリカや先進諸国の利害と衝突、

終章　世界経済の整合性ある発展と新しい世界統治システムの構築をめざして

結果として、後発貧困途上国への進出と収奪を強めざるを得ない状況に追い込まれている。これが今日の「南北・南々対立」激化の構図である。

(5) 新しい理念・政策・統治システムの構築

世界経済が危機やリスクを克服し、新しい発展と繁栄の道に沿って確実に動き出すためには、主要各国が21世紀を展望する新しい理念を確立し、それを目標に危機やリスクの全分野で戦いぬき、勝利していく確固とした意思と力を磨き、政策とノウハウを開発していくことが不可欠である。金融経済危機の克服、デフレ脱却のための金融緩和、成長戦略等は重要ではあるが、当面の課題処理の領域を出ず、次世代、次々世代にまたがる発展と繁栄を保証するものではない。今必要なことは、日々の考えや生活を刷新し、古くなった制度や慣習を改め、政治・経済・社会の仕組みを不断にイノベートしていくことである。それを基礎に、21世紀型の新しい社会経済システムと世界統治機構を構築していくことがなににも増して重要である。

戦後70年の歴史を振り返り、経済社会や市場のグローバルな拡大に対応する新しい政治システムや仕組みを創造するため、各国の政治指導者、政策当局、企業幹部、言論人等はあらゆる分野でこの改革をリードしなくてはならない。冷戦後の紛争激化や核開発の脅威が続く中、敵国条項の削除はおろか、国際の平和と安全、人間の尊厳維持を謳った国連憲章も形骸化していくような事態の進展を阻止し、平和で豊かな世界を創造するため、大胆な国連改革と機能強化も図らねばならない。

経済金融危機の多発を防ぎ、経済社会の整合性ある発展を保証するため、世銀、IMF、地域開発銀行等の役割や機能を刷新し、金融危機後の世界経済と国際社会の変化に応えるものに変えなくてはならない。経済自由主義と金融規制をめぐる議論と対立は続くとしても、既存の組織や規範を超える改革を断行、社会正義を組織し、それを基礎に、より大きな権限と機能を備えた世界統治システム（機構）を構築していかなくてはならない。

21世紀の時代と社会の要請に応えるこうしたシステムや機構の整備には長い年月が必要だろうし、核戦争の脅威に曝される事態もあり得よう。しかし、世界人権宣言や人間の安全保障に関する諸事項の地球規模での実施、国

連ミレニアム開発目標（MDGs）の達成、真に助力を必要としている貧困途上国や個人への援助や融資の実施、そのための既存機関や制度の改革等は可能であるし、市場の監査、税制・警察・司法・社会保障を含む諸制度の改革を通じて今日の危機やリスクはかなり削減できるはず。

第2次大戦直後、国連や世銀・IMFを創設した当時の理想と決意をもって既存組織の改革と新しい統治機構の創設に努力せねばならない。その上に、自然との共生による産業・企業の育成と経済の持続的発展、新・代替エネルギー開発、知識集約型工業化・都市インフラの整備、社会保障・教育改革への努力が重ねられることで歴史的改革への方向性も出てこよう。これは理想論でも何でもなく、現実を踏まえた実現可能な措置なのである。それを実践することで金融危機後の世界が見えてくる。

日本はこうした世界的な課題の達成に率先して努力し、特別な役割を担わなくてはならない。バブル崩壊後の後遺症の克服に20年の歳月を要し、今また東日本大震災と福島原発事故の被害の克服と復興に苦悩しているが、戦後70年の歴史の中で構築してきた近代的平和国家としての資産、豊かな経済発展、非核政策、高度の科学技術と教育、環境保全技術等は国際的に誇れる内容となっている。優しさ、礼儀正しさ、思いやりの心への評価も高く、強い意思をもって政治や社会を大胆に改革し、世界的課題の達成で先進的な役割を担うことを強く期待されてもいる。

ただ、残念ながら、これまでの日本には個別の技術や知識、知見に優れていても、それを相互につなぎ、社会を変革していくメカニズム、企業や社会、各階層の要求や課題を研究・政策化していく機能が整備されず、他の先進諸国に大きく遅れをとってきた。非営利・独立のシンクタンク等の設立を含め、政治や社会を改革・刷新し、世界的な変革の課題達成に大きく貢献していかなくてはならない。これが日本の使命である。

参考文献

Bernanke, Ben S., March & October 2005, The Global Saving Glut and the U.S. Current Account Deficit, *Sandbridge Lecture at Virginia Association of Economics*, Richmond, Virginia, USA.

Bloomberg, September 2012, *Rich-Poor Gap Widens to Most Since 1967 as Income Falls*.

Boprosy Economiki (Problem of Economics) 2004. No. 5-2010. No. 3.

Briody, Dan, 2004, *The Halliburton Agenda*, John Wiley & Sons, Inc.

British Petroleum, *BP Statistical Review of World Energy*, June 1999~June 2011.

Calder, Kent E., 2007, *Embattled Garrisons*, Princeton University Press.

Cavanagh, John & Mander, Jerold Irwin, 2004, *Alternatives to Economic Globalization*, Berrett-Koehler Publishers, Inc.

Clark, William R., 2005, *Oil, Iraq and the Future of the Dollar*, NSP.

Cohen, Stephen S. & J. Bradford Delong, 2010, *The End of Influence*, Basic Books.

Cooper, Richard N., Dooley, Michael P., Garber, Peter M., Folkerts-Landau, David, Caballero, Ricardo Jorge, Emmanuel Farhi, Pierre-Olivier Gourinchas, 2005, *Brookings Papers on Economic Activity*.

Corsi, Jerome R., & Smith, Craig R., 2005, *Black Gold Stranglehold*, WND Books.

Council on Foreign Relations, *Foreign Affairs, Anthology Vol. 29*, December 2009, Vol. 33, January 2011, Vol. 38, January 2013.

Council on Foreign Relations, *Foreign Affairs*, January 1, 2000~December 25, 2012.

Dadush, Uri, November 2009,'The G20 in 2050,' *International Economic Bulletin, Carnegie Endowment for International Peace*.

Duncan, Richard, 2005, *The Dollar Crisis*, John Wiley & Sons Inc.

European Central Bank, February 2004, *The Financial Stability Review*.

European Commission, *Eurostat News Releases, February 15, 2012*.

Field, Barry, 2001, *Natural Resource Economics*, McGraw Hill.

Fine, B., Lapavitsas, C., Pincus, J., 2003, *Development Policy in the Twenty-First Century Beyond the post-Washington Consensus*, Routledge.

Firdous, Tabasum, 2009, *Peace Strategies in Central Asia, Centre of Central Asian Studies*, University of Kashmir, Srinagar, India.

Fukuyama, Yoshihiro Francis, 1992, *The End of History and the Last Man*, Free Press.

Fusaro, Peter C. & Vasey, Gary M., 2006, *Energy and Environmental Hedge Funds*, John Wiley & Sons Inc.

Gore, Albert Arnold Jr., 2007, *The Assault on Reason by Al Gore*, The Penguin Press New York.

Gray, John N., 1998, *False Dawn ——The Delusions of Global Capitalism*, Granta Books.

Greenspan, Alan, 2005, *Remarks by Chairman Alan Greenspan: Current Account, Speech*

at *Advancing Enterprise Conference*, London URL, UK.
Helleiner, Eric, 2010, A Bretton Woods moment? The 2007-2008 crisis and the future of global finance, *International Affairs*, Vol. 86: 3, 2010, The Royal Institute of International Affairs.
Hofmann, Norbert von, November 2009, *The emerging economies of East Asia and the G-20 process, a paper submitted to the expert meeting on Indonesia and the G-20 organized by the Jakarta Office of the Friedrich-Ebert-Stiftung* (FES), Bandung, Indonesia.
International Currency Review, Vol. 9 No. 3, 1977.12.15.-1978. 1.1. Vol. 2 No. 16.
International Energy Agency (IEA), 2005˜2012, *World Energy Outlook*.
International Financial Service, 2010, *Sovereign Wealth Fund 2009*, London.
International Monetary Fund, *World Economic Outlook, 2008-2013*.
International Monetary Fund, *IMF Survey Magazine 2010-2013*.
Krugman, Paul R., 2009, *The Return of Depression Economics and the Crisis of 2008*, Norton, USA.
Krugman, Paul R., 2007, *The Conscience of a Liberal*, Norton, USA.
KS, Jomo & Fine, B., 2006, *The New Development Economics after the Washington Consensus*, Zed Books, London and New York.
Lee, James R., 2009, *Climate Change and Armed Conflict*, Routledge.
Leeb, Stephen, 2006, *The Coming Economic Collapse*, Warner Business Books.
Leeb, Stephen, 2004, *The Oil Factor*, Warner Business Books.
Lincoln, Edward J., 2004, *East Asian Economic Regionalism*, Brookings.
Maecel, Valerie & Mitchell, John V., 2006, *Oil Taitans*, Chatham House / Brookings.
Middle East Economic Survey, October 2007-January 2012.
Mshomba, Richard, 2000, *Africa in the Global Economy*, Lynne Reinner Publishers.
Neumayer, Eric, 2001, *Greening Trade and Investment*, Earthscan.
Noboye Bremya (New Times) 2006-2012.
OECD, 2008, *Growing Unequal? : Income Distribution and Poverty in OECD Countries*, OECD Report ISBN 987-92-64-044180-0.
Padoa-Schioppa, Tomasso, December 2004, *Presentation of the Financial Stability Review*, European Central Bank.
Panitch, Leo & Konings, Martijn, 2009, *American Empire and the Political Economy of Global Finance*, Palgrave Macmillan.
Pew Research Social & Demographic Trends, August 22, 2012, *The Lost Decade of the Middle Class-Fewer, Poorer, Gloomier*.
Pincus, Jonathan R. & Winters, Jeffrey A., 2002, *Reinventing the World Bank*, Cornell University Press.
Quinlan, Joseph P., 2011, *The Last Economic Superpower*, McGrow Hill books.

Raffer, Kunibert & Singer, H.W. 2001, *The Economic North-South Divide*, Edward Elgar Co.

Ravenhill, John, 2001, *APEC and Construction of Pacific Rim Regionalism, Cambridge*.

Reinhart, Carmen M. & Rogoff, Kenneth Saul, 2009, *This Time Is Different*, Princeton University Press.

Reinhart, Carmen M. & Rogoff, Kenneth S., May 2008, Is the 2007 U.S. Subprime Financial Crisis So Different? An International Historical Comparison, *American Economics Review*.

Rutledge, Ian, 2005, *Addicted to Oil, I.B. Tueris and Co.*

Sacks, Jeffery D., 2005, *The End of Poverty*, the Penguin Group.

Santhanam, K. & Dweivedi, R., 2004, *India and Central Asia*, Anamaya Publishers.

Scissors, Derek, Deng Undone, *Foreign Affairs*, May / June 2009.

Shixue, Jiang, 2012, The Middle Income Trap is a meaningless question, *China Policy*.

Smick, David M., 2009, *The World is Curved*, Penguin Group.

Stiglitz, Joseph E., 2006, *Making Globalization Work*, Guardian Co. UK.

Stiglitz, Joseph E., 2002, *Globalization and its Discontents*, Norton, New York and London.

Stiglitz, Joseph E., 2001, *Frontiers of Development Economics*, Oxford University Press.

Szmosszegi, Andrew & Kyle, 2011, *Cole, An Analysis of State-owned Enterprises and State Capitalism in China, U.S.──China Economic and Security Review Commission*.

The Economist, January 2000-December 2012.

The Economist, January 19, 2008.

The Economist, April 22, 2006.

UNCTAD, 2010, *World Investment Report*, CD-Rom.

United Nations, 2010, *World Economic Situation and Prospects*.

United Nations Department of Economic and Social Affairs, 2010, *World Population Prospects: 2010 Revision*, New York.

United Nations ESCAP, 2011, *Economic and Social Survey of Asia and the Pacific ──Sustaining Dynamism and Inclusive Development: Connectivity in the Region and Productive Capacity in Least Developed Countries*.

United Nations ESCAP, 2008, *Economic and Social Survey of Asia and the Pacific ──Sustaining Growth and Sharing Prosperity*.

United States Census Bureau, *Current Population Survey* (CPS), 2007-2012.

United States Department of Commerce, International Trade Administration, 1996, *The Big Emerging Markets-Outlook and Sourcebook*.

United States Senate, 2006, *Staff Report by Permanent Subcommittee on Investigations, Committee on Homeland Security and Governmental Affairs*.

Wolf, Martin, Asia's Revenge, *Financial Times*, October. 10, 2008.

Wolf, Martin, 2008, *Fixing Global Finance*, Johns Hopkins University Press.

World Bank, 2011, 2012, *World Economic Outlook*.
World Bank, 2011, *Global Economic Prospects*.
World Bank, 2007, *An East Asian Renascence ──Ideas for Economic Growth*.
World Economic Forum, 2011, *Outlook on the Global Agenda*.

明石康『国際連合』岩波書店、2007 年。
アマルチア・セン『人間の安全保障』東郷えりか訳、集英社、2007 年。
イアン・ブレマー『自由市場─国家資本主義とどう闘うか』日本経済新聞社、2011 年。
───『"Gゼロ" 後の世界』北川格訳、日本経済出版社、2012 年。
石見徹『グローバル資本主義を考える』ミネルヴァ書房、2007 年。
植田和弘・梶山恵司編著『国民のためのエネルギー原論』日本経済出版社、2011 年。
王　敏『ほんとうは日本に憧れる中国人』PHP 研究所、2005 年。
奥田宏司『円とドルの国際金融』ミネルヴァ書房、2007 年。
奥村皓一『グローバル資本主義と巨大企業合併』日本経済評論社、2007 年。
郭四志『中国エネルギー事情』岩波書店、2011 年。
唐沢敬『石油と世界経済』中央経済社、1991 年。
───『資源環境と成長の経済学』中央経済社、1995 年。
───『アジア経済　危機と発展の構図』朝日新聞社、1999 年。
───『転成期の世界経済』文眞堂、2007 年。
唐沢敬編著『越境する資源環境問題』日本経済評論社、2002 年。
共同通信社取材班編著『世界が日本のことを考えている』太郎次郎社エディタス、2012 年。
北岡伸一『国連の政治力学』中央公論社、2007 年。
小池洋次『知の仕掛け人』関西学院大学出版会、2012 年。
小池洋次編著『政策形成』ミネルヴァ書房、2010 年。
興梠一郎『現代中国── グローバル化の中で』岩波書店、2002 年。
金俊昊『国際統合論』日本評論社刊、2013 年。
倉橋透・小林正宏『サブプライム問題の正しい考え方』中央公論社、2008 年。
経済協力開発機構（OECD）編著『格差は拡大しているか』小島・金子訳、2010 年。
国際連合広報局『国際連合の基礎知識』八森充訳、世界の動き社、2002 年。
小林英夫『BRICs の底力』筑摩書房、2008 年。
左治木吾郎『移行と開発の経済学』（新版）文眞堂、2007 年。
眞銅竜日郎・桜内政大編著『米国経済の基礎知識』日本貿易振興機構、2010 年。
スタンレー・フィッシャーほか著『IMF 資本自由化論争』岩本武和監訳、1999 年。
杉田弘毅『アメリカはなぜ変われるのか』筑摩書房、2009 年。
ジャック・アタリ『金融危機後の世界』林昌宏訳、作品社、2009 年。
人民日報社『人民網日本語版』2011 年 2 月 17 日。
世界銀行編『世界開発報告』シュプリンガー・フエアラーク東京、2000-2012 年。
世界銀行編『東アジアのルネッサンス── 経済成長の理念』2007 年。

関下稔『国際政治経済学の新機軸——スーパーキャピタリズムの世界』晃洋書房、2009年。
―――『国際政治経済学要論—学際知の挑戦』晃洋書房、2010年。
石油天然ガス・金属鉱物資源機構石油調査部編『石油・天然ガスレビュー』2008-2012年。
ジョン・イトウェル／ランス・テイラー『金融グローバル化の危機』岩本他訳、岩波書店、2001年。
ジョセフ・スティグリッツ『人間が幸福になる経済とは何か』鈴木主税訳、徳間書店、2003年。
―――『世界に格差をばら撒いたグローバリズムを正す』徳間書店、2006年。
―――『フリーフォール』楡井他訳、徳間書店、2010年。
ジョン・アイケンベリー『アメリカと東アジア—覇権・リベラリズム・大戦略』アジア太平洋研究会、2004年。
―――『アフター・ヴィクトリー』鈴木康雄訳、NTT出版、2004年。
竹田志郎編著『日本企業のグローバル市場開発』中央経済社、2005年。
竹中正治『米国の対外不均衡の真実』晃洋書房、2012年。
多国籍企業学会『多国籍企業と新興市場』文眞堂、2012年。
橘木俊詔『格差社会』岩波書店、2010年。
田中素香『ユーロ——その衝撃とゆくえ』岩波書店、2002年。
田中祐二・板木雅彦編『岐路に立つグローバリゼーション』ナカニシヤ出版、2008年。
谷口誠『東アジア共同体』岩波書店、2004年。
チャールズ・カプチャン『アメリカ時代の終わり』坪内淳訳、日本放送出版協会、2003年。
堤未果『貧困大国アメリカ』岩波書店、2008年。
中国湖北省商務庁編『中国経済の減速、合理的な調整の範囲内に』。
内閣府編『経済財政白書』平成8年-12年版。
内閣府政策統括室編『世界経済の潮流』2002年春-2012年II号。
中尾武彦『アメリカの経済政策』中央公論社、2008年。
中野剛志『恐慌の黙示録』東洋経済新報社、2009年。
夏目啓二・日高克平編著『グローバリゼーションと経営学』ミネルヴァ書房、2009年。
西川潤『人間のための経済学』岩波書店、2000年。
―――『グローバル化を超えて』日本経済新聞社、2011年。
西口清勝・夏剛編著『東アジア共同体の構築』ミネルヴァ書房、2006年。
浜田宏一『アメリカは日本経済の復活を知っている』講談社、2013年。
ファリード・ザカリア『アメリカ後の世界』楡井浩一訳、徳間書店、2008年。
フランシス・フクヤマ『歴史の終わり』渡部昇一訳、三笠書房、2005年。
ポール・クルーグマン『格差は作られた』三上義一訳、早川書房、2008年。
真家陽一『米金融危機が中国を変革する』毎日新聞社、2009年。
前川春雄ほか「国際強調のための経済構造調整研究会報告書」(経構研報告)『前川レポート』中曽根内閣の諮問に対する報告書、1986年4月7日提出。
松井賢一『エネルギー問題！』NTT出版、2010年。

―――『福島原発事故を乗り越えて』エネルギーフォーラム、2011 年。
松下冽『途上国の試練と挑戦』ミネルヴァ書房、2007 年。
松下冽編『途上国社会の現在――国家・開発・市民社会』法律文化社、2006 年。
三橋規宏『日本経済復活最後のチャンス』朝日新聞出版社、2012 年。
―――『環境経済入門』日本経済新聞出版社、2013 年。
みずほ総合研究所編『サブプライム――金融危機』日本経済新聞出版社、2007 年。
最上敏樹『国連とアメリカ』岩波書店、2007 年。
森嶋通夫『日本にできることは何か』岩波書店、2001 年。
森永和彦「"小さな政府"で強いアメリカを」『世界週報』1981 年 3 月 3 日号、12 頁。
山広恒夫「サッチャー首相の英国病退治」『世界週報』1980 年 9 月 16 日号、12 頁。
ラース・トゥヴェーデ『信用恐慌の謎』赤羽隆夫訳、ダイヤモンド社、1999 年。
ロシア NIS 貿易会編『ロシア NIS 調査月報』2012 年 1 月号。
ロバート・シャピロ『2020――10 年後の世界新秩序を予測する』伊藤真訳、光文社、
　　　2010 年。
ロバート・ライシュ『暴走する資本主義』雨宮ほか訳、東洋経済新報社、2008 年。

著者略歴

唐沢　敬（からさわ　けい）

1935年、群馬県生まれ。
明治大学政治経済学部経済学科卒業

現　在　立命館大学名誉教授・経済学博士
専　門　現代世界経済論、資源・エネルギー経済論、アジア・太平洋地域研究
略　歴　アジアアフリカ研究所研究員、高知短期大学教授、立命館大学教授、東京国際大学教授等歴任。高知大学・早稲田大学等非常勤講師、ジョンズ・ホプキンス大学高等国際問題研究大学院客員教授・客員研究員、カザフスタン大統領府付置行政学院・同国際ビジネス大学客員教授等併任。
主　著　『転成期の世界経済』（文眞堂）
　　　　『アジア経済 危機と発展の構図』（朝日新聞社）
　　　　『資源環境と成長の経済学』（中央経済社）
　　　　"Japan's Quest ─ the Search for International Role, Recognition and Respect"（共著）M.E. Sharpe, New York and London
　　　　『石油と世界経済』（中央経済社）
　　　　『資源戦略』（水曜社）

世界経済 危機と発展の構図
新しい政治秩序とシステム構築への視点

2013年10月1日 初版第一刷発行

著　者　唐沢　敬

発行者　田中きく代
発行所　関西学院大学出版会
所在地　〒662-0891
　　　　兵庫県西宮市上ケ原一番町1-155
電　話　0798-53-7002

装　丁　唐澤亜紀

印　刷　協和印刷株式会社

©2013 Kei Karasawa
Printed in Japan by Kwansei Gakuin University Press
ISBN 978-4-86283-145-3
乱丁・落丁本はお取り替えいたします。
本書の全部または一部を無断で複写・複製することを禁じます。
http://www.kwansei.ac.jp/press